"五化"展会

——来自一个高端装备制造企业的实践与探索

中国中车编写组◎编著

中国旅游出版社

编委会

主　编：高　亢

副主编：刘国岩　李　敏

编　委：毕宇鹏　陆　伟　韩晓磊　王　娇

　　　　胡雨阳　霍玺宇　赵　鹏　胡　嫣

　　　　蒋　维　冯　朔　郑冰雨

前言

每年有数以万计的中国企业奔赴境内外展览会去观大势、做品牌、展形象、拿订单、寻创意、扬文化，深受展会裨益者很多。然而，未达到预期目标者，也不在少数。

科学的参展实践是参展理论的源泉。中国中车自21世纪初就开始尝试参加国内外的行业展会，但当时的参展规模较小，展示方式也相对单一。随着国际竞争力的提升与国际市场的不断拓展，中国中车越来越积极地参与TRAKO国际铁路展览会、南非国际铁路展、北京城市轨道交通展览会等专业展会，尤其是从2012年开始，参加了历届有着轨道交通行业"奥林匹克"之称的德国柏林展。在参展实践方面不断精进的中国中车，总结过往参展经验，于2019年正式提出"五化"展会的新思维，即由展览制度化、流程规范化、内容模块化、交流全景化和传播国际化这"五化"构成企业参展的管理框架。"五化"展会服务于企业发展战略，且与企业的愿景高度契合，具有前瞻性的理念视角，科学性的理论指导，以及掷地有声的实践价值。

科学的实践经验需要前沿理论的锤炼与升华，在丰富实践的基础上，中国中车又开展了对企业参展的理论研究。经过一年时间的思想碰撞，终于完成本书。全书共分五个部分：第一部分为一书知史，主要内容为第一章现代展览业与我国企业参展实践，旨在让读者了解展览与展会行业的前世今生；第二部分为一书知理，主要内容为第二章B2B企业参加展会的价值与使命，树立正确的参展理念是参展成功的前提；第三部分为一书知道，主要内容为第三章"五化"展会带来一种新思维，"五化"展会是企业成功参展的基本遵循和有效保证；第四部分为一书知术，第四、五、六、七、八章对展览制度化是基础、流程规范化是体系、内容模块化是标准、交流全景化是价值、传播国际化是形象"五化"内容分解阐述，据此可以分步骤分模块地落地实施；第五部分是一书知行，主要内容为第九章中国中车参加 2022 年柏林展，柏林展是"五化"展会知行合一的具体体现。

本书得到了上海大学何会文教授团队的支持和帮助，在此一并表示感谢！由于编者水平与时间有限，书中缺憾和不足之处在所难免，恳请各位同人和读者批评指正。

中国中车编写组

2023 年 5 月

当前 20% 的国际知名品牌占据 80% 的市场份额，全球经济已经进入品牌经济时代，国际市场已经由价格竞争、质量竞争上升到品牌竞争。品牌是一个企业的灵魂，也是一个企业竞争力的综合体现。一个崛起的大国一定要有自己的世界级品牌族群，建设世界一流企业必须打造世界一流的品牌。党的十八大以来，国家高度重视品牌建设，强调要"推动中国制造向中国创造转变、中国速度向中国质量转变、中国产品向中国品牌转变"，明确了品牌强国的宏大目标和具体要求。如今越来越多的中国企业正在加快品牌建设、塑造品牌优势，彰显品牌力量。

伴随着展会行业的迅速发展，展会已成为品牌传播的重要载体，相比于 B2C 企业主要针对普通消费者这样的个体受众而言，B2B 企业面对的目标更为复杂，目标客户决策更为理性，大规模的广告宣传能起到的作用有限，展会在品牌传播中的分量更重。企业参展理念也在逐步演进，从最开始以展示产品为主，发展至今更加注重传递理念、深度互动、公众传播等。如何树立正确的参展理念，提高参展的效率和作用，助力品牌建设已经成为许多参展企业共同思考的问题。

国内大多数 B2B 企业在参加展会时还面临着诸多问题，如品牌意识不够强、组织模式不稳定、投入产出比不高等。本书在总结中车每年参加 200 余个展会的经验的基础上，由史及理、由理及道、由道向术、由术知行逐层递进，通过系统地思考、探究、阐述，形成展览制度化、流程规范化、内容模块化、交流全景化、传播国际化的"五化"框架，既能对展会理论形成有益补充，也可为参展企业甚至组展企业带来诸多启发。

企业兴则经济兴，经济强则国家强。作为代表国家形象的"亮丽名片"，中国中车通过不断创新，提升企业核心竞争力，已经成为世界知名品牌。在官方评价中，中车品牌价值蝉联中国机械制造行业第一，品牌价值达 1341.18 亿元；2019 年荣获中国十大榜样品牌榜首，获评国资委品牌建设优秀企业；在《财富》杂志发布的 2021 年最受赞赏的中国公司榜单中排名第一，为中国制造"走上去"和中国品牌"走出去"贡献了力量。本书最后一章以中车参加的轨道交通"奥林匹克"——柏林展为例，验证了"五化"展会理念，相信其具体操作过程能为广大企业在实际参展中提供有益的、具体的帮助。

在品牌经济时代，我国也亟须培育一批国际知名的产品品牌、企业品牌、区域品牌、产业集群品牌，树立中国品牌的优良形象并参与全球品牌经济的激烈竞争。作为中国高铁金名片的中车，是大国重器的担当，在品牌培育、品牌管理和品牌价值提升方面进行了许多有益的探索并取得了良好效果。本书根据中国中车集团的参展经历总结、提炼、升华后呈现给读者创新的展会理念和操作模式，立意深刻、系统性强、论述翔实、理论与实践相结合，必将成为指导企业参展工作的精品力作。

中国品牌建设促进会理事长　刘平均

2023 年 4 月

我很荣幸为本书作序。

中国中车是经国务院同意、国资委批准组建的 A+H 股上市公司，多年来一直致力于国内外展会的参展工作。在全球化背景下，参展已经成为企业开拓国际市场、推广品牌形象、促进交流合作的重要途径。中国中车作为国内轨道交通装备行业的龙头企业，长期以来高度重视参展工作，通过参展向世界展示自身实力、拓展国际市场、提升品牌形象和技术水平，取得了显著的成效和经验，并连续多年跻身中央企业海外网络传播力前十名。

本书是中车集团多年参展经验的总结与智慧结晶，共分为三部分：第一章至第三章为第一部分，第四章至第八章为第二部分，第九章为第三部分。在第一部分中，本书介绍了现代展览业与我国企业参展的关系，探讨了 B2B 企业参加展会的价值与使命，阐述了"五化"展会带来的新思维。在第二部分中，本书从展览制度化、流程规范化、内容模块化、交流全景化和传播国际化五个方面，系统阐述了企业参展的管理框架和重点内容以及中车集团在这些方面的实践经验。在第三部分中，本书通过具体案例，展示了中国中车如何参加 2022 年柏林展，并分享了在参展实践中的经验和收获。

本书从"五化"展会的新思维出发，以中车集团的实践经验为基础，系统总结了企业参展的管理框架和重点内容，旨在为企业参展提供有益的指导和参考，帮助企业更好地开展参展工作，提升参展效果和价值。值得一提的是，本书在编写的过程中，邀请到上海大学著名会展学者何会文教授及其团队进行理论指导。何会文教授长期从事会展研究，已在国内外顶级学术期刊上发表多篇学术成果。

　　总的来说，本书对于企业参展具有较高的参考价值和实践意义，既有理论指导，又有实践经验总结，既有归纳，又有具体案例，希望能够为广大企业在参展方面提供有益的帮助和启示。

　　最后，我要感谢中国中车集团为本书的编写和出版所做的贡献，相信这本书将成为指导企业参展工作的经典之作。

北京第二外国语学院

经济学院院长、教授

展览产业研究中心主任

2023 年 4 月

目 录

CONTENTS

第一章

现代展览业与我国企业参展实践

展览虽然起源于历史悠久的集市，但真正现代意义上的展览却是近几百年才出现的事情。现代展览经济的显著标志如下：一是大型现代会展场馆成为举办展览会的主要物理载体；二是出现了一大批作为行业风向标的大型国际化展会；三是展会的现场交易功能逐渐被产品展示、品牌推广、技术交流、协调创新等非交易或交易促进功能取代。现代展览经济的形成与发展，也为广大企业，尤其是 B2B 企业提供了一种新颖且高效的市场营销与品牌推广渠道。随着国际竞争力的提高和拓展外地市场意愿的日益强烈，越来越多的国内企业开始在国际著名展会上频频亮相。本章共包括四节内容：第一节是对展览和展览业的基本概念进行介绍；第二节是介绍展览业在国内外的发展历程；第三节是描述展览业的基本格局与发展现状；第四节是对我国企业的参展历程进行概括性介绍。

▶▶ 第一节 展览与展览业

展览业作为构建现代市场体系和开放型经济体系的重要平台，是现代服务业的重要组成部分，影响面广、关联度高，故享有"旅游皇冠上的明珠""城市面包""国际化大都市的构造师""城市名片"等多种美誉。2015年4月19日，《国务院关于进一步促进展览业改革发展的若干意见》正式发布，明确提出要"培育壮大市场主体，加快展览业转型升级，努力推动我国从展览业大国向展览业强国发展，更好地服务于国民经济和社会发展全局"。

一、展览的定义与分类

展览又称展会或展览会，从字面来解释，"展"即为展示、陈列之意；而"览"则系参观、观看；"会"意为会合，众人为实现某一目标而会聚在一起，进行交流。[①]

展览一词在日常生活中有多种表达方式，如展览会、展示会、展销会、博览会、交易会等。目前用得比较多的展览定义，由 Black 在1986年提出：展览是指在特定空间会聚众多供应商，这些供应商搭建展台向观众展示他们某一产业或领域的产品和服务。[②]

在国际上，展览会经常用 Trade show 来表示，这个复合名词揭示了展览会的两个最基本功能：交易和展示。[③] 展览会是一个展示的舞台，买家、卖家、城市、国家、观众和路人等各种不同角色荟萃其中，他们与展会的组织者进行着

---

① 毛海波. 国际展会知识产权保护研究［D］. 华东政法大学博士学位论文，2012.

② 罗秋菊. 展览会选题定位及运作模式研究［M］. 天津：南开大学出版社，2008.

③ Andreae, M., Hsu, J.-y. and Norcliffe, G., 2013, "Performing the trade show: The case of the Taipei International Cycle Show." Geoforum, Vol. 49, pp. 193-201.

各种各样的互动，也与其他展会参与者进行着回应，这不仅仅是出于商业目的，也是一种自我实现。[1]

展览的分类有多种方法，按照不同的分类标准可以把展览分为不同的类型。分类标准包括展览性质、展览内容、展览规模、展览时间、展览地域、举办方式、是否以营利为目的、展览场地等。（见表1.1）

展览会从类型上分为贸易型展览会和消费型展览会。[2] 从地域来看，分为国际展览会和区域展览会。从产业覆盖面来说，分为专业展览会和综合展览会。专业展览会又称纵向展会（vertical show），指专门组织促销某一类产业及其相关产业的产品种类，只对该产业内的专业观众开放的展览会；而综合展览会又称横向展会（horizontal show），它与专业展览会不同，它通常涉及宽泛的产品和形形色色的观众。[3]

表1.1 展览的分类

分类标准	划分类别
性质	贸易展览、消费展览
内容	综合性展览会、专业性展览会、消费展览会
规模	小型展览、中型展览、大型展览、特大型展览
时间	定期展、不定期展，短期展、长期展、常年展
地域	国内展、出国展
方式	实体展览会、网上展览会
是否以营利为目的	营利性展会——商业推广展、贸易型展览会、消费型展览会、综合型展览会；非营利性展会——教育性展览会、观赏展、公益展
场地	室内展览、室外展览、巡回展览、流动展览

---

[1] Andreae, M., Hsu, J.-y. and Norcliffe, G., 2013, "Performing the trade show: The case of the Taipei International Cycle Show." Geoforum, Vol. 49, pp. 193–201.

[2] Banting, P. M. and Blenkhorn, D. L., 1974, "The role of industrial trade shows." Industrial Marketing Management, Vol. 3, No.5, pp. 285–295.

[3] Wu, J. N., Lilien, G. L. and Dasgupta, A., 2008, "An Exploratory Study of Trade Show Formation and Diversity." Journal of Business-to-Business Marketing, Vol. 15, No.4, pp. 397–424.

二、展览业的参与主体

展会由展会组织者、参展商、观众、协会、会展服务组织、当地政府、当地企业、媒体、股东等个体组成，身处于政治、法律、经济、技术、生态环保和社会文化等宏观环境之内。[①] 如图 1.1 所示，童璐通过对国内外文献的梳理，得到了国内外学者认同度较高的共 15 类展会利益相关者：政府、会展企业、场馆企业、会展相关企业（如展台设计、运输和搭建企业）、酒店、餐饮、交通以及旅游企业、会展行业协会、会展企业竞争对手、参展商、参展观众、会展举办城市、媒体、社会公众、环保组织、宗教团体、教育机构。并结合中国实际

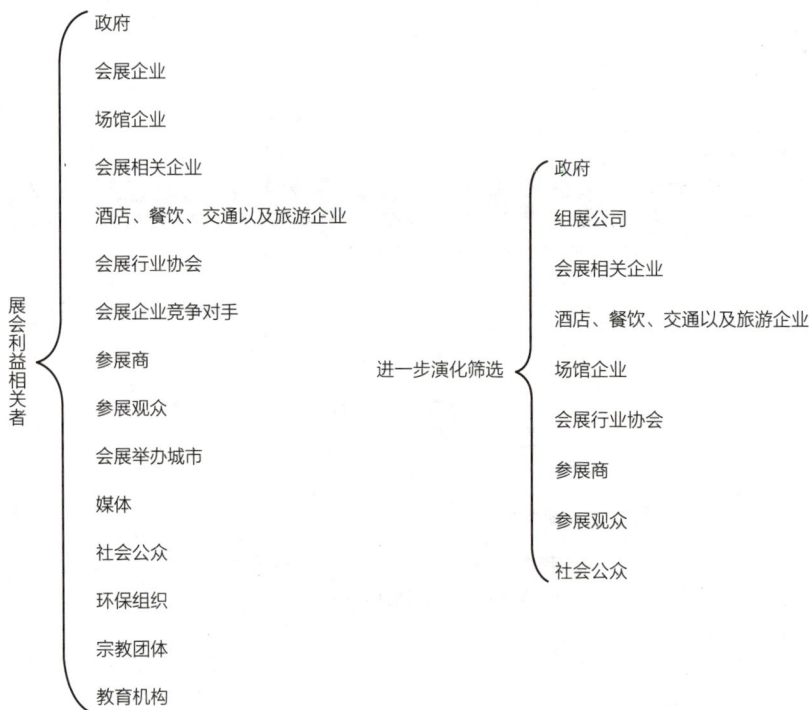

图1.1 展会的利益相关者

---

① Kım，B. S.，2007，"The motives and forms of alliances in the trade fair industry." Journal of Korea Trade，Vol. 11，No.3，pp. 253–278.

得出了 9 类最主要的利益相关者，分别是：政府、组展公司、会展相关企业（如展台设计、运输和搭建企业）、酒店、餐饮、交通以及旅游企业、场馆企业、会展行业协会、参展商、参展观众、社会公众。[①]

本书将展览业的主要参与主体归纳为 5 大类，如图 1.2 所示。

政府
会展管理部门
产业管理部门
公共管理部门等

组织者
主办单位
承办单位
协办单位

顾客
参展单位
观众
嘉宾

支持单位
展会策划支持
展会组织支持
宣传推广支持等组织

服务商
会展场馆
主场服务商
专业服务商

图 1.2　展览业的主要参与主体

（一）组织者

展会的组织者主要包括主办单位、承办单位和协办单位。

主办单位是指负责制定会展方案和计划，对招展办展活动进行统筹、组织和安排，并对会展承担主要责任的单位。主办单位通常由展览公司、行业协会和政府部门来担任。这里需要指出的是，主办单位有实际主办和名义主办之分，实际主办是指对展会全面负责，并负责展会的统一策划与组织实施的单位；而名义主办一般只是"挂名"，并不实质性地参与具体的组织管理工作。

承办单位是指根据与主办单位签订的合同，负责招展办展、宣传推广、安

[①]　童璐. 基于利益相关者理论的会展与城市互动研究——以武汉市为例［J］. 西安外国语大学，2014.

全保卫、交通运输等具体会展事项的单位。承办单位通常是展会具体事务运作的主体，在保障展会顺利开展过程中起着重要作用。

协办单位是指协助主办或承办单位负责展会的策划、组织、操作与管理，部分地承担展会的招展、招商和宣传推广工作的组织。

（二）顾客

对展览业而言，顾客主要指参展单位、观众和嘉宾。

参展单位是指受会展举办单位邀请，通过订立参展协议书或会展合同，在特定的时间和地点展示物品或服务的主体，通常包括制造商、分销商、服务组织、媒体、政府、非营利组织等。当参展单位的性质是企业时，又通常被称作参展商。

观众是指通过注册获取参观证，参观展会并与参展商洽谈交易的个人和组织。展会观众通常被分类为买家和非买家。[1] 买家是参展商们的重点关注对象，故又称为典型观众（typical visitors）。尽管参展商希望展会中的观众主体是买家，但调查数据却表明，在全部的展会观众当中，典型观众通常只占10%或更少，其他的90%属于各类非典型观众（atypical visitors）：其中大约19%是或无购买意向，或无购买能力的冒牌买家（tyre kickers）；8%是来询价、比价的人（wheeler-dealers）；21%是仅对技术问题感兴趣的技术专家（technocrats）；26%是有其他目的的人（foxes），如想向参展商推销商品；26%是来展会进行一日游的人（day-trippers），如学生或退休者。[2]

嘉宾是指为了提升会议、论坛等活动的知名度和影响力而邀请的知名专家、学者、企业家、政府要人或协会负责人。

（三）服务商

展会服务商是在展览中主要为展会主办者、承办者、参展商、观众等各方提供专业服务的承包商或被委托方，主要包括会展场馆、主场服务商和专业服

---

① Godar, S. H. and O'Connor, P. J., 2001, "Same time next year – Buyer trade show motives." Industrial Marketing Management, Vol. 30, No.1, pp. 77-86.

② Blythe, J., 2010, "Trade fairs as communication: a new model." Journal of Business & Industrial Marketing, Vol. 25, No.1-2, pp. 57-62.

务商。

会展场馆是指专门用于举办展览、会议的大型物理设施。由展会举办单位与会展场馆签署租赁协议，按租用面积和租用时间来付费。

主场服务商是指由展会举办单位指定并签署合作协议，为展会举办方和参展单位提供全方位综合服务的组织。服务商为举办方提供的服务包括展区布局、标摊搭建、观众注册、会场清洁、水电管道、人数统计、展品物流、交通管理、展具租赁、现场协调等；同时，它也会向某些参展商提供展台设计与搭建、地毯铺设、家具租赁、展品运输、参展手册、物流、通关等服务。

专业服务商是指为举办单位或参展单位提供某项专门服务的组织或个人，如展台搭建、视听设备租赁、安保、翻译、模特等。

（四）政府

在全球范围内，会展行业被政府和国家机构视作一个充满生机、经济利益丰厚的产业部门。[1]外国政治家经常用建设了一个大型会展场馆来标榜自己对当地经济发展所做出的贡献。[2]任何大型会展活动的举办都需要得到当地政府部门的大力支持，并自觉接受相关政府部门的监督管理。在政府部门中，会展管理部门（如大型会展活动办公室、展览事务局等）、产业管理部门（如商务委员会、经济和信息化委员会等）、公共管理部门（如公安、消防、市容委等）等对会展项目的影响较大。

（五）支持单位

支持单位是对展会主办或承办单位的展会策划、组织、操作与管理，或者是招展、招商和宣传推广等工作起支持作用的组织。

[1] McCabe, V. S., 2012, "Developing and Sustaining a Quality Workforce: Lessons from the Convention and Exhibition Industry." Journal of Convention & Event Tourism, Vol. 13, No.2, pp. 121-134.

[2] Kirchgeorg, M., Jung, K. and Klante, O., 2010, "The future of trade shows: insights from a scenario analysis." Journal of Business & Industrial Marketing, Vol. 25, No.4, pp. 301-312.

>> 第二节　展览业的历史

　　产业的出现不是一蹴而就，往往是伴随着人类历史演变与发展而来，了解展览业的发展历史能够帮助我们对展览业有更加系统、完善的认识。本章节以时间顺序为线索，梳理并介绍了世界展览业的发展史与中国展览业的发展史。

一、世界展览业的发展历程

　　展览业是随着经济的发展而产生和发展的，它的起源可以追溯到原始社会，至今已有几千年的历史了。纵观历史，世界展览业的发展是分期发展的，历程可以分为原始、古代、近代和现代四个阶段（见表 1.2）。

表 1.2　世界展览业的发展历史

阶段	标志	活动范围	典型形式	活动目的	组织方式
原始	原始社会	地区	物物交换	交换物品	自发
古代	工业革命前	地区	集市	市场	松散
近代	1798 年法国工业产品大众展	国家	工业展览会	展示	有组织
现代	1894 年德国莱比锡样品博览会	国际	贸易展、博览会	市场、展示	专业组织

（一）展览的原始阶段：物物交换（萌芽期）

　　关于展览的原始起源与萌芽，有"巫术礼仪与祭祀说"和"物物交换说"。"巫术礼仪与祭祀说"认为，展览作为一种艺术形式，来源于原始人的万物有灵观念，他们对自然神和祖宗的崇拜祭祀活动，是展览艺术的雏形和起源。而"物物交换说"认为，展览的基本特征是通过展示和参观进而达到交易的目的，而人类最早的贸易起源于物物交换，这种简单的交换形式也是展览的原始形式。总之，展览的萌芽在人类早期就已经出现，并随着社会经济、政治、文化的进步产生与发展，同时围绕着人们物质和精神两个方面的需要而不断地变动与完善。

（二）展览的古代阶段：集市（雏形发展期）

集市是展会的雏形，是展会的古代形式。随着社会和经济的发展，物品交换的次数不断增加，交换的规模和范围逐渐扩大，交换的形式也发展成为有固定时间和地点的集市。在这一阶段，集市已基本具备了展览的特征。中国集市历史悠久，从古代就有记载，炎帝神农氏首创贸易，唐宋时期更加繁荣。欧洲古代集市稍晚于中国，但被公认为现代会展业的发源地，11—12世纪是欧洲集市的鼎盛时期，14世纪以后，批发商的兴起和工业的迅速发展改变了传统集市的经营方式，演变为样品博览会和展览会。16世纪"地理大发现"时代的来临，使各大洲的经济和文化交流迅速密切起来，欧洲早期的展会活动也扩展到世界其他地区。总之，从原始的、偶然的产品交换发展到固定时间、定期举办的集市，是会展形式的飞跃，但集市仍然无法与现代展览会相提并论。

（三）展览的近代阶段：工业博览会（起步腾飞期）

1640年开始的工业革命极大地促进了展览业的发展，人类从工业革命后跨入了资本主义时代，商品经济逐渐上升为占统治地位的经济形式，早期会展的形式也发生了根本性的变化。

1667年，法国举办了第一个艺术展览会，主要展示绘画和其他艺术，这个展览会没有商业性，不以商品交换为目的，是一个纯展示性的展览会，而且这个展览会经过了统一规划，有系统、有组织。这种新型的展览形式与理念对展览业的发展产生了很大的影响。

18世纪末，在工业革命的推动下，展览业出现了具有很强展示性和宣传性，并有着严密的组织体系的工业展览会。1798年，法国举办了工业产品大众展，这是世界上第一个由政府组织的国家工业展览会。工业革命起源于英国，当时英国已经具备了强大的工业优势，英法贸易严重不平衡，法国把国家工业博览会看作推动工业发展的手段。工业产品大众展被公认为近代工业展览会的开端，自此，欧洲的会展业进入起步阶段。

PART 1

1851 年 5 月 1 日，英国在伦敦水晶宫举办了万国工业博览会（The Great Exhibition of The Industries of All Nations），简称"大展览会"（Great Exhibition），它是第一次发展到国际规模的工业展览，也是第一届世界博览会。博览会的主要目的是向各国商贸人员、社会名流和旅游观光者等各类观众展示和宣传工业革命带来的新的科技成果和新的生活理念。第一届世博会极大地鼓舞了其他国家对世博会的举办热情，在随后的若干年间，法国、美国、奥地利、荷兰、瑞士均数次举办世博会，不仅使本国的经济得到了发展，同时也为其相应城市成为国际化大都市奠定了基础。世博会对人类社会、文化、科技和贸易的发展起着积极的引导和推动作用，因此被视为和平与进步的象征。

在近代时期，中国的社会和经济大部分为农耕经济和文明，发展明显落后于欧洲，这也反映在中国的展览业上。展会古代阶段的形式——集市，一直持续到 19 世纪。

（四）展览的现代阶段：贸易展览会和博览会（成熟期）

19 世纪末期，欧洲的展览业逐渐进入了快速发展阶段，工业革命导致商品的大规模流通和交易，现代形式的贸易展览会和博览会应运而生。

19 世纪末至第一次世界大战前，展览会和博览会成为发达国家争夺世界市场的重要场所。由于工业展览会强调展示与宣传功能，缺乏市场功能，而传统集市又无法满足大批量交易的需要，于是 1894 年，德国莱比锡举办了第一届国际工业样品博览会，以便商人可以直接看样品订货，并在展览后交货，实现了从现货贸易到样品贸易的转变，这种新型展览形式兼具集市的市场性和工业展览会的展示性，即以展示为手段，以交易为目的。这次博览会被称为展览会之母，是贸易展览会和博览会形成的标志。现代展览业由此走上了规范化和市场化的轨道。

1920 年，莱比锡举办了世界上第一个专业技术博览会——莱比锡技术博览会，使展览会由单纯的商品交换发展转变为现代科技知识的相互交流与转移。

1945 年，第二次世界大战结束后，一批因战争而停办的会展活动重整旗鼓，为世界经济复苏注入了勃勃生机。世界各国在战后都致力于经济建设和科技教育事业的发展，社会劳动分工越发精细，产品更新迭代的速度加快，现代展览业开始向专业化方向发展。例如，世界著名的"米兰博览会""莱比锡博览会""巴黎博览会"，后被誉为连接各国贸易的三大桥梁。20世纪60年代，专业性展览会成为展览业的主导形式。

相形之下，我国展览业由于历史的缘故，存在着起步晚、发展缓慢等一系列问题，清末和民国时期，中国政府举办了一些具有近代特征的博览会和贸易会，如1910年在南京举办的"南洋劝业会"以及1929年杭州"西湖博览会"。虽然展会的规模和展示手法比较落后，但对中国近代经济的发展起到了一定的推动作用，并为中国展览业的发展奠定了一定的基础。

二、中国展览业的发展历程

庙会和元宵节灯会等传统会展，在中国已经传承千年，而真正意义上的现代展览业萌芽于19世纪中叶，起步于中华人民共和国成立之初，快速发展于改革开放以后。

（一）中华人民共和国成立前的展览活动

展览业的形成发展与经济活动息息相关，曾经的中国经济十分落后，尤其工业发展缓慢，经济形态以农耕经济为主，故只能在世界展览业中充当配角。1851年，第一届世界博览会在英国伦敦"水晶宫"举办，中国商人徐荣村将丝绸、茶叶、中药材等中国传统出口商品运往世博会，并一举荣获金、银大奖。此后的每一届世博会，中国官方和民间商人都组团参展。

除了参加一些国际大型展览活动外，中国也尝试举办了一些商业博览会和贸易展览会。其中，比较有影响力的是1910年在南京举办的南洋劝业会和1929年在杭州举办的西湖博览会。这些展会中的展品基本上是中国传统的手工艺产品和土特产，如丝、茶、绸缎、器皿等美观却不实用的工艺品。与同期世界强国展览的令人眼花缭乱的各类发明和工业品相比，中国的展品显得原始而落后。

抗日战争爆发后，由于日本帝国主义的入侵，我国刚发展起来的民族工业受到巨大破坏，各行各业经济凋敝。政局动荡、战乱不断，百姓流离失所，人民生活十分困苦。因正处于抗战时期，所以展览会的主题也是如此。这些展览会目的不仅仅是拉动相关产业发展、繁荣经济，更多的是配合当时的政治形势，

PART 1

显示成就、鼓舞士气、抵抗日本侵略。所以，那时展览会的主要作用并不在经济领域，而是利用展览会来提升全国人民抗战的信心和决心。这一时期，展览会的主要特征是"官办"，具有较强的政治性质和宣传意义。

（二）中华人民共和国成立早期的展览活动

中华人民共和国成立后的第一个专业展览会是 1950 年 5 月在北京中南海举办的农业机械展览会，该展历时 40 天，展品为国内生产的新式农具和苏联制造的农业机械。1951 年 3 月，政务院贸易部组团参加了德国莱比锡（春季）国际博览会和捷克斯洛伐克布拉格国际博览会。

1957 年 4 月 25 日，第一届广交会在广州市政府礼堂举行，当时称为"中国出口商品交易会"。参展企业仅有 13 家，来自全国 6 个省市，展品只有陶瓷、毛纺等少数品种。会期为 10 天，参观人数不足 2 万人。1958 年，第二届广交会扩大了规模，参展企业达到 189 家，展品涉及 30 多个品种。从此，广交会每年都会举办一届，规模逐渐扩大。

1966 年以后，由于受到"左"倾的思想影响，展览业在曲折中前进。一方面，一些以"文艺革命""儒法斗争展览"等为主题的展会，把展览事业搞得乌烟瘴气；另一方面，一些关于英雄人物的展览会，如焦裕禄、雷锋等同志的先进事迹展览会，为在全党及全国人民中进行革命理想和爱国主义教育起到了社会课堂的作用。值得一提的是，广交会在"文化大革命"中后期，顶着各种压力，在中央政府的大力扶持下，艰难地开展对外贸易，取得了较大的成绩，得到了快速发展。在出国参展方面，也取得了较大成就，受到举办展会国家的热烈欢迎，促进了中国同世界各国的友谊。[①]

党的十一届三中全会召开以后，中国经济体制改革不断深化，对外开放不断扩大，展览业迎来了一个崭新的变化和发展时期。这一阶段举办的展览会，很多都是国际经贸交流活动，显示出我国在改革开放初期，扩大外贸进口，争取境外市场，参与国际竞争的态势。1978 年 10 月 20 日在北京农业展览馆举行

---

① 夏松涛. 新中国展览业的发展历程及其经验启示 [J]. 当代中国史研究，2009，16（5）：103–110，251.

了一次外国农业机械展览会，参加展出的共有澳大利亚、英国、加拿大、法国等十二个国家，被称为"十二国农业机械展览会"。

20世纪80年代，中国展览行业继续摸索前行。广州、深圳等一些南方沿海城市率先在经贸开放方面走在前列，开始举办各种规模的经贸展览会，而北京、天津、东北等地也陆续跟进。天津当时作为北方的对外开放窗口城市，在展览行业走到了全国的前列，合资建成的天津国际贸易展览中心在1989年投入使用。到了20世纪90年代，各地的展览会如雨后春笋般出现，中国国际纺织机械博览会、国际机床展览会、北京国际汽车展览会、珠海航空博览会等相继举办，由此产生了一批享誉亚洲乃至世界的专业展会。

（三）世纪之交，中国展览业迅猛发展

自2001年中国加入世界贸易组织后，中国市场进一步打开，会展领域也随之快速发展。外资进入，展会规模迅速扩张，越来越多的国际会议将举办地点选择在中国，这有力推动了举办地城市的基础设施建设，促进了会展水平的提高。除此之外，各级政府逐渐重视城市展览业对当地经济的拉动作用以及对产业机构的调整与优化作用，纷纷加大了扶持力度。以上海为例，国际商会年会、亚太法官会议、环太平洋论坛年会、国际引航员大会、APEC会议等700多个国际性会议在上海举行，上海由此赢得"国际会议中心"的盛誉。

经国务院批准，2005年1月，中国国际贸易促进委员会联合国际展览业协会（UFI）、美国国际展览管理协会（IEAM）和独立组展商协会（SISO）一起主办了第一届中国会展经济国际合作论坛。时任国务院副总理吴仪在发表的主题演讲中指出，"中国展览业要向法制化、市场化、产业化、国际化方向发展"，为正在蓬勃发展的展览业指明了方向。"法制化"即规范会展市场秩序，尽早健全会展行业法规；"市场化"指展览业要走向市场，按市场规律办事；"产业化"即逐步健全展览业的服务体系，完善展览业的产业拉动作用；"国际化"指的是要主动融入国际展览市场，增强中国展览业的国际竞争力。

2008年至2012年，中国展览业的面积和规模年均增长率分别达到了16.5%和20%。这一时期，中国成为世界上大的展览市场之一，展览业也成了中国服务业的重要组成部分。2013年至2015年，随着中国宏观经济的逐渐放缓，展览

PART 1

业的增长也开始出现下滑。展览商业化程度不高，展览内容缺乏创新，展览产业链上下游缺乏协同等问题开始显现。为此，政府开始加强对展览行业的规范和管理，推动行业的转型升级。2016年至2018年，中国展览业开始逐步完成向高质量、高附加值方向的转型升级。政府加强对展览行业的支持和引导，推动展览业在数字化、智能化、绿色化、国际化等方面的发展。同时，展览业在创新内容、服务质量、商业化程度等方面也有了很大的提升，展览行业呈现出多元化和专业化的发展趋势。2019年至今，中国展览业进入了稳健增长期，展览市场的整体规模和质量继续得到提升。尤其是受新冠肺炎疫情影响后，线上展览和数字展览快速发展，为展览行业带来了新的发展机遇。政府继续加大对展览行业的支持力度，推动展览行业的国际化发展，加强行业规范和管理，同时也注重加强对展览人才的培养和引进，提高行业的专业水平。

≫ 第三节　展览业的基本格局与发展现状

展览业的发展千变万化，了解当今世界展览业的发展格局与现状，能够帮助我们更好地认识展览业，追上展览业的发展步伐。本节将围绕世界展览业的基本格局、场馆建设、展览项目进行详细阐述。

一、世界展览业的基本格局与发展现状

（一）全球展览业的基本格局

欧洲作为现代展览业的发源地，展览经济整体实力最强，具有规模大、国际化程度高、专业化水平高、重复率低、交易功能明显等特点，其中德国是世界头号展览强国。北美是世界展览业的后起之秀，美国在展览业的总体规模，尤其是会议产业的规模方面，已经跃居世界首位。亚洲展览业的规模和水平仅次于欧美，其中，新加坡曾被国际协会联盟（UIA）评为世界第五大会展城市，

日本、新加坡、阿联酋，以及我国香港地区凭借其经济发展的巨大潜力和广阔的市场，以及发达的基础设施，较高的服务业水平，较高的国际开放度，较为有利的地理区位优势，皆有不俗表现。大洋洲展览业发展水平很高，仅次于欧美，但在规模方面小于亚洲，其主要代表是澳大利亚。拉美国家中，展览业发展较好的是巴西、阿根廷和墨西哥，其他国家的展览业尚处于起步阶段，规模较小。非洲大陆的会展经济发展情况基本上与拉美相似，主要集中于经济较发达的南非和埃及。南非展览业凭借雄厚的经济实力及对周边国家的辐射能力在整个南部非洲地区遥遥领先。

（二）全球展览业的场馆情况

在场馆总量方面（见图 1.3），截至 2022 年，全球共有 1358 个场馆，总场地面积达到 4060 万平方米。在展览面积方面，欧洲全球展览总面积最多，达到了 1580 万平方米，占到全球展览总面积的 39%；亚洲地区的展览总面积超过了北美地区，达到了 1300 万平方米，占总量的 32%；北美地区位列第三，为 830 万平方米，占总量的 20%。在场馆数量方面，欧洲也是拥有场馆数量最多，共有 495 个场馆，其次是北美地区，共有 380 个场馆，亚洲地区位列第三，共有 316 个场馆。

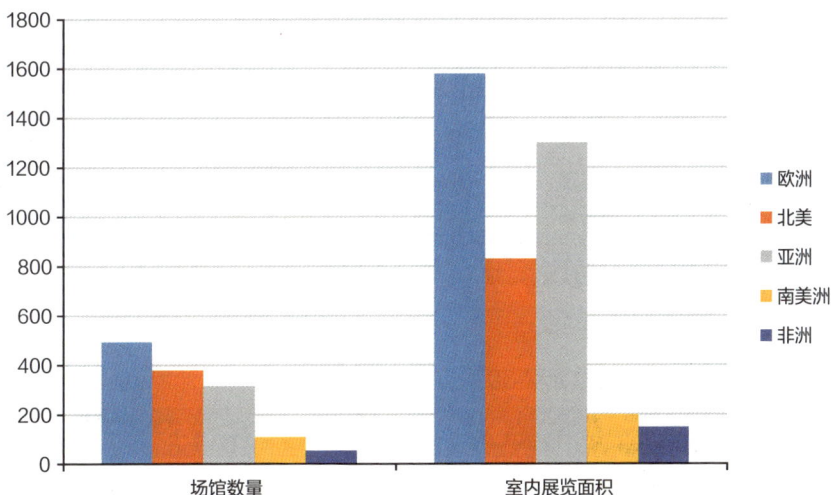

图 1.3 场馆数量及室内展览面积在各大洲的分布
资料来源：UFI 官网

就发展趋势而言（见图 1.4），从 2006 年至 2022 年，欧洲地区、北美地区的展览面积占全球展览面积中的比重逐渐下降，亚洲地区、南美地区、非洲地区的占比均有所增加，其中增长速度最快的是亚洲，分别从 2006 年的 16% 增长到 2011 年的 20%，又在 2022 年增长到 32%，反超北美地区。

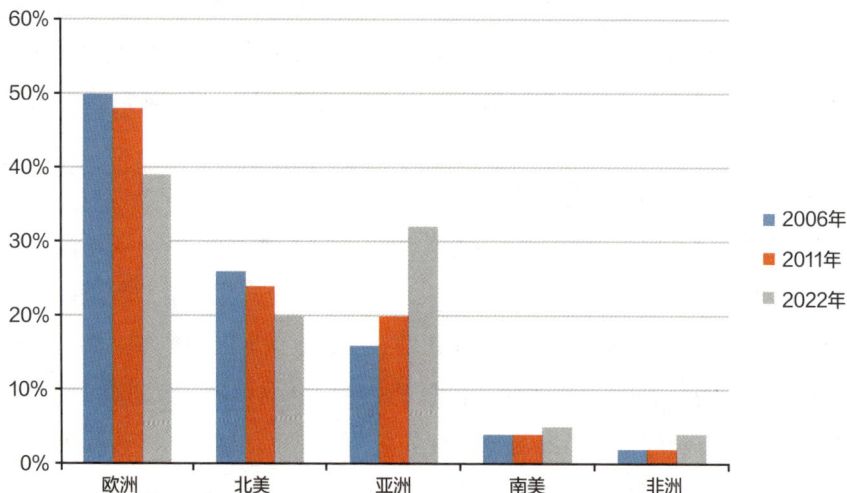

图 1.4 各大洲会展场馆在全球全部场馆中的比重与发展趋势
数据来源：UFI 官网

从各大洲具体到各国家、地区的室内展览总面积排名后可发现，全球共有 21 个国家、地区的室内展览总面积超过 30 万平方米（见表 1.3）。排名位列前 5 的国家（中国、美国、德国、意大利和法国）占全球室内展览总面积的 60% 以上，中国以 25.2% 的全球占比位居第一，由此可见我国展会场馆的建设颇有成效，展览底蕴与能力不容忽视。

表 1.3 2022 年室内展览总面积 30 万平方米以上的国家

排名	国家	室内展览总面积（平方米）	占全球的百分比（%）
1	中国	10216681	25.2
2	美国	6936197	17.1

续表

排名	国家	室内展览总面积（平方米）	占全球的百分比（%）
3	德国	3181205	7.8
4	意大利	2361690	5.8
5	法国	1978787	4.9
6	西班牙	1638795	4.0
7	巴西	1194357	2.9
8	俄罗斯	1149264	2.8
9	加拿大	760914	1.9
10	荷兰	720101	1.8
11	土耳其	667076	1.6
12	英国	649188	1.6
13	墨西哥	620437	1.5
14	比利时	460621	1.1
15	瑞士	457000	1.1
16	日本	446695	1.1
17	印度	440333	1.1
18	波兰	415047	1.0
19	奥地利	345769	0.9
20	韩国	306759	0.8
21	阿联酋	304557	0.8

资料来源：UFI 官网

在世界级特大型场馆的保有情况方面（见表 1.4），截至 2022 年，全球共有 10 万平方米以上的场馆 80 座，其中，欧洲占 40 席，世界会展强国德国独占 10 席。北美占 10 席，全部在美国，南美占 1 席，位于巴西。亚洲占 28 席，其中中国占 24 席，泰国、韩国、日本、新加坡各占 1 席。

PART 1

表1.4 2022年全球展馆20强

排名	展览中心名称	城市	国家	室内展览面积（平方米）	欧洲	北美	亚洲
1	国家会展中心（上海）	上海	中国	404400			1
2	深圳国际会展中心	深圳	中国	400000			2
3	汉诺威展览中心	汉诺威	德国	392445	1		
4	法兰克福展览中心	法兰克福	德国	372073	2		
5	科洛库斯国际展览中心	莫斯科	俄罗斯	366100	3		
6	米兰展览中心	米兰	意大利	345000	4		
7	广交会琶洲馆	广州	中国	338000			3
8	昆明滇池国际会展中心	昆明	中国	310000			4
9	科隆展览中心	科隆	德国	284000	5		
10	杜塞尔多夫展览中心	杜塞尔多夫	德国	262727	6		
11	诺德－维勒班展览中心	巴黎	法国	246312	7		
12	麦考密克展览中心	芝加哥	美国	241548		1	
13	拉斯维加斯会展中心	拉斯维加斯	美国	236214		2	
14	巴伦西亚会展中心	巴伦西亚	西班牙	223090	8		
15	凡尔赛门展览中心	巴黎	法国	222000	9		
16	重庆国际博览中心	重庆	中国	203646			5
17	巴塞罗那会展中心	巴塞罗那	西班牙	203106	10		
18	青岛世界博览城	青岛	中国	200000			6
19	上海新国际博览中心	上海	中国	200000			7
20	国际展览中心（天津）	天津	中国	200000			8

资料来源：UFI官网

（三）全球展览业的展览项目情况

《进出口经理人》以世界范围内的展览为备选对象，以展览地毯面积为主要排行数据对全球的商业展览进行排名，其于 2020 年公布的最新一次《世界商展 100 大排行榜》中，德国宝马展仍然位列第一，汉诺威国际农业机械展、巴黎国际工程机械展紧跟其后分别位列榜单的第二和第三。从国家方面来看，德国共有 48 个展会位于榜单之中，展览业强国的地位不容置疑；其次是中国，共有 24 个展会位列榜单；上榜展会数量排名第三的是意大利，共有 13 个展会。在 2022 年世界商展 20 强中（见表 1.5），来自中国的展会占据了 3 个席位，分别是上海国际汽车工业博览会、中国国际进口博览会以及中国国际工业博览会，除了中国国际工业博览会排名没有发生变动外，上海国际汽车工业博览会和中国国际进口博览会分别跻身排名第五和第六。由此可见，中国的展会已经在世界范围内脱颖而出，中国会展大国的地位稳固。

表 1.5　2022 年世界商展 20 强

排名	名称	面积（平方米）	国家	城市
1	慕尼黑国际工程机械、建筑机械、矿山机械、工程车辆及设备博览会	614000	德国	慕尼黑
2	汉诺威国际农业机械展览会	390900	德国	汉诺威
3	巴黎国际工程机械展	375000	法国	巴黎
4	汉诺威工业博览会	369400	德国	汉诺威
5	上海国际汽车工业博览会	360000	中国	上海
6	中国国际进口博览会	360000	中国	上海
7	拉斯维加斯工程机械展	356000	美国	拉斯维加斯
8	中国国际工程机械、剪裁机械、工程车辆及设备博览会	330000	中国	上海
9	意大利米兰供暖、空调、制冷、再生能源及太阳能展	325000	意大利	米兰
10	法兰克福国际汽车零配件及售后服务展	316400	德国	法兰克福
11	法兰克福春季国际消费品博览会	305600	德国	法兰克福

PART 1

续表

排名	名称	面积（平方米）	国家	城市
12	巴黎国际建材及设备展	300000	法国	巴黎
13	米兰国际手工艺品展销会	300000	意大利	米兰
14	欧洲机床展览会	290000	德国	汉诺威
15	汉诺威商用车博览会	282000	德国	汉诺威
16	法兰克福国际浴室设备、空调技术展览会	280200	德国	法兰克福
17	中国国际工业博览会	280000	中国	上海
18	意大利米兰国际两轮车博览会	280000	意大利	米兰
19	博洛尼亚国际农机及园艺机械展览会	270000	意大利	博洛尼亚
20	美国消费类电子展	269418	美国	拉斯维加斯

资料来源:《进出口经理人》

二、中国展览业的基本格局与发展趋势

2021年，多点散发、持续发酵的新冠肺炎疫情对中国展览业造成巨大的负面影响。中国会展人不忘初心、坚守坚持、同心同德、创新发展、攻坚克难，抢抓一切机遇，持续推进复展复业，夺取了难能可贵的展览业恢复性发展。中国贸促会《中国展览经济发展报告2021》显示，中国展览业在2020年的基础上继续恢复发展，展览数量、展览面积较2020年均实现较快增长。据不完全统计，在已采集到面积信息的展览中，中国境内共举办经贸类展览2949个，同比增长48.6%；展览总面积9299万平方米，同比增长27.2%。2021年，中国展览业在2020年率先走出疫情、恢复办展办会、取得较好成效的基础上进一步恢复发展，总体规模和数量有望超过2020年，质量效应进一步提升。①

---

① 储祥银. 会展平台功能作用与价值获两会肯定［J］. 中国会展，2022（7）：60-63.

（一）中国境内展览经贸展会的举办情况

2022 年 1 月，中国贸促会发布《中国展览经济发展报告 2021》，以下简称《报告》。《报告》显示，疫情冲击下，百年变局加速演进，2021 年中国展览业境内展览发展韧性和活力开始增强，但区域和行业发展差异化仍然显著。据不完全统计，中国境内举办的线下展览总数为 5497 场，展览总面积为 9188.57 万平方米。2021 年是全国对抗新冠肺炎疫情的第二年，展览行业积极恢复，全国境内举办线下展览的城市由 2020 年的 151 个恢复至 183 个，同比增长 21.19%。

（二）中国展览场馆的建设情况

据 UFI 统计，截至 2022 年，中国的展览场馆总面积达到 1021.6681 万平方米，共有 213 个场馆。其中，有 20 个展览场馆面积超过 10 万平方米，为大型场馆；有 132 个场馆面积位于 2 万平方米至 10 万平方米，为中型场馆；有 61 个面积低于 2 万平方米的小型场馆，展览面积排名前 10 的场馆，如表 1.6 所示。

表 1.6　2022 年中国展览场馆 10 强

排名	名称	地区	室内展览面积（平方米）
1	国家会展中心（上海）	上海	404400
2	深圳国际会展中心	深圳	400000
3	广交会琶洲馆	广州	338000
4	昆明滇池国际会展中心	昆明	310000
5	重庆国际博览中心	重庆	203646
6	青岛世界博览城	青岛	200000
7	上海新国际博览中心	上海	200000
8	国家会展中心（天津）	天津	200000
9	中国西部国际博览城	成都	192000
10	武汉国际博览中心	武汉	150000

资料来源：UFI 官网

PART 1

（三）中国展览业的发展趋势

根据《报告》的前景展望，2022年，"双循环"格局将推动展览产业链供应链重构再建和价值链提升，展览业形态将向更为多元的产业融合态势转变。与此同时，绿色低碳、专业化品牌展览将成为展览业发展的方向和主流，境外参与办展的形势将加快境内展览与国际展览接轨，线下展览行业数字化转型趋势也越加明显。《报告》指出中国展览业总体呈现如下五大发展趋势。

1. "双循环"格局将推动展览业实现新发展

中国展览业将积极响应中央号召，紧密配合"双循环"格局构建，发挥展览业平台的桥梁作用，服务好产业链供应链重构再建和价值链提升，助推展览业形态将向更为多元的产业融合形态转变。

一是展览产业链增值更加具有溢出效应。展览上中下游链条的高效协同，将促进交通、住宿、餐饮、物流、通信、金融、保险及文化、旅游、策划、广告、设计、印刷等领域联动发展。"展览+"（产业、城市、功能区、自贸试验区、自由贸易港等）产业集群和展览商圈，将扩大产业溢出效应。展览与优势产业融合发展，各地特色优势产业将更加壮大，推广新技术、新产品、新业态、新模式，促进产业结构优化、要素升级和业态创新，充分释放"展览经济"新动能。

二是展览业活动将使供应链创新升级。供应链是指跨企业的物流活动和商业活动的集成。供应链需要集成化管理，是跨企业的供给和需求的协同。对于一些渴求转型创新，却又没有明确发展方向的企业，展览全球供应链体系的产生将是解决这一发展难题的一味良药。展览全球供应链体系将是顺应当下数字化社会经济发展契机的产物，并注重结合自身人才、技术、管理、资金、模式等优势资源条件，从而实现各产业的联动、互利，并助力企业产业链结构及运行方式的创新与升级。

三是延伸展览价值链将增加展览有效供给。展览产业价值链具有多功能属性、跨界属性、多盈利来源特性。主动为客商设计经贸行为轨迹，在提供商品交易和投资合作这一展览基本功能的基础上，围绕客商参与经济合作的关联领域，如信息、金融、物流、通关便利化、园区合作、科技研发等，举办一系列有机互动的展示、会议、交流活动，使客商一次参展获得多重效益，将带动展览机构的可持续成长，促进展览业提质增效。

2.绿色低碳将成为展览业高质量发展方向

2021年，国务院《关于加快建立健全绿色低碳循环发展经济体系的指导意见》中明确提出："推进展览业绿色发展、指导制定行业相关绿色标准、推动办展设施循环使用，确保实现碳达峰、碳中和目标。"中国展览业将迈入高效、绿色、低碳的高质量发展新阶段。

一是绿色、低碳办展理念将实现升级。主办方、场馆方、承办方与消费者对新型绿色展览的认知进一步提高，逐步形成"绿色规划、绿色设计、绿色投资、绿色建设、绿色生产、绿色流通、绿色生活、绿色消费"的低碳理念，将助推全展览产业生态链融合发展、转型创新。

二是绿色、低碳将保障实现展览业双碳目标。在场馆设施及展会组织、展示设计、展台搭建及展会服务等环节将实现绿色化，落实碳达峰、碳中和目标要求，支持绿色技术创新，将促进绿色布展参展常态化，推动绿色服务在展览领域安全高效利用。展览环保展台循环利用或将成为常态，在满足展示需求的情况下，环保展台设计制作提倡减少构件材料，实现模块化组装，要求采用低能耗、低污染、可降解、可循环的材料进行搭建。

三是低碳领域的资源整合将进一步加快。在展览内容上，围绕高效、绿色、低碳发展，一些大型展览逐渐会向新能源汽车、智能制造、环保等领域延伸。在展览硬件上，新一代展馆建设升级，展览业与多元产业融合加快；在展览服务上，展览服务商从单一业务模式向提供整体解决方案的综合品牌服务商转型，将进一步推动我国展览业实现高质量发展。

3.专业化品牌展览将成为展览业发展主流

在国际上，专业性的展览已成为展览业发展的主流，代表着展览经济的发展趋势。与一般的展览相比，专业性展览的针对性更强、观众质量更高、参展效果更好、市场功能更强，更能反映行业整体状况。未来展览内容将更加注重精耕细作，大型展览将由展览对象的横向分割向产业链上下游的纵向细分发展，国际大型展览的新增专题展或同期举办的展览将会增多，展览范围、展品种类和用途越来越专业。

一是新兴产业的发展蕴藏着展览业发展的巨大机遇。《中共中央关于制定国民经济和社会发展第十四个五年规划和二〇三五年远景目标的建议》在"打造新兴产业链""扩大战略性新兴产业投资"等方面作出了安排和部署。新兴产业将迎来新的发展机遇，未来中国展览业将聚焦新一代信息网络、生物、新材料、高端装备、新能源、节能环保、新能源汽车等新兴产业领域，发展具有全球影响力的专业性品牌展会。

二是新消费领域展览将释放新动能。全面促进消费，是"十四五"时期加快培育完整内需体系的关键抓手。中国消费结构的升级换代为展览业的主题选择和策划提供了新商机。紧跟新消费主义浪潮，助力弘扬新国风，宣传新国货，新消费及消费模式的升级逐渐形成新的蓝海。据最近政策导向及新闻发布情况来看，人们对大健康和大娱乐的需求正成为热点，受这种消费结构转型升级的影响，休闲度假、老年医疗、养老护理和文化旅游等主题的展览会，有可能成为未来一段时间中国展览业的热点领域之一。同时，随着"00后"人群逐渐成为新的消费主体，动漫、游戏、电竞、宠物等类型的高水平专业品牌展览将实现快速增长，"展览品牌化"和"公司品牌化"建设将进一步加强。

三是聚焦国际赛事成展览热点。2022年是我国的体育大年，在北京冬奥会之后，第31届世界大学生夏季运动会和2022年亚运会又计划在成都和杭州相继举办。以体育赛事为主题的展览有望借2022年体育大年回暖，全民健身产业将成为未来展览的方向之一。

4.境外参展办展形势将加速与国际展览接轨

一是RCEP等国家和地区将成为办展焦点。《区域全面经济伙伴关系协定》（RCEP）于2022年1月1日起正式生效，协定覆盖人口23.7亿、区域GDP总值25.6万亿美元、进出口总额10.2万亿美元，在全球总量中三项占比均达30%左右，已经成为北美、欧盟、RCEP世界三大自贸区中规模最大、活力最强、潜能最具预期的自贸区，RCEP生效将对我国进出口企业带来重大利好，随着相关各国就海关程序、检验检疫、技术标准达成的一系列高水平规则落地，RCEP将显著降低域内贸易成本，提升区域产品竞争力，未来我国境外展览将重点聚焦RCEP国家，引导企业用好用足政策扩大RCEP国家进出口。

二是双边、区域性展览将进一步加强。区域合作为展览业带来新机遇，随着"一带一路"展览领域合作的进一步务实深化，双边、区域性展览平台以及地区性特色展览将更加深入发展，中国和东盟、东北亚、南亚、中东欧、西亚非等国家间的国际合作，都有望成为展览业国际合作的重点区域，中国—东盟、中国—东北亚、中国—蒙古、中国—俄罗斯、中国—南亚、中国—中东欧国家、中国—阿拉伯国家、中国—亚欧、中国—非洲等双边、区域性大型涉外经贸博览会将在题材上实现新的突破，助力企业开拓国际市场。

三是境外参展办展模式将进一步创新。海外办展力度将继续加大，国际竞争力和影响力将进一步增强。参展类别将从轻工服装、化工机械、农产品等方面拓展到更多的展览领域，更多企业将在境外参展办展、以线上或线上线下结合等方式开展境外参展办展。中国展览业将在充分引进国际重要会议、著名企业的同时，强化"走出去"战略，积极开拓国外市场，将中国展览公司、展览品牌植入国际市场。中国展览业将继续加强与国外展览企业的深度合作，在场馆建设、科技手段、展览流程、人才培养、管理水平等方面实现全方位的全球化。

5. 线下展览行业数字化转型趋势愈加明显

为了吸引受众并满足其需求，越来越多的展厅转向创意科技并引入物体识别桌等多媒体互动装置，创造一个互动体验和信息传达的平台。数字展厅打破了传统的展览方式，引入数字多媒体技术，使展厅充满科技感，让客户身临其境地参观，留下深刻印象，并成为企业与客户交流的最佳场所。企业数字展厅的打造既符合了时代的前瞻性，又能在展厅中应用企业新产品和新科技，让客户直观深刻地了解企业的相关消息，实现双赢。

2021年11月，国际展览业协会（UFI）发布的第二版《行业合作伙伴基准调查报告》显示，66%的受访者在未来会展活动中对虚拟现实的应用有很高需求。数字经济已经成为中国国家战略的一部分，是"十四五"期间经济增长的"新引擎"，为传统展览业带来了数字化转型升级的机遇。展览业的数字化转型方向主要包括以下三个方面。

首先是线上线下展览的融合发展。通过将传统活动展览和数字化技术相结合，形成双线活动展览，将线上和线下的展览活动紧密结合在一起，打通企业、客户、线上和线下四个方面，从而发挥线上线下各自的优势，互相补充。通过展览"云"的实现，将线下展览用数字化方式投射到网络上，实现线上线下的"共振"，从而提高展览业的数字化水平。

其次是展览场馆智能化建设的加强。传统的展览运营模式已经受到商业模式不断创新的挑战。随着技术的不断进步和运营模式的不断完善，传统展览的替代品（如网上展览和视频会议）只会越来越强。为了跟上时代的发展，展览需要以科技创新为突破口，打造智慧展览场馆。展览场馆智能化主要体现在运营智能化、管理智能化、服务智能化和基础设施智能化等方面，通过加持通信技术、新兴互联网云技术、大数据与物联网技术、地理信息、数据计算和存储能力、5G和移动应用技术等，不断开发数字展览应用场景。

最后是数字化展览信息平台建设潜力无限。展览企业一方面将进一步提升展览业智能化、数字化水平，推动数字展览新基建，不断迭代和改进技术平台，加强数字展览网络安全，探索建设跨国（地区）展览网络公共平台。另一方面，将充分利用大数据挖掘、室内定位、机器仿生学习、人工智能等科技，驱动开发现代展览产业新体系，用好这些大平台和云技术，结合自身的业务特点搭建展览活动项目的小平台，更好地服务于产业和企业，搭建数字化展览信息平台（见图1.5）。

图1.5 展览数字化转型方向

>> 第四节 中国 B2B 企业的参展实践

一、中国企业的海外参展历程

（一）初登世界舞台

1851 年在伦敦举办的万国工业博览会（英文：Great Exhibition of the Works of Industry of all Nations），也就是著名的"水晶宫博览会"，被誉为现代展览业的开端，而其中就有中国人参与的身影。广东香山人徐瑞珩（字德琼，号荣村）在清咸丰元年（1851 年）带着中国特产"荣记湖丝"，远涉重洋前往伦敦参加首届世博会，引起轰动并获奖。这一历史事实后被刻印于 1884 年的《北岭徐氏宗谱》，伦敦皇家协会 1852 年出版的《英国伦敦第一届世博会评奖委员会报告书》中也有明确的记载。另一位叫王韬的广东人，此前被认定为最早见识世博会的中国人，他亲历了 1867 年的巴黎世博会并写下了《漫游随录》。1904 年清政府应美国政府邀请，首次组团参加美国圣路易斯博览会，并耗费巨资在博览会场地修建了具有浓郁民族风格的"中国村"和"中国展馆"，被美国媒体评论为"本届博览会上最漂亮的东方建筑典范"。京剧和民族音乐首次被带到圣路易斯博览会上，作为现场表演的节目。

1905 年，清政府选派五名大臣前往欧洲游历并参观了当时举行的布鲁塞尔博览会，其中作为随员的张元济，在当时就已经开始意识到科学技术和博览会的重要价值。随后，中国名酒茅台在 1915 年巴拿马博览会上获得金奖，一举成名。

（二）贸促会主导的海外参展

中华人民共和国成立后，西方国家对我国进行经济、外交上的"封禁"，为拓展经贸交流，中央政府组织中国展览团于 1951 年 3 月 4 日参加莱比锡国际博览会，同年 5 月 20 日又参加了布拉格国际博览会，这是中华人民共和国成立后初次出国参展。1952 年 5 月中国国际贸易促进委员会（英文 China Council for the Promotion of International Trade）成立，有力地促进了国家对外经贸的发展。在此期间，我国积极组织境外参展和境外办展，先后组团赴西德、捷克斯洛伐克、印度等国参展，并在蒙古、苏联、日本等国举办中国商品展。

1952 年 3 月，参加巴基斯坦国际工业博览会

1952 年 9 月，参加民主德国莱比锡秋季国际博览会

1953 年 7 月，首次在苏联举办中国工农业展览会

1955 年 10 月，首次在日本举办中国商品展览会

1961 年 3 月，首次在古巴举办中国经济建设成就展

1963 年 8 月，首次在阿尔及利亚举办中国经济建设展

1965 年 5 月，参加巴黎国际博览会

1971 年 10 月，参加圣地亚哥国际博览会

1973 年 2 月，首次在也门举办中国经济贸易展

1978 年 7 月，首次在卢旺达举办中国经济贸易展

……

数据显示，自 1951 年到 20 世纪 70 年代末，中国贸促会承担了我国几乎所有的出国展览任务，共赴 104 个国家举办了 313 个出国展览，这些展览均以新中国的建设成就为主要内容，极大地增进了我国同世界各国人民的友谊，积极推动中国走上了世界舞台。

1973 年，中国贸促会进行了具有重大意义的出国展览改革，打破过去仅由贸促会一家出国办展的传统，让有条件的省区市在统一计划下承办出国展览，促成了 20 世纪 80 年代初期以中国贸促会为主，多机构、多渠道组织出国展览新格局的形成，全国出国展览业呈现欣欣向荣的局面。据统计，每年中国贸促会和中展公司出国参展办展数量占全国总量的 20% 左右，各省市贸促分会也占 20% 左右。西麦克国际展览公司总经理杨明表示，公司紧跟中国贸促会出国参展办展，足迹遍布全球，展览规模不断增大，公司实力稳步提升。

1986 年，我国参加了瑞士巴塞尔样品博览会，并首次采取了摊位式展览形式，改变了以往以宣传成就为主的展贸分离的整体式展出方式，展览的贸易性、专业性大大加强，从而使我国展览业开始与国际现代展览业接轨。

2000 年，国务院将审批管理全国出国经贸展览活动的职能赋予中国贸促会。中国贸促会坚持以审批为手段，以发展为目标，以服务为责任，大力推动出国经贸展览工作规范健康发展。中国贸促会审批的出国经贸展览不断增多，从 2005 年的 671 个项目、实际出展面积 224919.12 平方米增加到 2019 年的 1815 个项目、实际出展面积 1009713.98 平方米。

（三）市场化的企业参展

随着我国改革开放的进一步深入，越来越多的企业渴望走出国门，参与国际竞争，再加上中国展览经济在近 20 年的迅猛发展，一大批具有国际影响力的国内展会已经崛起，为大量中国企业提供了在家门口参加国际展会的机会。因此，每年有数百万的中国企业通过市场化途径去参加国内外的展会，这一数据已经远远超过了贸促会每年组织的赴海外参展企业数。

2018 年，贸促会系统组织赴 66 个国家参展办展共 1672 项，展出面积 83.02 万平方米，参展企业 5.9 万家。同时期，中国赴"一带一路"沿线国家参展办展频次稳步提高。

在 2020 年，新冠肺炎疫情的全球暴发对各行各业造成了巨大冲击，展览业也不例外。在这一年中，中国几乎没有出境办展。据统计，2020 年中国境外自主办展总数仅有 2 场，相较于 2019 年的 137 场减少了 135 场，降幅达到了98.54%。展览总面积也从 2019 年的 67.92 万平方米减少至 1.68 万平方米，降幅高达 97.53%。此外，2020 年，中国境外办展主办机构的数量也同比 2019 年减少了 27 家，降幅达到了 93.10%，仅剩下贸促会纺织行业分会和广东新之联展览服务有限公司两家机构。

如今，中国展览业立足新发展阶段、贯彻新发展理念、构建新发展格局，将继续推动经济的发展和文化的传播，迎来涅槃重生的新时代。

法兰克福国际家用及商用纺织品展览会在德国举办 [①]

2022年6月21日至24日，全球最重要的纺织行业展会——法兰克福国际家用及商用纺织品展览会夏季特展（简称：法兰克福家纺展）在德国法兰克福举行，这是新冠疫情暴发两年来，该展会首次线下举行。

作为传统纺织业制造和出口大国，中国纺织业者也克服了疫情等挑战，两年来首次组建中国展团出国参展，共有近50家企业参展。在6号馆亚洲展商区，来自中国山东、浙江、上海、江苏、河北等地的纺织企业展台前都挤满了来自世界各地的买家。多位中国参展商对记者表示，参展期间不少老客户见到久违的中国参展商都格外兴奋，问询和成交量也令人满意。一位山东青岛的展商向记者展示了名片簿，仅仅一天半，一本名片簿就已经贴满了买家的信息。"只要出来，就一定有收获。"一家来自上海的参展商信心满满地说。

二、中车集团的参展实践

中国中车股份有限公司（简称"中国中车"，英文简称缩写"CRRC"）是经国务院同意，国务院国资委批准，由中国北车股份有限公司、中国南车股份有限公司按照对等原则合并组建的A+H股上市公司。经中国证监会核准，2015年6月8日，中国中车在上海证券交易所和香港联交所成功上市。

中国中车创业于1881年，见证了一代代中国人救亡图存、砥砺奋进的奋斗经历。140余年的发展，中国中车已经成为全球最主要的轨道交通装备制造商。

（一）2000年以前

早在1902年（光绪二十八年），四方机车厂组装的瞭望车就参加了德国莱茵区杜塞尔多夫工业展览会，并且颇受好评，这是中国中车首次在国际展会的舞台亮相。

---

① 中国贸促会展览公共服务网，https://exhibition.ccpit.org/articles/1157。

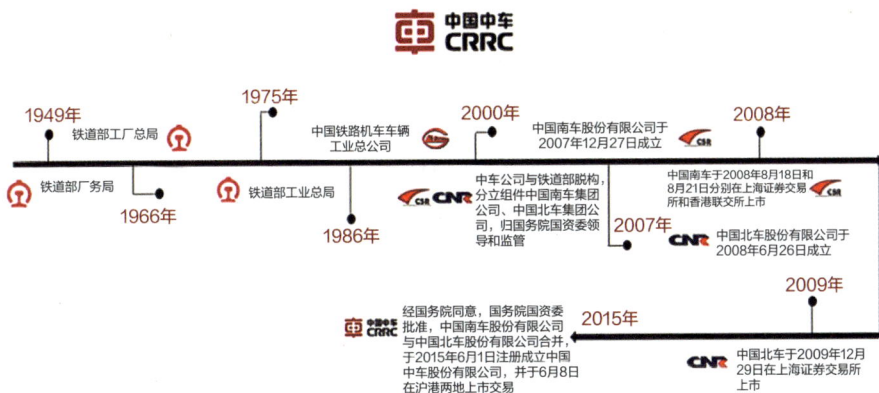

图1.6　中车集团发展历程

数据来源：公司官网、国泰君安证券研究

　　中华人民共和国成立后，中国政府即开始参加国际展览会并且在国内组织展会。1953年，中国派出高规格的政府代表团参加德国秋季莱比锡展，中车齐齐哈尔工厂试制的P1型30吨全钢棚车代表中国参展，向世界展示了中国铁路车辆制造业的风采。

（二）2000—2011年：恰逢其时，乘势而动

　　2000年，中国铁路机车车辆工业总公司重组为中国南方机车车辆工业总公司和中国北方机车车辆工业总公司。同一年，中国加入世界贸易组织，对外开放进入了新阶段。中车应时而动，开始有计划、有目的地参加国内外行业相关展会。

　　2003年1月，铁道部组织的新造机车展示会在二七机车厂举行，中国南车、中国北车集团公司所属7个企业制造的8台内燃、电力机车参加展出。同年也参加中国进出口商品交易会。2005年、2007年，中国南车组织旗下企业参加中国国际城市轨道交通展览会，展示了高速动车组、电力机车、机车转向架、动车组及大功率机车牵引电机、变压器等产品，展位采用特装300~400平方米。2010年，中国南车株机公司首次参加德国柏林国际轨道交通技术展……

　　在起步期，中车的参展规模较小，展示方式也相对单一。与此同时，展会的随意性较大，缺乏专业团队对展览展示的相关工作统一负责，导致展览效果不尽如人意。随着中国经济的高速发展和轨道交通装备企业现代化水平的不断

提高，中车的展品内容更加丰富，展示规模持续扩大，在参展方面的不适应性也逐渐暴露。针对这些问题，中车开始进行探索性的改良和提升，也为下一阶段打下了较好的基础，积累了丰富的经验。

（三）2011—2019 年：品牌意识，国际视野

该时期，中国轨道交通事业蓬勃发展，各类相关专业展会也呈现出数量上的激增。在国内展会布局上，中车拓宽了参展的选择范围，不仅参加行业展会，展示在轨道交通装备领域的技术实力和产品特色；且参加综合类展会，进一步扩大中车在市场中的品牌影响力。

随着中车国际市场的不断拓展，中车也开始根据市场区域有针对性地参加具有全球和地区影响力的展会。从 2012 年开始，中国中车参加了历届柏林展，在各大洲也积极参加各类铁路展，极大地助推了中车海外市场的开拓。

在 2018 年北京城市轨道交通展览会上，中车专业性、创新性的展出成为整个展会关注的焦点。复兴号标准动车组、160 公里磁悬浮列车、复古风格的华为小镇轻轨列车……这些颜值和实力担当的展品吸引观众驻足合影。不仅是展品，中车还准备了"大国工匠"的才艺展示和体验活动。蛋上雕花、打胶书法、盲眼剥线……当中车一线操作技师的技艺与艺术相碰撞，观众的热情也瞬间被点燃，踊跃参与到体验活动之中。有的观众表示：以前在网上看到的"德国下水道"之类的信息太多，而第一次亲身感受的是中车工匠精湛的技艺。今后坐在中国的列车上，会非常放心并且无比自豪，因为这些列车都是中国的"工匠精神"的结晶（见图 1.7）。

图 1.7　中车北京城市轨道交通展览会参展现场

　　有着精细国内参展布局的同时，中车还兼具国际视野，在世界版图留下中车足迹，宣传中车之声，与中车海外市场业务互利共赢、互促共进。例如，2017年9月26日第12届TRAKO国际铁路展览会上，中国中车股份有限公司携多种产品以强大阵容莅临展会，受到各方瞩目，大批客商纷至沓来。在展会第三天，格但斯克当地一家杂志社对中车进行了采访及报道。该杂志为波兰语，在格但斯克、格丁尼亚和索波特三城联合发行。杂志报道和发行推动了中车及中车产品在波兰市场的普及与宣传（见图1.8）。

图1.8　中车TRAKO国际铁路展览会参展现场

　　2018年南非铁路展上，中车携明星产品——出口必和必拓40吨轴重矿石及三单元关节式集装箱平车、哈萨克斯坦运煤敞车和木材集装箱、35吨敞顶集装

图1.9　中车南非铁路展参展现场

箱等产品模型精彩亮相，受到来自不同国家参观者的高度关注。展会进行过程中，博茨瓦纳铁路公司和乌干达铁路公司总裁也来到集团展台观展。两家铁路公司总裁对公司的实力表示充分认可，并希望公司能够在该国铁路的发展过程中继续提供优质货运装备。公司代表也向他们介绍了公司在铁路货车，起重机和集装箱等产品上的最新研发情况（见图1.9）。

这一时期，中车在总结以往经验的基础上，提出了统一的参展要求，并落实相应制度的规定，以确保每一次参展的展示内容、展示方式以及参展队伍等方面都能够体现标准化和专业化水平，进而塑造中车的参展品牌形象。

（四）2019年至今：一个中车，"五化"凝聚

2019年是中车参展实践的关键一年，不断精进的中车在总结过往参展经验的基础上，正式提出"五化"展会的新思维，由展览制度化、流程规范化、内容模块化、交流全景化、传播国际化这"五化"构成中车企业参展的管理框架。"五化"展会服务于中车发展战略，且与中车的未来发展高度契合，具有前瞻性的理念视角，科学性的理论指导，以及掷地有声的实践价值。

2020年的中东铁路轨道交通展，是中车在"五化"展会理念指引下的首次亮相。尽管受到新冠肺炎疫情的影响，中国中车仍旧携带复兴号动车组、城际地铁、铁路货车、智轨等产品精彩亮相这个中东地区规模最大的铁路展会，展现了中车强大的履约能力。为了"同一个中车"目标，总部相关部门、参展子公司之间拧成一股绳、聚成一条心，成为2020年加强上下协同、部门联动，推

图1.10 中车中东铁路轨道交通展参展现场

行"大品牌"建设的有效例证。此次展会共吸引了来自全球20多个国家和地区的300多家企业参展，展会上来自中东、北非、中亚、南亚国家和地区不同肤色的观众络绎不绝，中车展台更是门庭若市，前来洽谈合作、咨询业务、询问产品的商业伙伴源源不断（见图1.10）。

"五化"展会与中车的战略发展高度契合，具有面对新变化、新发展的高度适应性。在2022年第十二届中国（澳门）国际汽车博览会上，中车作为轨道交通领域的领军者，自主汽车产业的生力军，以"'链'世界，'碳'未来"为主题，携多款自主新能源汽车产品精彩亮相澳门（见图1.11）。在400平方米的展区内，中车自主研制的汽车轻量化材料、功率芯片、电驱系统及新能源客车等40多个产品分五个区域依次排开，涵盖从"芯片—组件—器件—系统—整车"的新能源汽车全产业链，强大的自主阵容和前沿的创新技术，中车坚持系统解决方案引领，探索价值创造新模式，丰富拓展更多智能空间的应用，实现中车"制造"真正向中车"智造"跨越。

图1.11　中车中国（澳门）国际汽车博览会参展现场

PART 1

第二章
B2B 企业参加展会的价值与使命

参展是指参展单位利用办展机构提供的展览会平台，在一定的时间和空间范围内，出于商贸洽谈、产品推广、技术宣传等目标而开展的有组织的展示及交流活动。参展是 B2B 企业重要的营销方式之一，通过参展，企业能够低成本、高效率地接触目标受众。展销会上的每一个参观者被接触到的平均成本为 177 美元，而通过销售电话接触一个客户的平均成本为 295 美元[①]。展会不仅是 B2B 企业开辟市场、销售产品的首选方式，而且是培育公司品牌、收集市场信息、促进产品创新、提升员工士气的重要手段。本章将在介绍 B2B 企业的概念、B2B 企业的管理特征的基础上，进一步分析企业参展的价值与使命。

---

① 引自 https://baijiahao.baidu.com/s?id=1726164828512824030&wfr=spider&for=pc，2023.3.11。

▶▶ 第一节 认识 B2B 企业

什么是 B2B 企业？B2B 企业有着怎样的管理特征？在了解展会对 B2B 企业有什么样的作用前，首先要对 B2B 企业有一定的认知。本节将分别阐述 B2B 企业的概念与贡献、B2B 企业的特征以及 B2B 企业的管理特征。

一、B2B 企业的概念与贡献

B2B 是 business to business 的缩写，专指那些产品或服务面向其他企业或下游产业链，而非直接面向普通消费者的企业。B2B 企业对于大众来说是一个相对陌生的概念，因为对于一般消费者来说甚少直接接触到，但其作用与贡献却不容忽视。

首先，B2B 企业在我国制造业中的比重很大。中国是制造业大国，相关行业汇聚着大量 B2B 企业。根据中国工业企业数据库的数据，目前中国有超过 90% 的制造业企业是 B2B 企业。B2B 企业广泛存在于工程机械、数控机床、钢铁冶金、石油化工、电子电器、纺织印染、包装制造、工业原料等行业，以及服务行业中的贸易、物流、会展、咨询等领域，对于社会经济的运行与发展发挥着举足轻重的作用，但其产品一般不与终端消费者产生直接关系。[①]

其次，B2B 企业在我国跨境贸易中的比重也很大。随着全球化的发展和互联网技术的普及，越来越多的企业开始在全球范围内开展业务。B2B 企业作为提供产品和服务的重要角色，为中国的跨境贸易提供了广泛的市场和销售渠道。根据数据显示，2019 年中国的 B2B 跨境电商交易额超过了 3 万亿元人民币，增长了 25%。

最后，B2B 企业在我国中小企业中的比重也非常大。我国的中小企业是经

---

① 田凤权. 创建和提升 B2B 企业品牌价值的思路 [J]. 经济研究导刊, 2012（17）：154-156.

济发展的重要力量，它们在就业、财富创造和技术创新等方面发挥着重要作用。B2B 企业通过数字化的销售和交易平台，为中小企业提供了高效的供应链管理、交易和配送服务。这为中小企业提供了更多的机会，通过与其他企业的合作和交易，提高了其在市场上的竞争力和创新能力。

二、B2B 企业的特征

企业按照交易模式可以分为 B2B 企业和 B2C 企业。B2C，是 business to customer 的简写，指的是其产品和服务直接面向消费者的企业，大多存在于快消品、零售行业中。B2C 直接把商品卖给最终用户，即"商对客"模式，也就是通常说的商业零售，直接面向消费者销售产品和服务。例如，麦当劳就是一家 B2C 企业。B2B 是指商家与商家建立的商业关系。与 B2C 企业相比，B2B 企业具有如下特征，如图 2.1 所示。

图 2.1　B2B 企业的特征

（一）产品特性不同

通常而言，B2B 企业的产品具有更强的专业性，技术含量高，复杂度高，更侧重于功能与技术；而 B2C 企业的产品通常是电子产品、服饰、化妆品、快餐食品，更加大众化。菲利普·科特勒认为，B2B 的产品市场通常划分为：材料和零部件，如原材料、生产物料和零部件等；资本项目，如买方用于生产 / 运营的建筑 / 设备；日常用品与服务，如运营所需的日常用品、维修 / 维护服务等。一般都是由客户定制采购，而不是大批量市场销售。

（二）不直接接触消费者

B2B 企业不提供产品给终端消费者，通俗地来说，B2B 企业的用户和客户一般是不同的两类人，B2B 企业的产品并不在货架上直接接触消费者。因此，产品与服务的使用者与产品或服务的购买者的不同，这也增加了企业需求管理的链条长度和难度。如今，随着客户对个性化、体验、参与感、互动的要求越来越高，对 B2B 企业提出了更高的要求。因此，一个共享、开放的交互平台成为 B2B 企业认识客户、了解客户的关键需求，而展会正契合了这一需求。

（三）客户沟通难题多

很多 B2B 企业因为供应商的身份，在销售、客户沟通以及客户服务的几个层面，都会碰到许多困难，需要进行服务体系扁平化。业务员一旦接触上客户，研发人员马上要和客户的研发人员对接上，市场跟市场对接，销售跟销售对接，质保跟质保对接，实现扁平化营销创新。扁平化之后，业务员就起到一个组织调配资源的作用。销售绝不是去求客户的，当带着求人的心态去跟客户沟通的时候，会非常被动。因为客户在不熟悉你的产品时，想的只有物美价廉，如果企业没有一套完善的客户沟通体系，就会失去主动。一定要用共赢的思维与客户沟通，去引导客户而不是完全被引导。

（四）购买流程的复杂性

由于 B2B 企业产品及服务具有高复杂性特点，这种高度的复杂性致使其购买过程往往涉及多位参与者，需要多个部门的共同投入。菲利普·科特勒把参与购买决策过程的多位参与者称为采购中心，采购中心一般由发起者、使用者、影响者、决策者、审批者、购买者和守门员组成。其中，发起者是提出购买产品的人，使用者则是产品的直接用户，影响者是有权利评价备选方案并指导采购的人，决策者负责制定最终的采购决策，审批者有权批准或否定采购决策，购买者则是被正式授权去挑选供应商和制定购买条件的人，守门员则有权控制流向采购中心成员的信息。他们各司其职、环环相扣，形成了一条完整的 B2B 产品采购链，缺一不可。同时，购买决策的高度复杂性也决定了购买过程的复杂性。鲁宾逊、法里斯和温德曾提出多阶段模型，[①] 将购买过程分为 8 个阶段，分别是确认问题、一般需求描述、产品说明、寻求和评价潜在供应商、提出供货计划和分析、评价与选择供应商、订购程序说明及业绩审查。相反，消费品

---

① ［美］菲利普·科特勒、［德］弗沃德. B2B 品牌管理［M］. 上海：人民出版社，2021，20.

的购买过程一般都不涉及专家意见，往往取决于消费者自己的选择，购买流程也相对简单。因此，B2B 企业与 B2C 企业相比，其购买流程更加复杂、涉及人员与金额更多、技术与经济因素更复杂。

（五）交易操作规范化

B2B 企业的交易操作相对规范化、标准化及流程化，通过规范与优化交易操作流程，能够降低 B2B 企业的经营成本及时间，提高工作效率。例如：B2B 企业通过其规范的交易方式，能够在网上完成整个业务流程，从建立最初印象，到货比三家，再到讨价还价、签单和交货，最后到售后服务，实现"一环扣一环，环环相扣"。

三、B2B 企业的管理特征

B2B 企业的固有特性，决定了它们在管理实践方面具有独特之处。

（一）B2B 企业更加注重关系质量与关系营销

关系营销产生于 20 世纪 80 年代，是企业为了实现经营目标，在与利益相关者（如客户、供应商、分销商、竞争者、员工、政府机构等）的合作过程中，建立和维护的互惠互利合作关系。瑞典学者古姆松认为，关系营销是从关系、网络和交互的角度看营销。他把公司面临的关系分为市场关系和非市场关系两大类，共 30 种关系。芬兰学者格朗鲁斯把关系营销看作价值、交互和对话的过程。他认为关系营销就是为了满足企业和与它相关的利益者的目标而进行的互惠互利的合作过程。关系营销的主要目的是要正确协调处理企业、组织和个人三者之间的关系，是决定一个企业成败的关键。关系营销产生的主要原因，是传统的营销方式所建立的品牌忠诚度，其成果无法让厂商满意。计算机信息系统、传播科学和技术的进步，使企业有一个更有效的工具连接客户。而关系营销的最终目标是创建用户，让客户成为企业的长期合作伙伴，然后建立一个永久的合作伙伴关系。

关系营销在我国的经济发展的各方面起着至关重要的作用，尤其是在我国中小企业的发展发挥着重要作用。[①] 首先是员工关系营销策略方面：

①强化员工自身对于企业的归属感；②承认并切实尊重员工的个人价值。

---

① 卢疆. 浅析关系营销的发展历程［J］. 管理观察，2013（19）：99–101.

其次是在顾客关系营销策略方面：①树立以顾客为核心的经营理念；②全面深刻地理解客户需求，并把企业发展的现实需求与顾客的需求相结合。

关系营销服务周到，具有浓厚的人文关怀。关系营销不仅仅是为了此次的交易，更多的是为了留住顾客，并通过留住的顾客向其他的顾客传达服务周到的信息，最终是为了提高交易的数量与可持续性。而相比之下，交易营销则显得极其生分，交易过程非常严肃，交易结束后双方就是互不相识的状态，单纯只为了这一次的交易。传统市场营销的市场交易范围仅仅局限于目标市场上，而关系营销的目标市场则更广泛，包括客户、供应商、分销商、渠道商、竞争者等。关系营销不仅重视消费群体，而且关注合作群体，认为只有加深与合作群体的关系，才能帮助企业走得更远。传统的营销不强调客户服务，而关系营销则反之，不但重视客户服务，更是将其视为企业成功的关键。关系营销的核心在于与潜在客户建立朋友关系或联系，并切实关注其需求，在契约、互惠、感同、信任四个维度取得客户的认可，从而提高顾客对产品的忠诚度。

除了过程质量和结果质量，B2B情境下最大的特点是交互双方对合作关系更倾向于保持持久和稳定。在B2B的"买—卖"情境下，从买方感知的角度将关系质量定义为卖方在所有时间对所有关系满意的程度。在B2C情境下，关系质量的维度主要由信任、满意和承诺这三者组成。[1]而在B2B情境下，关系质量的维度则要考虑企业与企业之间关系的特点。HANKANSSON等[2]把企业关系的特点分成两大类：一类是结构性的；另一类是过程性的。结构性的特点主要包括持续性、复杂性、对称性和非正式性等。过程性的特点主要包括适应性、合作性、冲突、社会交互和常规化。随着关系的发展，关系双方会对彼此的产品、做事的方式和态度等有一定程度的适应。而这种彼此的适应可以使双方紧密地联系在一起，同时也是彼此承诺的一种体现。在任何关系中，冲突都是不可避免的，不过在彼此冲突的同时，彼此之间也会存在着合作，关系发展到一定程度，彼此的行为都会趋向制度化。DORSCH等认为，在B2B背景下，关系质量

① 陈琳. 品牌依恋对品牌关系质量和顾客行为意向的影响研究［D］. 湖南大学，2010.

② Hankansson H，Wootz B. A framework of industrial buying and selling［J］. Industrial Marketing Management，1979，8（1）：28–39.

的维度不仅有信任、承诺和满意，还应该包括机会主义行为、顾客导向和道德形象。WOO等指出，B2C背景下引入的关系质量维度也许并不适用于B2B背景，应该从一个更一般、更全面的角度来看待企业与企业之间的关系。比如，B2B背景下企业与企业的关系是拥有更多的情感和社会因素。

（二）B2B企业更加注重精准传播和概念传播

传播是指两个相互独立的系统之间利用一定的媒介和途径所进行的、有目的的信息传递活动。信息爆炸和信息内容同质化的加剧，催促着传播必须朝精准化方向发展。B2C企业的产品与服务直接面向大众消费者，其品牌传播活动可以覆盖任何对其产品和服务感兴趣的目标潜在客户。但B2B企业的产品与服务面向的是特定目标市场，因此其品牌并不像B2C企业一样面向广泛大众传播。品牌传播的最终目的是提升购买度，而B2B采购中心包含多种角色的成员，每一位成员对于最终的采购决策结果都存在着或多或少的影响，但同时并不是每一个人都会对相同的品牌感兴趣，这就要求B2B企业在进行品牌传播时，需要吸引企业内特定的一个人或一个群体，根据业务情况及客户群体的不同，进行更加垂直、更加精准的传播。

精准传播能够克服由受众的选择性注意、选择性理解、选择性记忆和选择性接受所导致的信息传播的失效。人工智能最大的优势就是可以对海量的信息进行分析和处理，可以对网民进行兴趣建模，并在最恰当的时间推荐给最需要的受众，大幅提高信息分发的效率。进入新时代，各大传统的新闻信息传播发布平台纷纷开始转型，信息发布方式由原来人工推送为主导变为现在的以人工智能推送为主导。该趋势说明，未来的传播在当前和未来很长一段时间内，将需要人工智能的有力支撑。[1]大数据时代的背景，为满足个体差异化需求的"精确传播"提供了充足的条件。

B2B企业的产品具有高复杂性，很多都是以综合性解决方案的方式呈现，且一般是由客户定制采购，因此B2B企业在进行品牌传播时无法像B2C企业一样具象到某一款产品，而是更加偏向于概念传播与综合解决方案传播。所谓概

---

① 刘开华. 习近平新时代中国特色社会主义思想的精准传播研究［J］. 中共云南省委党校学报，2022，23（3）：9-18.

念化，通俗来说就是"起个名字"，对某种事物、自然规律或者社会行为起一个名字，从而建立起某种概念。概念本质上就是一种抽象性信息，建立概念就是提取特征并且将特征明确化的一种行为。建立概念是信息传播的基础，也是人类社会知识积累的基础。

（三）B2B 企业更加注重与顾客的价值共创和协同创新

对于 B2B 企业而言，其进行营销的效果很大程度上依靠的是有价值的产品、服务和内容，而非形式。从某种程度上可以说，B2B 企业的营销相较于 B2C 企业而言更凸显出了一种交换的思想，一种共赢的思想，这也意味着需要足够的顾客参与进来，因此 B2B 企业更加注重与顾客的价值共创与协同创新。

作为 B2B 企业需要发展、维护和管理的重要资源，顾客关系是营销理论研究和企业实践的中心议题。顾客参与是一种在产品或服务生产过程中顾客承担一定生产者角色的为获得情感、个性化需求、自我创造及自我实现等方面需求的涉入性资源（例如，智力、精力、金钱、情绪等）投入行为。从心理层面来说，顾客参与是顾客在交易过程中对更高心理需求的追求，如情感、被别人尊重、认可、自我实现等方面满足的结果。传统的价值创造过程是公司在企业内部创造价值，然后在市场上与顾客进行价值交换。现在，价值必须由公司与顾客联合起来共同创造。因此，对于 B2B 企业而言，如何让顾客更多地参与进来，牢固构建合作伙伴关系，增强客户黏性，影响更多的潜在顾客成为重中之重。

》 第二节　参展对 B2B 企业的价值

拉斯梅尔将参展视为一种有效的营销工具，并将它的营销功能概括为 3 个方面：买、卖和市场信息交换。[①]詹姆斯·卡曼将企业的参展目标归纳为

---

① Rathmell, J. M., 1954, "The Commercial Exhibit." *Journal of Marketing*, Vol. 18, No.3, pp. 271–281.

10 大类：①产品销售；②保持与现有顾客的接触，并维护公司在他们心目中的形象；③触及潜在顾客，并在他们心目中塑造公司的形象；④新品展示；⑤现场演示设备；⑥现场解决技术问题；⑦激发新思想和新应用；⑧激励区域销售代表的士气；⑨与竞争对手同场竞技，斗艳争芳；⑩招募员工。[①] Banting 和 Blenkhorn 指出，参展在三个方面特别有效：一是推介新产品；二是与潜在顾客建立个人联系；三是保持企业知名度，维持企业的存在感。[②] 在认识 B2B 企业的基础上，本节将从产品（服务）销售、客户关系、信息决策、人力资源、品牌影响力、协同创新六个方面阐述参展对 B2B 企业的价值（见图 2.2）。

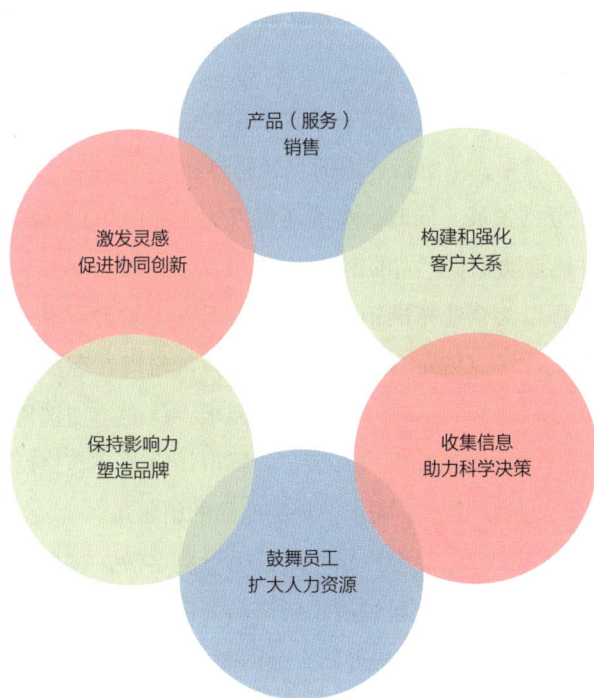

图 2.2　参展对 B2B 企业的价值

① Carman，J. M.，1968，"EVALUATION OF TRADE SHOW EXHIBITIONS." California Management Review，Vol. 11，No.2，pp. 35–44.

② Banting，P. M. and Blenkhorn，D. L.，1974，"The role of industrial trade shows." Industrial Marketing Management，Vol. 3，No.5，pp. 285–295.

一、产品（服务）销售

参展是企业展示自身品牌形象、拓展客户、建立业务关系、拓展销售渠道、推广新产品、掌握市场信息和客户反馈的重要途径之一，它对企业产品销售的贡献不可忽视。

首先，参展可以提高企业的品牌知名度和曝光率。参展是一个将销售过程的多个阶段集中在一个特定场景内完成的平台，它能够将多个工业销售阶段压缩到特定的展览场所之中，缩短销售周期，集中丰富的产业销售信息。B2B企业的产品和服务将获得高曝光的机会，更容易受到客户的青睐。通过参展，企业可以展示自身的产品、服务、技术和品牌形象，吸引更多的观众关注和了解，提高企业产品的销售量。

其次，参展是建立业务关系的一个重要途径。通过参展，企业可以与同行业的其他企业建立联系，了解行业内的发展趋势和市场变化，交流经验和技术，从而促进企业业务的发展。同时，参展还可以为企业吸引更多的合作伙伴和投资者，从而更好地推动企业产品的销售和发展。

再次，参展可以为企业拓展销售渠道，吸引更多的潜在客户，提高销售业绩。通过参展，企业可以展示自己的产品和服务，与潜在客户进行面对面的交流和沟通，更好地了解客户需求，满足客户需求，从而增加销售量。参展可以让企业更好地掌握市场信息和客户反馈，了解市场需求和客户反馈，从而更好地调整产品和服务，满足客户的需求，提高产品的销售量。

最后，参展还可以为企业推广新产品，吸引更多潜在客户的注意力，以便在市场上占据更有利的位置。通过展示新产品的特点和优势，企业可以吸引更多的潜在客户和合作伙伴，从而提高新产品的曝光率和销售量。

二、构建与强化客户关系

会展活动是企业与用户及相关中间商进行交流、沟通的平台，通过展会可以发掘、建立、维护与相关者的关系，为企业提供了一个挖掘潜在客户，注入新客户资源的重要机会。企业可以通过会展提供的信息渠道和网络宣传自己的商品，短时间内与目标顾客直接沟通，将产品信息传达给特定的客户，并获得来自顾客的即时反应。通过展会，可以将所有的目标客户集中起来，提高了拜访和洽谈效率，更高效地维护与客户的关系。无论是新组建的企业还是有一定资历的老企业，参展都有助于建立客户关系，进入市场，并提供定时和客户交流与联络的机会。

（一）挖掘潜在客户

展会是企业挖掘潜在客户的有效途径之一。在展会上，企业可以接触到成千上万的潜在客户，这些客户可能是该行业内的专业人士、决策者或潜在的合作伙伴。通过展位展示、产品演示和交流互动等方式，企业可以吸引目标客户的注意力，并引导他们深入了解企业和产品。此外，展会还提供了与潜在客户建立联系和关系的机会，企业可以通过留下名片、邀请参观工厂或者提供独特的促销优惠等方式，与潜在客户保持联系并建立互信。通过参加展会，企业可以有效地拓展客户群体，为企业带来更多商机和合作机会，进而实现业务增长和扩大市场份额的目标。研究显示，以一家展商摊位上的平均访问量为基数，只有 12% 的人在展前 12 个月内接到该企业销售人员的电话，而 88% 为新的潜在客户。有着"中国第一展"之美誉的广交会，每年举办两次，每届展会都有约25000 家参展商参与，观众达 19 万人次，每个交易日的营业额高达 300 亿美元。

（二）深度维护客户关系

展会为企业与客户交流提供了一个极具吸引力与互动性的环境，同时也提供了一个面对面交流的机会，特殊环境中的实时沟通更有利于提升企业与客户之间的相互信任与情感纽带。因此，在展会上企业不仅可以挖掘潜在客户，也可以维系老客户关系。对于长期合作的客户，企业可以在展会中提供更多的服务和礼遇，以保持合作关系的稳定。例如，企业可以邀请老客户参加展会内部的活动，或提供更具有吸引力的促销优惠。此外，企业可以在展会期间向老客户展示新产品和技术，以保持与客户的交流和互动，并了解客户的需求和反馈。通过展会，企业可以让客户感受到自己的重要性和价值，从而进一步巩固客户关系。展会是企业与客户沟通的重要渠道，而在展会上维系老客户关系，不仅可以促进企业的发展，也有利于提升企业的品牌价值和声誉。

三、收集信息，助力科学决策

现如今，展会已不仅仅被参展商视为销售的平台，更是一个信息搜集与交互的平台。展会是一个丰富的市场信息来源，不仅涉及产品的新技术发展，还涉及竞争对手的主要优势和劣势，以及未来的市场趋势。通过展会期间的调查和观察，B2B企业可以深入了解竞争对手的能力与信息，围绕客户的市场态度打造营销亮点，全面获悉行业发展的动态前沿，并在此基础上权衡企业的现状，助力B2B企业在战略部署、市场把控、产品创新、市场开拓等方面的科学决策。

（一）深入了解竞争对手

参加展会提供了一个认识竞争对手的平台。在综合或专业展会上，同行业中往往会有多个企业共同参展。借助展会，企业能够深入了解竞争对手并掌握行业发展动向，作为自身发展方向决策的依据。此外，学习竞争对手的经验和教训，避免重复同样的错误也是很有意义的。参加展会能让企业感受自身的发展空间与市场潜力，了解自身产品的市场竞争力。通过参加展会，B2B企业能够了解竞争对手的技术研发能力与竞争优势，对标自身发展情况进行调整与进步，进而确立自身在同行业中的地位，实现企业的目标。

（二）寻找新的营销亮点

除了搜集竞争对手的信息，展会还是B2B企业直面客户，深入了解客户需求与意向信息的重要场合，这有利于企业依据客户所提供的信息随时进行营销策略的调整。在展会中，B2B企业通过实时解说、LED屏、宣传手册等方式制造营销亮点，吸引观众驻足，不同的企业会打造不同的营销亮点，通过凸显自身的"差异化"来抢占营销市场。企业在参展过程中可以通过统计观众的观展偏好来明确其观展意向，然后结合自身实际，探索符合观众预期的营销亮点，提升企业在营销市场中的竞争力。

（三）全面获悉行业动态

展会也可以说是行业发展的风向标，从展会的整体主题、企业在展会上的主推展品到衍生的一系列论坛活动、技术交流会、新品发布会等，都可以了解到整个行业发展的最新动态及未来方向。通过了解行业信息，把握行业发展的趋势与发展规律，能进一步明晰企业正确的发展战略。除此之外，一些行业展会还会举办大量的行业论坛、讨论会等活动，企业可以积极参与进而了解最新的行业资讯。例如，2021 年在北京举办的北京国际风能大会暨展览会，展会以"碳中和——风电发展的新机遇"为主题，各级政府及相关行业的代表齐聚一堂，围绕气候变化、新型电力系统、油气行业转型、绿色金融、风电"十四五"发展等议题展开探讨，同时，各参展企业也都围绕"碳中和""新能源"等主题进行展品展示。从中不难看出风电行业未来的发展趋势就是要在碳中和的时代要求下，加快绿色转型发展，探索高质量发展之路。所以说，企业应该把握好展会这一行业发展的风向标，紧跟时代的发展脚步，保证企业高质量发展不偏航。

四、鼓舞员工士气，扩充人力资源

展会某种程度上相当于一个人力资源大市场，通过参展，企业可以进行人力资源的扩充工作。在展会上，参展企业可以向观众介绍自己的企业文化、产品和未来发展规划，吸引对企业有兴趣的人才。同时，企业也可以在展位设置招聘广告和展示招聘信息，吸引有意向的求职者。在展会期间，企业还可以组织招聘会和面试会，为求职者提供更多机会和便利。通过在展会上招聘员工，企业可以更快速地找到适合自己的人才，缩短招聘周期，降低人力资源成本，提高企业的竞争力。

参加展会不仅仅是为了展示产品和拓展市场，也是一个鼓舞员工士气的机会。参展可以让员工身临其境地感受到公司所取得的成就，增强他们的自豪感和归属感。展会上的反馈和认可也会让员工感到受到了重视和认可，提高他们对公司的忠诚度，工作更有动力。此外，参展还可以让员工接触到行业内的新技术和新思维，不断学习和成长，提升个人的能力和职业发展前景。因此，作为企业管理者，要充分利用展会这个平台，让员工参与到展会策划和执行中，让员工感受到公司的力量和凝聚力，激励他们更加积极地工作，为公司的发展贡献更大的力量。

五、保持企业知名度，塑造公司品牌

随着会展经济的发展，展会给参展商提供的已不仅仅是一个展销平台，还是参展商展示想象力、创新力与实力的重要互动场所。B2B 企业品牌传播过程中涉及两大主体：一个是有品牌传播需求的客户商，其中包括工业能源企业、商业服务企业等各类 B2B 企业；另一个则是提供品牌传播服务的供应商，其中包括广告传媒、展览展会、新媒体等。其中，展会作为提供品牌传播服务的供应商之一，在 B2B 企业品牌传播领域中占据着极其重要的位置。通过参加展会，供应商们在特定的时间与特定的地点展示自己企业的产品实物、模型、技术、宣传手册等相关信息，从而在短时间内为企业建立品牌知名度。展览行业研究中心（Center for Exhibition Industry Research）发布的《2016 年展会环境变化》中的报告表示，根据调查，90% 的参展商表示参加会展可以建立或扩大品牌知名度，85% 的人还说他们收到了最新的销售线索。可以说，展会是 B2B 企业进行品牌传播的重要手段之一。

在中国的展会研究表明，目前的展览环境、展会服务的提供变得越来越同质化，而这会成为企业进行参展决策的"迷阵"，即无法从同一质量的展会中做出能给企业带来参展收益最大化的选择。在这样的背景下，展览品牌成为企业衡量自身和展览之间一致性的重要指标，也是企业建立起优质供应商—买家关系的重要渠道。品牌调查包括对展览组织者商务活动形象的了解、品牌理念的阐述与宣传、近期品牌主题的策划等。[①] B2B 企业可以通过各种信息渠道进行有效信息的搜集，并获取一些相关的评价，形成对展览品牌的完整认知，以保持 B2B 企业的品牌知名度，进一步塑造与传播企业品牌与文化。除此之外，通过科学的参展行动，企业还能够有效提升企业形象，提高产品的知名度和市场竞争力。

高质量的展览品牌往往意味着更好的市场吸引力、市场表现力与旺盛的展会生命。在对展览品牌方面深入了解的基础上，企业再进行与自身企业定

---

① Zhang, H., Liu, S., & Bai, B.（2021）. Image transfer between mega business event, hosting destination and country and its effects on exhibitors' behavioral intention. Tourism Review.

位的匹配，将提高企业的参展的决策效率与决策精准度，获得更强劲的经济效益。

六、激发创新灵感，促进协同创新

展会通常是行业内领先企业的集中展示，参加展会可以让企业及员工接触到最新的技术、产品和行业趋势，这些信息可以激发灵感，促进创新。同时，展会也提供了一个交流和分享的平台，参展企业和行业专家可以在此交流和分享经验和知识，这也是协同创新的重要机会。参展的企业不仅可以了解行业内的最新技术和趋势，还可以与同行企业交流，共同思考和解决行业内的问题，甚至是开展合作和共同创新项目。展会还有展示企业形象的作用，展示企业的创新能力和实力，这也可以激发员工的创新思维和热情。通过展会的参与，企业可以汲取新思想、新思路，提高自身的创新能力和竞争力，同时也可以调动员工的积极性，激发员工的创新潜力，形成一种协同创新的文化和氛围。

在展会中，企业通过交流信息、建立关系等方式促进了知识流动，这不仅意味着新知识的获取，同样意味着新知识的大量应用，尤其是后者，能显著促进企业进行技术创新。新知识的获取主要来源于四种方式。一是在展会中与其他参展企业、参观者等行为主体的相互交谈，如与客户交流在使用产品过程中遇到的困难。二是参展企业通过展会这个平台结识新客户并建立联系，如通过展会中的名片交换、宣传材料收集等方式，加强联系。三是通过展会上的直接或间接观察，参展企业会派出专门人员观察其他展位的情况，并在自己固定展位周围产生信息场，同样能让参展企业在无形中受益匪浅。四是通过获取市场动态，了解到所在行业领域的技术变化速度，预测行业近期的发展方向。最终，新知识的应用将为企业技术创新提供丰富的机会，激发 B2B 企业创新灵感，提高创新效率，更好地促进协同创新。

PART 2

▶▶ 第三节　B2B 企业参展的使命与格局

2020 年 3 月 18 日，在抗击新冠肺炎疫情最为严峻的时刻，中共中央政治局召开常委会议，强调要兼顾疫情防控和对外经贸合作，创新展会服务模式，保障各类经贸活动正常开展。因此，广大的 B2B 企业，尤其是高端制造 B2B 龙头企业，要提高站位和认识，拓展思路与格局，站在"五位一体"总体布局的高度来认识 B2B 企业参展的使命与格局。

一、"五位一体"总体布局的基本内涵

"五位一体"总体布局，是党的十八大提出的一项重要战略思想，包括经济建设、政治建设、文化建设、社会建设和生态文明建设五大方面[①]，旨在推动全面建设社会主义现代化国家，实现中华民族伟大复兴的宏伟目标。

第一，经济建设是"五位一体"中的重点之一。该方面的重点任务是推动经济结构调整和升级，促进经济持续健康发展。具体来说，需要加强基础设施建设、扩大内需、提高技术创新能力、加强国际经济合作等方面的工作。

第二，政治建设也是"五位一体"中的关键环节。政治建设的重点任务是加强党的领导，推进国家治理体系和治理能力现代化。需要加强党员干部的思想政治教育、加强党的组织建设、推动法治建设等方面的工作。

第三，文化建设是"五位一体"中的重要方面。文化建设的重点任务是加强文化自信，推进文化强国建设。需要加强文化产业发展、推动文化创新、加强文化交流等方面的工作。

---

① 吴家庆，唐林峰."习近平总书记关于'五位一体'总体布局和'四个全面'战略布局重要论述"研究述评［J］. 党建，2022（5）：33-37.

第四，社会建设也是"五位一体"中的重点之一。社会建设的重点任务是推进全民共建共享，促进社会和谐稳定。需要加强社会保障体系建设、推动公共服务均等化、加强社会治理等方面的工作。

第五，生态文明建设是"五位一体"中的关键环节。生态文明建设的重点任务是实现人与自然和谐共生，促进生态文明建设。需要加强生态保护和修复、推动绿色低碳发展、加强生态文明教育等方面的工作。

"五位一体"总体布局是一个有机整体，经济建设是根本，政治建设是保障，文化建设是灵魂，社会建设是条件，生态文明建设是基础，统一于我国建成富强、民主、文明、和谐的社会主义现代化强国的目标。

二、高端制造 B2B 企业的价值与贡献

高端制造业是指以高技术、高附加值、高质量、高品质为特征的制造业，是现代制造业的重要组成部分。在当今经济全球化和技术创新的背景下，高端制造企业的重要性日益凸显。

第一，高端制造 B2B 企业是国家经济发展的重要支柱。高端制造企业具有高技术含量和高附加值的特点，对于提高国家的产业结构和经济竞争力具有重要作用。高端制造企业不仅可以创造更多的就业机会和财富，还可以带动相关产业的发展，形成以高端制造为核心的产业集群。同时，高端制造企业还可以提高国家的自主创新能力和科技水平，为经济可持续发展提供坚实支撑。

第二，高端制造 B2B 企业是提高产业竞争力和品牌价值的关键。高端制造企业拥有强大的技术和创新能力，能够生产出高品质、高附加值的产品，从而提高企业的市场竞争力和品牌价值。同时，高端制造企业在产品设计、制造和服务方面具有丰富的经验和专业知识，能够为客户提供更加个性化和专业化的服务，从而赢得客户的信任和口碑。

第三，高端制造 B2B 企业是推动国家科技进步和产业升级的重要力量。高端制造企业不仅在技术创新和产品研发方面具有优势，还可以通过建立开放式创新平台和创新生态圈，引领行业技术进步和产业升级。高端制造企业在新材料、新能源、智能制造等领域的研发和应用，可以为国家的经济发展和社会进

PART 2

步做出重要贡献。

第四，高端制造 B2B 企业是推动产业智能化和数字化转型的主要力量。随着信息技术的迅速发展，高端制造企业已经开始走向智能化和数字化转型的道路。高端制造企业可以通过引进先进的数字技术和智能制造技术，优化生产和管理流程，提高生产效率和产品质量。高端制造企业还可以通过构建数字化供应链、实现全流程管理和智能化预测，为企业的可持续发展提供支持和保障。

第五，高端制造 B2B 企业是推动区域经济发展的重要引擎。高端制造企业通常需要大量的技术和人才支持，以及高端的生产设备和优质的供应链。因此，高端制造企业的发展往往会带动区域内相关产业和企业的发展，形成产业集群和产业链，促进区域经济的发展。同时，高端制造企业还可以为区域内的就业、税收和社会稳定做出贡献，成为区域经济发展的重要引擎。

第六，高端制造 B2B 企业是推动全球产业转型的重要力量。高端制造企业在技术、产品、管理等方面具有领先优势，可以在全球范围内开展合作和交流，推动全球产业的转型和升级。高端制造企业可以通过合作创新、共享资源和技术输出等方式，与国际先进企业开展合作，不断提高自身的竞争力和国际影响力，为全球经济发展做出重要贡献。

综上所述，高端制造 B2B 企业在国家经济发展、产业竞争力和品牌价值、科技进步和产业升级、产业智能化和数字化转型、区域经济发展以及全球产业转型等方面都具有重要意义和贡献。因此，政府和社会应该加强对高端制造企业的支持和引导，提供有利于企业发展的政策和环境，为高端制造企业的健康发展和国家的经济发展做出更大的贡献。

三、B2B 企业参展的使命与担当

在"五位一体"总体布局的理念指导下，B2B 企业，尤其是其中的高端制造 B2B 龙头企业，要提高站位和认识，拓展思路与格局，积极主动承担起参展的使命与担当，构建企业以"五位一体"为指导思想的参展格局，如图 2.3 所示。

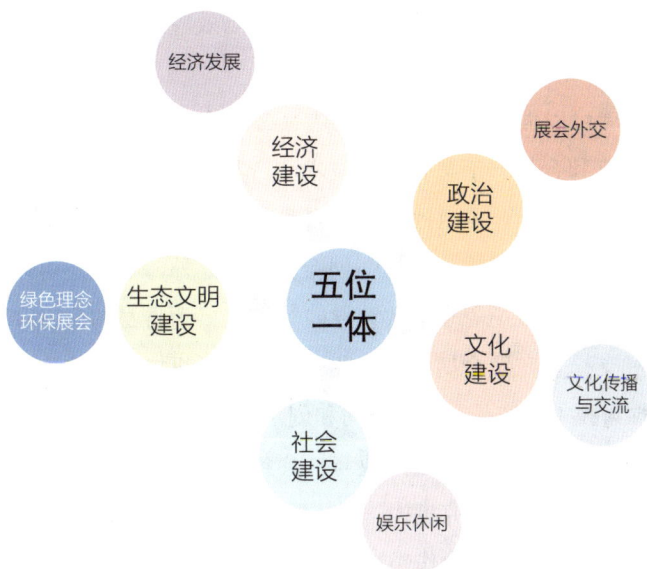

图 2.3　B2B 企业参展的使命与担当

（一）经济建设

1. 企业参展可以促进产业集聚。在展会上，参展企业可以与同行业内的其他企业进行交流和合作，了解各自的技术和产品优势，加深了解，拓展合作空间，促进行业内的协同发展。参展企业在参展过程中，可以跨行业进行交流和合作。例如，一些高科技企业会与传统制造业企业合作，将新技术应用到传统制造业中，提高传统制造业的技术水平，助力产业升级。企业参展可以促进产业的地域集聚。例如，某些行业的专业展会在某个城市多次举办，会吸引众多企业前来参展，这些企业在充分了解当地的政策、资源和市场后，有可能在当地投资。

具有经济联系的企业在地理空间上集聚，可以促进区域内行业的分工与合作，有助于举办地相关支柱产业的形成。具体表现在以下五个方面：第一，减少原材料的搜索成本，降低产品的交易费用。第二，利于分工细化和加强协作，提高劳动生产率。第三，合作关系稳定、服务效率有保障，及时了解行业竞争信息。第四，企业集群的对外谈判能力提高，可低代价获取公共物品或服务。

第五，就业机会和发展机会较多，产生人才磁场效应，可短期内低成本找到所需人才，并积累人力资源优势。[①]

2.企业参展可以促进协同创新。首先，参展企业可以通过与同行业内的其他企业进行交流和合作，了解各自的技术和产品优势，发掘合作潜力，实现协同创新。在展会上，企业可以通过展示自身的技术和产品，吸引到更多的客户和合作伙伴，从而扩大影响力，加强创新合作。此外，参展还可以让企业了解行业最新发展趋势、市场需求、政策导向等信息，为自身的研发和创新提供更全面的参考和支撑。在展会期间，企业可以与科研机构、高校和创新型企业等合作，共同探讨技术和产品的研发方向和创新模式，推动行业的协同创新。

其次，企业参展也可以促进产业与社会各界的联系和合作。参展企业可以与行业协会、政府部门、研究机构、媒体等各界人士进行交流，了解政策动态、市场趋势和技术前沿，拓展合作领域，增进彼此之间的了解和合作。通过参展，企业不仅可以获得技术和市场上的支持，还可以与社会各界建立更加紧密的联系，共同推动产业的发展和升级。

3.企业参展可以促进国际经济合作和贸易交流。参展企业可以与来自世界各地的企业和客户进行交流和合作，了解不同国家和地区的市场需求和政策环境，把握全球经济发展趋势，为企业的海外拓展提供更多机会和信息支持。在展会期间，企业可以通过展示自身的技术和产品，吸引到更多的国外客户和合作伙伴，拓展国际市场，提高出口贸易水平。此外，企业还可以通过参展了解国际贸易规则和法律法规，提高贸易合规意识，降低贸易风险，增强国际竞争力。参展也可以加强国际间的文化交流和人文联系，增进相互理解和友谊，为国际经济合作和贸易交流提供更加稳定与和谐的基础。

4.企业参展可以促进国内消费。通过参展，企业可以向消费者展示自身的产品和服务，吸引更多的消费者，推动市场的发展。同时，参展也可以提高企业的品牌知名度和美誉度，增强消费者对企业的信任感和忠诚度，从而促进消费的持续增长。企业参展还可以促进各地区、各行业之间的经济联系和资源共

---

① 衣莉芹. 农业会展对举办地经济发展的影响研究［D］. 山东农业大学，2018.

享，促进国内市场统一和互联互通。

（二）政治建设

企业参展可以提升我国在国际体系中的话语权与影响力。通过参加展览会，各国之间可以加强合作交流，增进互信和了解，推动国际合作与发展。重要的国际展览会也被视为重要的国际政治平台，各国政府和机构会派代表前来参展和交流。通过这些平台，我国企业和政府代表可以积极参与国际事务和重大问题的讨论与解决，为我国在国际事务中发挥更重要的作用提供支持。

企业参展为国家外交政策的实施提供了支持。企业作为国家的重要组成部分，参展也是一种国家外交的手段。通过参展，企业可以展示自身的实力和技术优势，吸引国际合作伙伴，加强国际间的联系和交流。在国家倡议"一带一路"等重大战略的背景下，企业参展也成了推进这些战略的重要途径，可以为国家的经济合作和发展做出重要贡献。

企业参展是展示国家经济实力和文化软实力的重要途径之一。参展企业可以通过展览展示自身的技术水平、创新能力、产品品质等方面的优势，展示国家的经济实力和产业发展水平。同时，参展企业还可以通过展览传递自身文化和品牌形象，展示国家的文化软实力。

参展是企业参政议政的重要渠道。参展企业可以通过展览与政府部门、行业协会、媒体等各界人士进行交流，了解政策动态和市场趋势，增进彼此之间的了解和合作，积极参与国家的战略规划和政策制定，为国家治理体系的现代化贡献智慧和力量。

企业参展可以为人类命运共同体建设做出贡献。参展可以促进跨国合作，推动全球产业链和价值链的协同发展，共同应对全球性挑战，实现经济、社会和环境的可持续发展。同时，参展企业可以通过展会上的会议和论坛，与国际组织、各国政府官员、知名学者等进行交流，共同探讨世界经济、政治、文化等方面的热点问题，共同探索解决方案，为推进人类命运共同体建设做出贡献。

（三）文化建设

会展产业作为文化产业中新兴的一种行业，在文化的传播与交流价值等方

PART 2

面都发挥着重要的作用。[①] 国际展览局主席吴建民在一个会展文化研讨会上提出：文化是会展的灵魂。无论是哪个层次的含义，展会都是一场文化传播与交流的盛宴。

企业参展是一种展示企业文化和价值观的重要方式，也是传播文化的重要途径之一。通过参展，企业可以向国内外观众展示自身的品牌形象、文化内涵和企业理念，传递自身的文化信息，扩大企业的知名度和影响力。企业可以通过在展会上的文化活动和演出等方式，向观众传播企业文化和传统文化。一些企业会在展会期间举办文化活动，如文化讲座、传统文化体验等，来吸引观众的关注，让观众更好地了解企业文化和传统文化。

参展也可以促进文化产业的国际交流与合作，加强国际文化交流和理解，推动文化的多元发展和跨文化融合。参展企业可以通过展览和活动，向国际观众展示中国的文化魅力和特色，增强国际社会对中国文化的认知和理解。

B2B 企业在传播自身品牌文化时，也应积极融入展会所呈现的整体文化氛围与导向，推动自身所在展会成为更高质量的名牌展会。例如，在 2022 年 4 月 7 日举办的德国科隆健身健美及康体设施展览会（以下简称 FIBO 展）上，我国体育器械行业的领军品牌英派斯受邀参展，并以耀眼的"中国红"装饰展台，让现场来宾直观地感受到体育的激情和"中国智造"的力量，收获了一致好评。除了走出国门展现中国文化，国内展会上的中华文化元素更是数不胜数。例如，成都十二月市博物馆构建的全沉浸交互式数字商业文化展厅，将传统文化与现代技术结合，通过植入"交子券"互动游戏、AR 蜀锦汉服换装体验、水井坊古法酿酒体验等多媒体互动功能，为观众带来沉浸式体验的同时传播了优秀的传统文化。

（四）社会建设

企业参展不仅可以促进经济发展，也可以为社会的和谐稳定做出积极的贡献。通过参展，企业可以加强交流与合作，推广文化传统和价值观念，促进社

---

① 王瑞娇. 会展产业文化传播价值与功能探析 ——以中国（深圳）国际文化产业博览交易会为例［J］. 中国商论，2017（26）：2.

会文化和谐发展。

企业参展是丰富人民生活的一种重要方式。参展企业可以展示最新的科技成果、优质的产品和服务，让人们更好地了解和体验各种新型的消费品和服务。同时，企业参展也是人们了解市场发展趋势、获取消费信息和了解新产品的重要途径。参观展会是人们开阔视野、拓宽眼界的机会，有助于增强消费者的消费意识和消费能力。企业参展有助于推动消费升级和产业升级，让人们拥有更高品质的消费体验。通过展示企业的技术、设计和创新能力，推广新兴产业和新业态，参展企业可以带动各个行业的发展，推进产品升级和服务升级，提升人民的消费满意度。此外，参展企业也可以推广具有地方特色和文化内涵的产品和服务，促进地方经济的发展和人文交流，丰富人民的生活体验。通过展示当地的文化和旅游资源，参展企业还可以促进旅游业的发展和促进当地社会和谐。

企业参展也是一个展示企业社会责任的机会。在脱贫攻坚的过程中，企业参展可以为贫困地区提供直接的帮助和支持。企业可以通过参展捐赠、慈善义卖等方式来为当地贫困人口提供直接的资助和援助，帮助他们摆脱贫困。企业参展可以提高当地的知名度和美誉度，为当地吸引更多的外来投资和游客创造更多机会。这将有助于扩大当地的经济规模，提高当地居民的就业和生活水平。同时，企业参展可以展示当地的文化和历史遗产，增强当地的文化自信心，促进文化产业的发展，从而促进当地经济的多元化发展。

总之，企业参展不仅有助于促进经济发展和产业升级，同时也是推动文化传承和社会和谐稳定的重要手段，也让人民享受到更加优质、多元化的消费服务和文化体验。

（五）生态文明建设

企业参展可以推动生态文明产业的发展。一些以环保、生态为主题的展会，可以集聚一批生态文明领域的企业和机构，促进产业交流、合作和发展。这不仅有利于企业在技术、管理等方面的提升，也可以促进生态文明产业的健康发展，为推动经济可持续发展、促进生态环境保护做出贡献。

企业参展可以提高公众对于生态文明建设的参与度。一些生态主题的展览

PART 2

会可以向公众开放，让公众了解环保知识、了解最新的环保科技与产品。通过互动体验、科普讲解等形式，可以让公众更加深入地了解生态文明建设的意义和价值，进而提高公众的环保意识和参与度。

2021 年 11 月 12 日英国格拉斯哥闭幕的第 26 届《联合国气候变化框架公约》缔约方大会，在会展业内引发了绿色会展可持续发展的讨论。有学者通过对 7 个中国的展会活动中的 412 位参展商进行问卷调查，发现展览中的低碳素养有七个重要维度，即利他行为、价值观、低碳敏感性、控制力、低碳知识、低碳消费以及行动策略。低碳知识和低碳敏感性排名靠后，中高层管理人员和展位面积大的参展商在一些低碳素养因素方面表现得相对不足（Chia-Wei Liu 1，Jen-Son Cheng）。可持续发展的展会需要平衡环境、社会、经济等多方面责任，上海会展行业协会会长陈先进认为，绿色展览是在展览过程中贯彻减量化、重复使用、可循环的 3R 理念。绿色展会既符合科学发展观和可持续发展观的特点，又符合低碳环保的理念，是展览业发展的必由路径，将不断引领人们探寻生活的新理念和世界发展的新潮流。B2B 企业应积极拥抱这一潮流，抓住机遇，在参展的全过程贯彻与践行绿色、环保、低碳理念。

参展企业可以展示自己在低碳技术、产品、服务等方面的成果和实践，向社会传递低碳理念，引领消费者和企业更加关注低碳环保问题，推动低碳产业发展。企业参展可以促进企业之间的低碳合作和交流，形成低碳共识，加快低碳技术的研发和应用。此外，企业参展还可以引导消费者绿色消费，通过推广低碳产品和服务，促进低碳经济的发展。在参展过程中，企业还应该注意低碳展览的实施，例如，使用环保材料和设备、降低展馆能耗和水耗、减少垃圾产生等，从而实现低碳展览和绿色展览。这种做法不仅符合企业社会责任和环境保护的要求，同时也是对参展行为可持续发展的思考和实践。

2021 年，国务院《关于加快建立健全绿色低碳循环发展经济体系的指导意见》明确提出："推进会展业绿色发展、指导制定行业相关绿色标准、推动办展设施循环使用。"从理念层来说，"绿色规划、绿色设计、绿色投资、绿色建设、绿色生产、绿色流通、绿色生活、绿色消费"的低碳理念将逐渐成为各方对展览的期望与共识；从实践层来说，在场馆设施及展会组织、展示设计、展台搭建及展会服务等环节实现绿色化，在展览内容上围绕高效、绿色、低碳目标发展。例如，2014 年，商务部主导广交会启动了绿色发展计划，下发"史上最严展装限建令"，在三年时间内实现特装展位全部绿色化，不符合绿色特装展位要求的特装施工企业全部取消其特装资质，并对其下一次的资质认证申请不予受理，为国内会展业发展起到了良好的示范作用。

第三章

"五化"展会带来一种新思维

参展是一项非常流行的营销行为，每年有超过 150 万的美国和加拿大公司参加交易会。[1] 随着参展实践的如火如荼，越来越多的学者开始对参展理论进行探索，发表于 SSCI（Social Sciences Citation Index）、CSSCI（Chinese Social Sciences Citation Index）等核心学术期刊的相关论文日渐增多。经过改革开放后四十多年的快速发展，越来越多的中国企业开始将自己的经营范围由本地向全国和全球拓展，越来越多的中国企业登上了海内外展会的舞台。在充分吸纳参展理论研究成果和认真总结多年参展经验与教训的基础上，中车集团提出了"五化"展会新思维。

---

[1] Cortez，R. M.，Johnston，W. J. and Gopalakrishna，S.，2022，"Driving participation and investment in B2B trade shows: The organizer view." Journal of Business Research，Vol. 142，pp. 1092–1105.

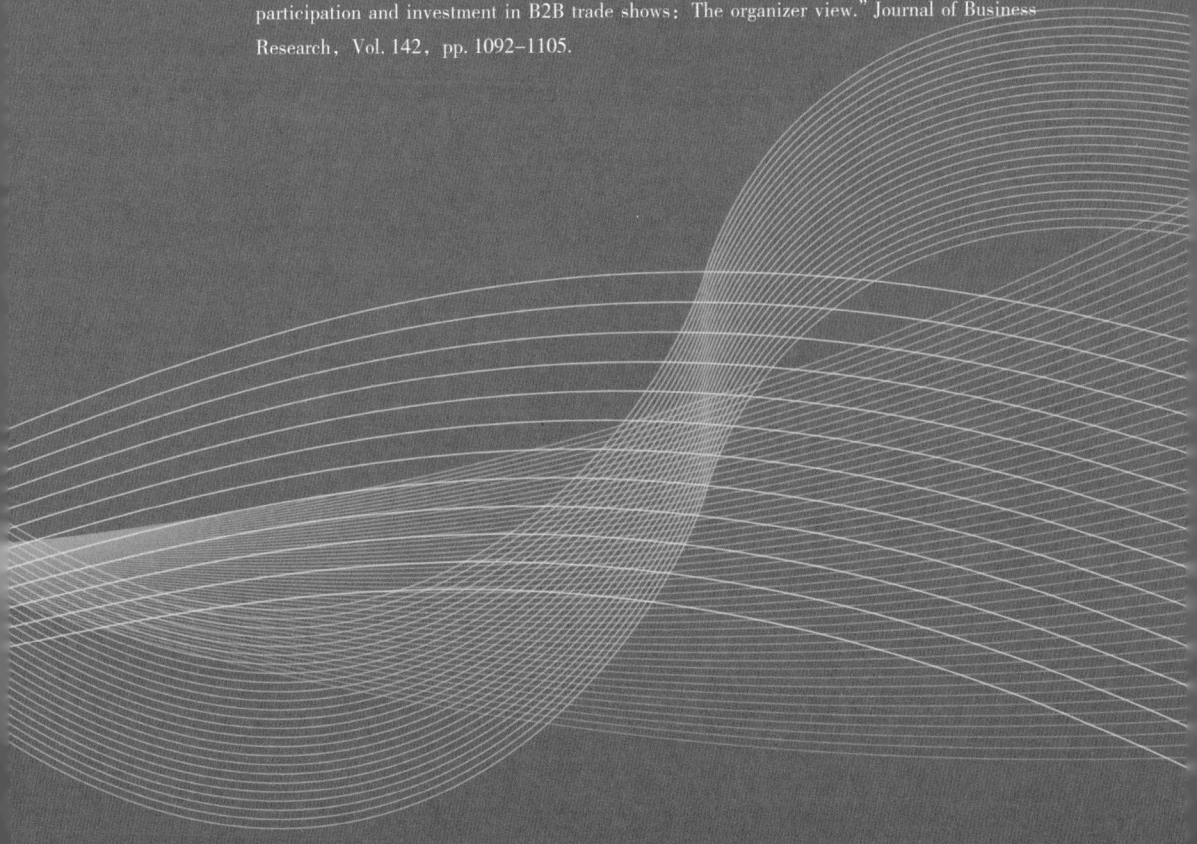

≫ 第一节 基于期刊论文的参展理论述评

学术期刊，尤其是 SSCI、CSSCI 等核心学术期刊，深受广大读者和作者的信赖与喜爱，稿件充足，且多采取同行匿名评审制度，故发出的论文一般质量较高。因此，本节将基于发表在 SSCI、CSSCI 上的相关学术论文，对参展研究的发展历程与现状特征进行简要述评，为"五化"展览理念的提出做好理论铺垫。

一、刊登在英文学术期刊上的参展研究成果

1954 年，拉特梅尔于著名学术期刊 Journal of Marketing 发表了"The Commercial Exhibit"一文，[①] 标志着会展学者终于在顶尖学术期刊发出了自己的声音。之后的半个多世纪里，国外参展研究可以大体分为三个发展阶段：一是牙牙学语阶段，自 20 世纪 50 年代到 80 年代，研究的重点是普及和强化人们对参展的功能、目标等基本问题的认识；二是快速成长阶段，自 20 世纪 90 年代到 2010 年，研究的重点是如何提升参展工作的绩效和效果；三是深化提升阶段，自 2010 年至今，研究的重点是从不同的理论视角来提升与深化参展理论。

（一）牙牙学语阶段（20 世纪 50 年代到 80 年代）

从 20 世纪 50 年代到 80 年代，发表在《哈佛商业评论》《Journal of Marketing》等国际知名学术期刊的论文共计 8 篇。源于学科刚刚起步，这个时期的研究多围绕着参展的功能、参展目标等 what 或 why 的基本问题来展开。譬如，拉特梅

---

① Rathmell, J. M., 1954, "The Commercial Exhibit." Journal of Marketing, Vol. 18, No.3, pp. 271–281.

尔将参展视为一种有效的营销工具，并将它的营销功能概括为 3 个方面：买、卖和市场信息交换。

（二）快速成长阶段（20 世纪 90 年代到 2010 年）

20 世纪 90 年代，伴随买方市场的到来和经济全球化的大趋势，展览行业迎来了世界范围的大繁荣，参展研究也快速发展。据不完全统计，从 1990 年到 2010 年发表在著名学术期刊上的论文有 50 余篇，研究的重点开始聚焦于如何提升参展绩效等实践领域甚为关心的 How 类的问题。

一些学者从优化参展流程的视角，探讨了提升参展绩效的途径和策略。Gopalakrishna 和 Lilien 将参展绩效细分为吸引功效、接触功效和转化功效，并探讨了展前促销、展台吸引技巧、展台规模、参展员工数量及参展员工培训这五个因素对它们的影响：积极开展展前促销、使用展台吸引技巧并利用展台规模较大的参展商，其展台的吸引效果较好；而参展员工数量越多、培训越充分，则接触功效和转化功效越明显。[1] Chang Hyun Lee 和 Sang Yong Kim 经过问卷调查和数据分析发现：①展前促销、参展人员培训等展前活动对参展绩效的影响，远远超过展台规模、现场促销等展中活动的影响；②在展台位置、参展人员培训等方面做足功课，比简单地扩大展台规模或增加参展人员的效果要好得多；③展前促销对于塑造公司形象这一参展目标的影响最大，参展人员培训是对信息搜集绩效影响最大的因素。[2]

另一些学者从参展企业资源与能力的视角，探讨了提升参展绩效的途径和策略。Seringhaus 等学者研究公司参展经验对展会选择、参展筹划、现场管理、参展绩效等的影响，发现参展经验丰富的公司在参展工作的组织与准备、参展绩效方面确实优于那些无经验的公司。[3] Ling-Yee 研究了公司资源对参展绩效

---

① Gopalakrishna, S. and Lilien, G. L., 1995, "A 3-stage model of industrial trade show performance." Marketing Science, Vol. 14, No.1, pp. 22–42.

② Lee, C. H. and Kim, S. Y., 2008, "Differential effects of determinants on multi-dimensions of trade show performance: By three stages of pre-show, at-show, and post-show activities." Industrial Marketing Management, Vol. 37, No.7, pp. 784–796.

③ Seringhaus, F. H. R. and Rosson, P. J., 2001, "Firm experience and international trade fairs." Journal of Marketing Management, Vol. 17, No.7, pp. 877–901.

的影响，强调资源异质性是企业参展绩效优劣的主要影响因素，这些资源不仅包括参展资源（如展台大小、位置、设计等）和参展人员（数量、培训情况、能力）等可控资源，而且包括公司的客户基础、公司声誉、产品质量口碑等不可控资源。[①]

还有一些学者从其他的角度阐释了自己的观点。譬如，Bello 等学者从认识受众的视角，对展会观众及其购买行为进行研究，以帮助参展商提升参展绩效。[②③]Sharland 等强调，交易会是低成本获取有价值信息的绝佳机会，那些运营于国际市场的公司要抓住这个绝佳的机会，重点收集以下三个方面的信息：①竞争对手；②渠道合作伙伴；③技术趋势。而有的学者强调将参展工作置身于企业的整体营销战略之中来深入挖掘它的价值，强调参展工作对人员推销等其他营销手段的补充性价值与贡献，[④]强调参展工作对塑造品牌和培育顾客忠诚的促进作用。[⑤]关于信息收集对参展企业经营决策的影响，Bettis-Outland 构建了一个模型，来测量在展会上所收集的信息对公司长期决策的影响，指出：公司参展的显性收益（Tangible benefits）包括获得新顾客，促成新交易，技术更新，培训或实施建议；隐性收益（Intangible benefits）主要是指在展会上获得的那些有价值信息，它们能够有效改善公司的销售计划、战略规划、政策制定、营销沟通、客户关系、供应商关系、新产品开发等工作。[⑥]

① Ling-Yee, L., 2008, "The effects of firm resources on trade show performance: how do trade show marketing processes matter?", Journal of Business & Industrial Marketing, Vol. 23, No.1, pp. 35-47.

② Bello, D. C., 1992, "Industrial buyer behavior at trade shows: Implications for selling effectiveness." Journal of Business Research, Vol. 25, No.1, pp. 59-80.

③ Bello, D. C. and Lohtia, R., 1993, "IMPROVING TRADE SHOW EFFECTIVENESS BY ANALYZING ATTENDEES." Industrial Marketing Management, Vol. 22, No.4, pp. 311-318.

④ Smith, T. M., Gopalakrishna, S. and Smith, P. M., 2004, "The complementary effect of trade shows on personal selling." International Journal of Research in Marketing, Vol. 21, No.1, pp. 61-76.

⑤ Kirchgeorg, M., Springer, C. and Kaestner, E., 2010, "Objectives for successfully participating in trade shows." Journal of Business & Industrial Marketing, Vol. 25, No.1-2, pp. 63-72.

⑥ Bettis-Outland, H., Cromartie, J. S., Johnston, W. J. and Borders, A. L., 2010, "The return on trade show information (RTSI): a conceptual analysis." Journal of Business & Industrial Marketing, Vol. 25, No.4, pp. 268-271.

与其他学者将研究的重点放在最大化参展工作的价值与贡献不同，Palumbo却将研究重点放在如何防范参展工作所带来的不利影响。他认为，在展会上，参展公司将自己暴露给技术盗贼与知识间谍，容易导致核心技术机密外泄，因此，公司需对参展代表进行培训，提升他们的保密意识和保护技术诀窍的本领。[①]

（三）深化提升阶段（2010年至今）

从2011年至今的10余年的时间里，又有20余篇论文发表在著名学术期刊上，并演化出值得关注的6大研究视角。

1. 人力资源视角

随着对参展工作的日渐重视，人们越来越关注人力资源对参展效果的影响。学者们围绕着人员配置、人员保障、人员培训、人员着装、参展经理特征、参展团队建设等开展了诸多有价值的探索。

Po-Chien Li等学者对参展企业在"人员安排""财务预算""设计策划"这三类资源约束下的参展行为进行调查，并探讨它们与参展绩效的关系，他们研究发现："人员安排"是重中之重，故选派善于沟通、长于交际、了解产品的员工去参展，能够全面提升企业在产品销售、信息搜集、关系构建、形象塑造、激励员工5个方面的表现。[②] Brown等基于注意力理论，考察了高层管理人员对参展工作的关注程度对公司价值的影响，发现高层管理者对展会关系营销的关注会带来更好的参展绩效。[③] 孙洁等学者研究发现，展台工作人员的着装是否正式，会影响观众的体验和参展绩效。[④] 何会文等学者从临时性组织的视角，探讨

---

① Palumbo, F. A., 2008, "Trade Show/Fair Piracy and Industrial Espionage." Journal of Convention & Event Tourism, Vol. 9, No.4, pp. 277–292.

② Li, P. C., Evans, K. R., Chen, Y. C. and Wood, C. M., 2011, "Resource commitment behaviour of industrial exhibitors: an exploratory study." Journal of Business & Industrial Marketing, Vol. 26, No.6, pp. 430–442.

③ Brown, B. P., Mohan, M. and Eric Boyd, D., 2017, "Top management attention to trade shows and firm performance: A relationship marketing perspective." Journal of Business Research, Vol. 81, pp. 40–50.

④ Sun, J., Choi, C. and Bai, B., 2018, "Dress for success: the effect of exhibitors' dress conformity and self-construal on attendees' approach behavior." Journal of Travel & Tourism Marketing, Vol. 35, No.6, pp. 706–714.

了公仆型领导和快速信任对提升参展绩效的积极影响。[1]

Jha 等学者将影响参展商工作人员服务水平的服务类资源界定为三类：一是服务领导，即管理层是否肯在服务管理和服务质量方面花费时间、金钱和精力；二是服务技术，即是否在服务过程中采用先进的技术与设备；三是授权，即是否给一线服务人员足够的自主性。他们基于资源基础观和对 151 名参展商人员与 366 名观众的现场调研数据，发现服务领导和服务技术能够影响参展商工作人员的顾客导向和满意度，并进一步影响到参展商工作人员与观众的互动质量和观众的满意度；虽然没有证明授权对顾客导向有显著影响，但证明了授权能够调节服务领导对顾客导向的影响。[2]Wong 等从服务科学的角度，来理解参展商如何与展览组织者共同为观众、组织者和他们自己创造价值，发现所有的价值共创行为都与感知绩效呈正相关，但不同规模的参展商在价值共创活动的效果上存在差异。[3]台湾学者 Li 指出，人员保障（exhibitor's booth personnel commitment，EBPC）是做好参展工作的重中之重。他不仅研究了人员保障的后向影响，即人员保障会影响到展台工作人员的角色清晰度、目标接受度及工作努力度，并进一步影响他们在回答观众问题、收集信息、回避敏感询问等方面的表现，而且研究了公司的顾客导向、竞争导向等前置因素对人员保障的影响。[4]Haon 等学者发现，相对于观众的需要，多数展台配备了过多的高层管理人员和销售、市场人员，而技术人员的配备明显不足。[5]

---

[1] He, H., Li, C., Lin, Z. and Liang, S., 2019, "Creating a high-performance exhibitor team: A temporary-organization perspective." International Journal of Hospitality Management, Vol. 81, pp. 21–29.

[2] Jha, S., Balaji, M. S., Ranjan, K. R. and Sharma, A., 2019, "Effect of service-related resources on employee and customer outcomes in trade shows." Industrial Marketing Management, Vol. 76, pp. 48–59.

[3] Wong, J. W. C. and Lai, I. K. W., 2019, "The effects of value co-creation activities on the perceived performance of exhibitions: A service science perspective." Journal of Hospitality and Tourism Management, Vol. 39, pp. 97–109.

[4] Li, P.-C., 2020, "Industrial exhibitors' resource commitment to booth personnel: A study of select predictors and consequences." Industrial Marketing Management, Vol. 91, pp. 1–15.

[5] Haon, C., Sego, T., Drapeau, N. and Sarin, S., 2020, "Disconnect in trade show staffing: A comparison of exhibitor emphasis and attendee preferences." Industrial Marketing Management, Vol. 91, pp. 581–595.

2. 社会网络视角

Sarmento 等学者从关系营销的角度指出，典型的 B2B 展会能够营造一种鼓励社交行为的氛围，从而有助于产生联系和承诺，并最终提高与会者之间的关系质量。[①]钟迪茜、罗秋菊两位学者从临时性产业集聚的视角，把展会视作一个创新空间，探究了知识在展会上的流动机制。[②]Bettis-Outland 等从社会网络的视角，深入研究了在展会中存在的个体网络、整体网络以及这些网络中的强联系和弱联系对组织学习的影响，并指出信任是社会网络与组织学习之间的中介变量。[③]Gerschewski 等学者指出，展会是中小企业发展合作网络的一个关键途径，通过这些网络可以获得国际化的宝贵资源。他们基于社会网络的视角，对 229家澳大利亚和新西兰中小企业进行的调查研究，发现参展企业的主动性与它们能否很好地发展合作网络正相关，而这又会进一步影响参展企业的经营业绩。[④]

Lai 和 Wong 通过对澳门 395 名展商收集的数据进行研究，发现展商的参与准备度对展商与组织者之间的关系质量有正面影响，且对关系质量的三个组成部分（满意度、信任和承诺）均有影响，而这三个组成部分对参展商的感知参展绩效有积极影响。[⑤]因此，参展商不能守株待兔，要积极配合组织者的各项工作，主动提升与组织者的关系质量。Wang 和 Liang 等学者构建了一个关于展商和展会组织者之间关系质量的因果模型，并通过数据分析发现，关系、服务质量、沟通和展览效果等前因变量对展商和展会组织者之间的关系质量产生显著

① Sarmento, M., Simões, C. and Farhangmehr, M., 2015, "Applying a relationship marketing perspective to B2B trade fairs: The role of socialization episodes." Industrial Marketing Management, Vol. 44, pp. 131–141.

② Zhong, D. and Luo, Q., 2018, "Knowledge diffusion at business events: The mechanism." International Journal of Hospitality Management, Vol. 71, pp. 111–119.

③ Bettis-Outland Harriette, Mora Cortez Roberto and Johnston Wesley J, 2020, "Trade show networks, trust and organizational learning: the effect of network ties." Vol. ahead-of-print, No. ahead-of-print.

④ Gerschewski, S., Evers, N., Nguyen, A. T. and Froese, F. J., 2020, "Trade Shows and SME Internationalisation: Networking for Performance." Management International Review, Vol. 60, No.4, pp. 573–595.

⑤ Lai, I. K. W. and Wong, J. W. C., 2021, "From exhibitor engagement readiness to perceived exhibition performance via relationship quality." Journal of Hospitality and Tourism Management, Vol. 46, pp. 144–152.

影响，进而影响展商参与后续展览的意愿（即展商忠诚度）。①

李秋秋与何会文等学者认为展会为参展公司提供了独特的网络学习机会，有助于组织学习。为了探讨其中的学习机制，他们探究参展商的网络能力对其组织学习和信息收集绩效的影响，实证结果表明，三种网络能力均显著影响探索式学习和利用式学习行为，并进一步影响参展商的信息收集绩效。②Li 和 Wang 等学者研究发现，参展商对展览会依恋的形成是一个复杂的过程，涉及时间、空间、主体行为和心理四个维度的变化。③

3. 国际化与跨文化视角

关于参展对参展企业国际化的影响，有的学者从企业发展战略的角度，强调参展对中小企业国际化的影响，④⑤还有的学者研究了参展对韩国机械出口的促进作用，⑥以及参展对中国产品出口的影响。⑦Pandey 等基于对 210 名泰国销售人员的调查研究发现，在跨文化环境下，高文化智商的销售人员倾向于表现出更高程度的适应性销售行为和顾客导向销售行为，并建议把文化智商培训当

---

① Wang, P., Liang, L., Pan, Y., Wang, Y., Li, L., Chen, Y. and Tian, Y., 2022, "Relationship quality and exhibitors' sustainable willingness to participate in exhibitions: A sociocultural perspective." Frontiers in Psychology, Vol. 13.

② Li, Q., He, H., Sun, J. and Leung, X. Y., 2022, "Networking for better information-gathering performance at trade shows: A multigroup analysis." Journal of Hospitality and Tourism Management, Vol. 51, pp. 462–470.

③ Li, J., Wang, J., Qi, J. and Liu, Y., 2022, "How do exhibitors develop exhibition attachment? Evidence from China." Journal of Hospitality and Tourism Management, Vol. 50, pp. 201–213.

④ Evers, N. and Knight, J., 2008, "Role of international trade shows in small firm internationalization: a network perspective." International Marketing Review, Vol. 25, No.5, pp. 544–562.

⑤ Measson, N. and Campbell-Hunt, C., 2015, "How SMEs use trade shows to enter global value chains." Journal of Small Business and Enterprise Development, Vol. 22, No.1, pp. 99–126.

⑥ Kalafsky, R. V. and Gress, D. R., 2013, "Getting There: Trade Fair Participation and Its Importance for Korean Machinery Exporters." The Professional Geographer, No.ahead-of-print.

⑦ Li, Z. and Shrestha, S., 2013, "Impact of International Trade Fair Participation on Export: An Empirical Study of China Based on Treatment Effect Model." Journal of Convention & Event Tourism, Vol. 14, No.3, pp. 236–251.

作参展工作人员培训的一项内容。[1]

Cheng 等学者指出，客户保留是国际贸易展览会获取持续竞争优势的重要基础，而跨国参展商的保留受到文化异质性的影响很大。他们基于霍夫斯特德国家文化模型，探讨文化距离对跨国参展商保留的影响。研究结果表明，总文化距离对跨国参展商的保留具有显著正向影响，但不同的文化距离子维度可能会产生不同的影响。比如，在权力距离、个人主义和不确定性规避等子维度方面，文化距离越大，保留客户的难度就越小。而在长期取向的子维度方面，则显示出相反的趋势。[2] 所谓霍夫斯特德国家文化模型（Hofstede's national culture model），是荷兰社会心理学家吉尔伯特·霍夫斯特德（Geert Hofstede）基于跨国企业员工价值观的调查数据，提出的一种用于比较和分析国家文化差异的模型。该模型基于五个维度进行比较和分类，包括：权利距离、个人主义和集体主义、男性和女性在社会中的角色分配、不确定性规避、短期取向和长期取向。

Zhang 等学者基于形象转移理论，探讨商务活动、目的地、国家三者之间的形象转移过程，并探究这种形象转移对参展商行为意向的影响。结果显示，大型商务活动形象对国家形象的影响比对目的地形象的影响更强；通过国家形象的中介作用，活动形象对参展商的行为意向有显著的直接和间接影响；国家形象对目的地形象有显著影响。[3]

4. 展台设计视角

Gilliam 指出，尽管参展日益得到重视，但在展台设计方面的理论指导却少之又少，那些所谓的旨在吸引观众的设计，也只是起到了让非买家挤在展台前的效果。他基于服务情景等理论，通过对 19 个展台的观察调研，发现它们在展

[1] Pandey, A. and Charoensukmongkol, P., 2019, "Contribution of cultural intelligence to adaptive selling and customer-oriented selling of salespeople at international trade shows: does cultural similarity matter?", Journal of Asia Business Studies, Vol. 13, No.1, pp. 79-96.

[2] Cheng, H., Zhang, X. and Li, Z., 2022, "A Study of the Influence of Cultural Distance on the Retention of Multinational Exhibitors." Journal of Quality Assurance in Hospitality & Tourism.

[3] Zhang, H., Liu, S. and Bai, B., 2021, "Image transfer between mega business event, hosting destination and country and its effects on exhibitors' behavioral intention." Tourism Review, Vol. ahead-of-print, No.ahead-of-print.

PART 3

台面积、颜色、结构等诸多方面存在与参展商目标不一致的地方。[①] Bloch 探讨了特定的设计元素对观众参观意愿的影响，发现展台的轮廓（圆形或方形）、色调（暖色或冷色）、表面装饰（轻装饰或重装饰）、开放程度等确实会影响参观者进入展位的意愿。[②]

Sharma 等的研究结果表明，SERVQUAL 非常适合评估展览会的服务质量，有形性（Tangibility）和保证性（Assurance）是影响展览会参观者购买意向最重要的因素。因此，展商应该通过展示产品和获得的荣誉等方式增强实物性和保证，展览会组织者也应该吸引大品牌参展以提高保证。[③] SERVQUAL 模型是一个用于评估服务质量的工具，通过对顾客对服务的期望和实际经历进行比较，确定服务的优缺点和改进方向。该模型从顾客角度出发，将服务质量分为五个维度：有形性、可靠性、响应性、保证性和同情心。通过对这些维度的评估，可以确定服务质量的整体水平及改进方向。该模型被广泛用于不同领域的服务业，例如，旅游、医疗、银行等。

Bauer 和 Hantel[④] 指出，展会展位是参展商展会营销的焦点，也是与不同目标群体，尤其是新老客户见面的平台。因此，展位设计需要吸引展会参观者的注意力。他们利用眼动追踪技术，揭示哪些设计元素吸引访客的视线。结果显示，吸引最多注意力的设计元素是反差显著和相似的注视模式，而分散注意力和感官过载使得展览会场上的绝对注视较少。此外，搭建和布置一些视觉突出的组件，如塔楼、天棚、家具等，比平平淡淡的墙纸或屏幕更能吸引注意力。

① Gilliam，D. A.，2015，"Trade show boothscapes." Journal of Marketing Management，No.Journal Article，pp. 1–21.

② Bloch，P. H.，Gopalakrishna，S.，Crecelius，A. T. and Scatolin Murarolli，M.，2017，"Exploring booth design as a determinant of trade show success." Journal of Business to Business Marketing，Vol. 24，No.4，pp. 237–256.

③ Sharma，D. P.，Pandey，S. K.，Gupta，A. K. and Sharma，R.，2022，"PRIORITIZING SERVQUAL DIMENSIONS TO IMPROVE TRADE SHOW PERFORMANCE." Event Management，Vol. 26，No.2，pp. 319–334.

④ Bauer，T. and Hantel，V.，2022，"Built to attract：Evaluating trade show booth designs using attention analysis in a live communication context." Journal of Convention & Event Tourism，Vol. 23，No.3，pp. 240–268.

5. 投入产出效率视角

Fang 等用数据包络分析法（DEA）方法对参展商的投入产出效率进行研究，发现在展位面积、展位租金、搭建成本和现场工作人员这 4 项投入要素方面，均存在一定程度的冗余，应该酌情减少。[1]

Cha 用数据包络分析法（DEA）对 221 家参展公司在海外贸易展览中的效率进行分析，结果表明，参展表现的整体效率在参展商的特征方面几乎没有差异。然而，参展商的销售和出口量以及贸易展览的地区，决定了其海外市场开发方面的差异表现。此外，研究发现，净销售额、出口量、商品种类、参展频率以及贸易展览总成本的自费率，都会影响出口促进表现。[2]

Yeon 使用数据包络分析法（DEA），输入变量设置为每个展览的补助金额，参展公司员工数量，参展公司业绩和参展商数量，结果变量设置为参展企业 2019 年出口金额和通过展览现场签订的合同数量。[3]

6. 线上与虚拟展会

在数字经济和新冠肺炎疫情的双重驱使下，线上展会越来越多。因此，学术界对线上展会和虚拟展会开始展开讨论，成为近期的一个热点。

Park 与 Kang 等学者使用 Stimulus–Organism–Response（S–O–R）框架，探讨沉浸式技术展示与展会参观者的满意度之间的关系。在线问卷调查表明，75% 的受访者对沉浸式展示的体验持积极态度，并且有些参观者对某些沉浸式展示

---

① Fang, C.-Y. and Ding, Y.-C., 2020, "Perspectives of organizers and exhibitors on the performance assessment of exhibitors at an International Travel Fair." International Journal of Hospitality Management，Vol. 87, pp. 102469.

② Cha, Park, C. W. and Bong-Seok, K. I. M., 2021, "Study on the Exhibition Performance and Efficiency of Exhibitors in Overseas Trade Show: Company Characteristics and Exhibition Participation." Global Business and Finance Review，Vol. 26, No.2, pp. 49–66.

③ Yeon, L. J. and Bong-Seok, K. I. M., 2020, "A Study with DEA Analysis on the Efficiency of Government Support for Trade Shows." Koreanische Zeitschrift fuer Wirtschaftswissenschaften, Vol. 38, No.3, pp. 39–59.

更为满意。①

Kim 和 Roh 以信任转移理论为基础，聚焦于 B2B 公司的 O2O 展览，重点研究了在线展览中的知觉信任对线下展览的影响。他们基于在 2019 年 10 月对韩国机械博览会（KOMAF）的一项调查，发现 O2O 平台、组织者和参展商的知觉信任等对观众的在线满意度具有积极影响，而增强的在线信任与满意度也会积极影响顾客对线下展览的满意度，包括降低的知觉风险和提升实用、享乐和社交价值。②

Jang 和 Choi 在论文"疫情风险会使展览参观者从现场转向虚拟展览吗？——以展览检疫服务质量和切换意向为重点"③中指出：COVID-19 已经将人们在许多领域的活动从现实世界转移到虚拟世界，例如，会议、购物、教育等；然而，在会展领域，尽管在 COVID-19 期间存在各种感知风险，展览观众仍然持续地去参加线下展览。为了探查其原因，两位学者对 2021 年 6 月举办的露营展和健康食品展中的 167 名观众进行调查，发现他们不会参观展览的原因是展览功能和财务风险，而不是疫情风险；同时，检疫服务质量的提高可以降低观众转换意向，即如果展览组织者采取适当的检疫防疫措施，可以促进更多的观众在疫情期间继续参观展会。

7. 生态环保视角

Qin 和 Luo④ 研究外部压力和内部动机对参展商采用生态展览意愿的影响。他们研究发现，外部压力是采取环保展示最初的驱动因素，而内部动机则是决

① Park, J., Kang, H., Huh, C. and Lee, M. J., 2022, "Do Immersive Displays Influence Exhibition Attendees' Satisfaction?: A Stimulus-Organism-Response Approach." Sustainability, Vol. 14, No.10.

② Kim, Y. and Roh, T., 2022, "Preparing an exhibition in the post-pandemic era: Evidence from an O2O-based exhibition of B2B firms." Technological Forecasting and Social Change, Vol. 185.

③ Jang, M.-H. and Choi, E.-Y., 2022, "Will Perceived Risk of COVID-19 Move Exhibition Visitors from On-Site to Virtual? Focusing on Exhibition Quarantine Service Quality and Switching Intention." International Journal of Environmental Research and Public Health, Vol. 19, No.11.

④ Qin, X. and Luo, Q., 2022, "External pressures or internal motives? Investigating the determinants of exhibitors' willingness to adopt eco-exhibiting." Journal of Sustainable Tourism, Vol. 30, No.4, pp. 704-722.

定因素，即从寻求合规性到寻求竞争优势转变。大多数参展商受到相对优势和管理价值的驱动，已经超越了强制性要求，在采取生态展示方面更加积极主动。

Liu 和 Cheng[①] 探讨参展相关人员的低碳素养水平，并初步评估了中国展览业的低碳素养水平。研究发现，展览业低碳素养共包括七个重要维度：利他行为、价值观、低碳敏感性、控制定位、低碳知识、低碳消费和行动策略（altruistic behaviour, values, low-carbon sensitivity, locus of control, low-carbon knowledge, low-carbon consumption, and action strategies）。中国展览业在低碳知识和低碳敏感性方面表现较差。与小展位的参展商相比，具有大型展台的中高层管理人员和参展商在某些低碳素养因素上表现相对不足。因此，尽管大展位的参展商可能会为展会活动提供更多经济贡献，但督促它们展示企业社会责任也越来越重要。因此，大展位的参展商有责任成为可持续发展和减少碳排放的领导者，以树立榜样，鼓励其他参展商采用类似的做法。

8. 重要议题重现

参展动机是一个老话题，但之前的研究基本上集中在展会的参展动机，而 Schlenker 等独辟蹊径地研究了会议参展商的动机。他们通过对澳大利亚悉尼举办的四个行业会议中的 26 位参展商进行的半结构化访谈，发现销售并不是参展商参加会议的主要动机。相反，会议参展商的动机是通过分享知识和信息、建立关系以及在行业空间中建立品牌声誉，来为其各自的行业部门做出贡献。[②]

参展也是一项花费不菲的企业活动，参展支出是营销预算中的一个主要项目，仅次于人员销售支出。因此，参展决策以及投资与预算，是个老话题。

① Liu, C.-W. and Cheng, J.-S., 2022, "Low-Carbon Literacy of Exhibitors in the Exhibition Industry in China." Sustainability, Vol. 14, No.4.

② Schlenker, K., Foley, C. and Edwards, D., 2022, "'IT'S MORE THAN SALES!' REEXAMINING EXHIBITOR MOTIVATIONS: INSIGHTS FROM THE CONFERENCE SECTOR." Event Management, Vol. 26, No.8, pp. 1785-1800.

PART 3

Cortez 和 Johnston[①] 等学者研究发现，展会自身属性（规模、影响力、组织者、场馆、举办城市等）会影响潜在参展商对有形短期结果和无形长期结果的预期，而这种预期会影响它们对参展价值和投资回报的预期。其中，有形短期结果分两个方面来度量：一是与销售相关的，二是与信息搜集相关的。无形长期结果分三个方面来度量：一是企业形象塑造；二是合作关系构建；三是激励员工士气。关于哪些因素会影响企业的参展决策和投资预算，主要结论如下：①销售和信息等有形短期结果的影响并不显著；②企业形象、合作关系等无形长期结果的影响显著；③激励员工士气虽然影响显著，但却是负面的影响；④企业规模越大，越愿意在参展上投入更多资金，尤其是当他们期望提升企业形象时；⑤通过培训、宣传等形式，设法提升拟参展企业对参展效果的期望，能够提高它们的参展热情和投入强度。

二、刊登在中文学术期刊上的参展研究成果

中国的会展教育起步于 21 世纪初，且多数专业设立在以教学为主、以就业为导向的非研究型大学，故发表在学术期刊上的论文较少。再加上肯刊登会展论文的 CSSCI 期刊较少，以及部分国内学者选择在英文 SSCI 期刊上发表研究成果，因此，发表在 CSSCI 期刊上的与参展相关的论文较少。据不完全统计，近些年共有参展商领域的中文学术论文 11 篇（见表 3.1）。鉴于从论文题目即可大概猜测文章的主要内容，在此不再赘述它们的具体研究内容和研究结果。

表 3.1　研究国内参展商的中文期刊论文

编号	文章名称	作者	期刊	时间
1	会后跟踪——参展企业完成展览交易的保证	李原	生产力研究	2003 年
2	北京市参展商旅游消费支出实证分析	刘大可	旅游学刊	2006 年

① Cortez, R. M., Johnston, W. J. and Gopalakrishna, S., 2022, "Driving participation and investment in B2B trade shows: The organizer view." Journal of Business Research, Vol. 142, pp. 1092–1105.

续表

编号	文章名称	作者	期刊	时间
3	参展商参展决策研究——以东莞展览会为例	罗秋菊	旅游学刊	2007 年
4	参展商参展目的、绩效评估及其相关关系研究——以东莞展览会为例	罗秋菊，保继刚	旅游科学	2007 年
5	中外有机食品参展商对展览视觉形象认知水平的比较研究——基于中国国际有机博览会 BioFach China 2007 参展商的调查	王敏，郭春敏，熊静雯	商业研究	2008 年
6	互动视角的企业参展绩效影响机理研究——兼论非典型观众的价值与贡献	何会文，崔连广，王晶	南开管理评论	2014 年
7	参展商的个体网络及其对参展绩效的影响	何会文，成红波	旅游学刊	2015 年
8	企业会展参与及展位面积选择的影响因素	蔡金阳，韩勇，胡瑞法，梁景辉，郑子豪	北京理工大学学报	2017 年
9	人力资源配置对参展绩效的影响——基于临时性团队的研究视角	何会文，高欣	商业研究	2017 年
10	参展商感知服务质量对再次参展意愿影响研究——以海南部分展会为例	杨璇，何彪，徐玲俐	旅游论坛	2020 年
11	贸易展览会认知形象量表开发：基于参展商的视角	张宏梅，刘珊珊，贾仪琳，褚玉静	旅游科学	2020 年

三、当今参展研究的趋势与特征

纵观现有的 SSCI 和 CSSCI 期刊论文，我们可以将参展研究的现状概括为 3 个特征：一是关于参展的功能、目标等基本问题，已经粗具研究规模，但研究对象却局限于中小型参展企业，鲜有针对大型头部企业的相关研究；二是对提升参展绩效的途径和策略这一关键问题持续深化与细化，但缺少系统整合，尤其是缺少与先进实践的有机整合；三是紧跟实践步伐，围绕一些热点问题形成了一些研究专题，为未来研究指明了方向。

PART 3

综观近 3 年的相关论文，本书将当今参展研究的热点概况为以下 8 个方面。

（1）对展会人力资源日渐重视。学者们围绕着人员配置、人员保障、人员培训、人员着装、参展经理特征、参展团队建设等开展了诸多有价值的探索。

（2）社会网络观深入人心。展会不仅仅是个体之间的交流，而且是多个体、多组织之间的网络互动。因参展而形成的社会网络，不仅促进了展会现场的信息交流与知识流动，而且促进了展会之外的组织学习与产业集聚。

（3）国际化与跨文化交流始终是一个热门主题。展览业第一强国德国，一直强调展会的重要使命是让德国企业，尤其是中小企业，在家门口就能登上国际舞台。多篇学术论文用理论和实证数据，来强调展会对企业国际化、产品出口等的突出贡献。参展工作人员的文化知识和跨文化交流能力，已经引起了学术界的关注。

（4）展台设计逐渐受到关注。早期的参展研究，对展台设计关注不够，没有很好地进行理论层面的探究。近期有几篇学术论文，开始从服务科学、心理学等理论视角展开探索。

（5）投入产出效率开始得到重视。之前的研究，一味地从产出的角度来强调如何最大化参展的效果，很少秉持投入产出最大化的思想，理性、科学地测量参展工作的投入产出效率。

（6）线上与虚拟展会。在数字经济和新冠肺炎疫情的双重驱使下，线上展会越来越多。当前，线上展会已经不仅仅作为线下展会的必要替代，而且业已发展为线下展会的有益补充。因此，针对线上展会、虚拟展会、元宇宙展会、线下线上融合展会等开展讨论，已经成为近期的一个热点。

（7）生态环保视角。生态绿色参展是指在展览、展示产品或服务时，将环保和可持续性作为一个重要的考虑元素。因此，针对生态参展、绿色搭建、低碳素养等的讨论，成为近期的一个研究热点。

（8）重要议题重现。关于参展决策、参展预算等老话题，也在新的管理情境下被一再讨论。

》 第二节 参展实践与主要问题

展览业研究中心（CEIR，The Center for Exhibition Industry Research，2012）指出，在 B2B 公司的营销预算中，占最大份额（39.2%）的是参加展览会。之所以愿意在参展方面花费这么多，是因为参加展会能为 B2B 公司带来诸多好处，譬如，销售机会、收集竞争信息、建立和维护品牌形象、服务现有客户、介绍和展示产品、会见供应链合作伙伴，以及探索潜在的合作和联盟对象等。不仅企业自身认识到参展的重要意义，各级政府也对此高度重视，尤其是对中小企业赴海外参展给予高度重视和大力扶植。在企业内在参展动机和外部政策鼓励的双重加持下，中国企业参展实践开展得如火如荼，不管是参展规模，还是参展效果，均有了大幅度提升。然而，在看到成绩的同时，依然要清醒地意识到存在的差距与不足。

一、国内企业参展现状

随着全球经济一体化和国际交流的不断深入，越来越多的中国企业开始选择参加国际展会和交易会来推广自己的品牌和产品。根据中国贸促会的统计，2019 年，中国赴境外参展的企业数量近 6 万家。2017 年和 2018 年参加在美国举办的全球最大规模消费电子展览会（CES）的中国企业数量超过了 1000 家，2018 年中国参展企业更是达到了整体参展企业数量的近 1/3，有大量的中国创新型企业参展。[①] 2019 年 10 月 15 日，共有境内外企业 25642 家参加第 126 届中国进出口商品交易会。

除了参展数量方面的增加，中国企业参展实践也呈现出多样化和质量提升

---

① 李洪伟. 关于国际会展营销与管理［J］. 中国会展，2019（23）：2.

的趋势。首先，参展领域日趋广泛，中国企业参加的国际展览会不仅仅是传统的机械、电子、建材等领域，也包括生命科学、文化创意、环保等新兴领域。其次，参展国家和地区多样化，中国企业参加的国际展览会除了传统的欧美、东南亚市场，还包括南美、非洲等新兴市场。再次，参展企业的构成日趋多样化，除了大型的国有企业和民营企业，越来越多的小微企业也开始参加国际展览会，而且这些企业主要集中在新兴领域和新兴市场。复次，企业参展的目的日趋多样化，中国企业参加国际展览会的目的不仅仅是产品推广和销售，也包括技术交流、品牌推广、招商引资等多个方面。最后，参展效果也有明显的提升，除了增加了品牌知名度和产品销量外，还能够拓展新的客户群体和合作伙伴。

2022 年 5 月 5 日，国务院常务会议提出，各地要用好外经贸发展专项资金，支持中小微企业参加境外展会。北京市对参加境外展览会的企业提供展位费 50% 的补贴，展位以 9 平方米为单位，企业可申请多个展位，补贴总额不超过 30 万元。上海对参加境外展会的企业的最高补贴额度不超过展位费的 50%，每个标摊不超过人民币 15000 元，每个展会不超过 3 个标摊。天津市对参加境外展览会的企业补贴展位费（场地、基本展台、桌椅、照明）的 50%，每个标摊补贴上限 15000 元。

政府在高度重视的同时，也对企业参展工作提出了更高的要求。2021 年 11 月 1 日，由商务部流通产业促进中心等 6 家单位共同起草的国内贸易行业标准《环保展台设计制作指南》（SB/T 11231—2021）正式实施。《环保展台设计制作指南》提供了环保展台设计制作的基本原则，以及展台主体、电气照明、装饰物、功能和展示效果等方面的标准，适用于环保展台设计制作的全过程。《环保展台设计制作指南》的发布是贯彻落实《国务院关于加快建立健全绿色低碳循环发展经济体系的指导意见》关于"推进会展业绿色发展，指导制定行业相关绿色标准，推动办展设施循环使用"的决策部署，促进展览业绿色转型和高质量发展的重要举措。

二、国内企业参展的现存问题

国外学者将参展工作失败的原因归结为 10 个方面。[①]

（1）不知道展会各不相同；

（2）无 SMART［具体（Specific）、可度量（Measurable）、可实现（Attainable）、相关性（Relevant）、有时限（Time-bound）］的参展目标；

（3）难以从竞争对手中脱颖而出；

（4）无正式的营销或促销计划；

（5）物流计划很糟糕；

（6）无法给观众一个参观你的展台的理由；

（7）未对员工进行产品、服务方面的培训；

（8）为了错误的理由而参展——根本不清楚自己想见的顾客会不会去参观；

（9）不知道如何衡量并提高 ROI（投资回报率）；

（10）展会跟踪做得不好。

对标国外学者所归纳的上述常见失败，本书将中国企业在参展实践中经常出现的问题归纳为以下 6 个方面。

（一）参展目标不明确，工作计划性不强

企业的参展目标具有多样性，甚至有些模糊。当企业参展时，销售通常是其根本目的，而展示只是实现销售的手段之一。然而，仅仅达成销售目标并不能代表企业参展的成功，因为还需要展示新产品、提升企业知名度和了解市场变化。通过展会，企业可以了解市场上最受欢迎的产品以及竞争对手的动态，这些信息对于企业非常有价值。

展会一旦开始，就像坐上了快速滑行的过山车，很多工作都是被动地、不受控制地往前推进。在展会期间，大量资源在短时间内集聚到一起，稍有筹划不当，就会出错。然而，Dallmeyer（1998）的研究却显示，只有29%的公司在参展时是有具体目标的，并且，在它们当中只有一半儿的公司会按计划行事。

---

① George G Fenich. Meetings, expositions, events, and conventions: an introduction to the industry. Pearson/Prentice Hall, 2012-pp-108.

PART 3

一个好的计划，必须既回答战略方面的问题，又回答具体操作层面的问题。然而，由于种种原因，有些企业的负责人可能将参展看作例行公事，不认真进行，缺少前期系统的策划，不能做到有的放矢。

关于企业参展效果不佳的原因，最主要有 3 个方面：一是缺少计划，二是意识不到培训的重要性，三是意识不到参展工作是公司战略的一部分。另一些导致参展效果不佳的原因，包括以下几点：一是设定了很不现实的目标；二是不知道如何对参展效果进行测量；三是不清楚到底该做些什么；四是将过多的时间花在了硬件方面（如展台），而不是花在软件方面（人）。

有人或许会说，导致参展失败的最本质原因在于它确实是一项很难很难的工作。然而，假如换个角度来思考一下，或许是因为低估了参展工作所需要的投入，尤其是在计划方面所需要的时间与精力投入，才是导致参展失败的真正原因。在展会开始之前，带领参展工作人员集体学习一下参展商手册。这样可确保每个人都会正确使用它，并能快速准确地找到关键信息（卫生间、食品、竞争对手、展会服务台、电力供应服务等）。经过充分准备后的展台工作人员不仅能大幅压缩"寻找"的时间，而且会给观众和顾客留下非常好的印象：看来这家企业很有实力，经常来参展，要不怎么会对这里这么熟悉呢？这一信任还可能升华为：这是一家非常靠谱的企业，他们对自己的业务很在行。反之，假如观众问工作人员卫生间在哪里，而工作人员说不清楚的话，他们很可能得出这样的结论：这是一家在展馆内找不到方向的糊涂公司，估计他们在做业务方面也属于没有方向感的那种。这虽然看起来有些荒唐，但我们却真的常常这样思考！

（二）参展流程不规范，尤其是忽视前期的调研与策划

参展不仅仅是"租块场地，展示一下自己"那么简单，而是一项长期的、重复性的过程。它是一项专业技能，是一种职业，故它像其他专业一样，也需要研究和策划。参展管理或是展会营销，应该被看作营销与销售工作的一部分。展会营销计划应该是公司广告与营销战略的一部分。

一个完整的参展过程包括 3 个阶段：展前、展中和展后。在每个阶段，都有其各自的目标与具体的要求。因此，绝对不能压缩花在展前和展后的时间。

假如一个展会是 4 天的话，应该至少花 2 周来准备它，再花 2 周来跟踪它，并为来年的展会做出决策。展中阶段过得太快了，几乎没时间来静心思考下一步的行动。一旦身处展会现场，只能被它牵着走了。假如硬要在展会上抽出些时间，好好规划一下你原本应该提前准备好的工作，那么，必然会失去一些在展会现场的机会。所以，在展会现场，最佳的策略是把自己看作这个社会网络的一分子，随大家一起嗨起来。

为规范企业参展操作流程，确保参展效果，需要制定完善的展会组织、参展和管理工作规范。现阶段，B2B 企业在展会的制度化、流程化管理上还存在缺陷，对企业具体实际参展支撑和指导不足，临时性、随意性较大，缺少前期系统策划，不能做到有的放矢。

（三）参展主题不鲜明，展台设计无亮点

展会设计作为展会策划中重要的一部分，能更直观地传达展会的各项信息，优秀的展会设计能够吸引参观者的注意。在展位设计时需提前策划并确认好展会的主题活动，展位主体设计就以活动为主，围绕展会主题以及展会策划的具体流程展开，并有目的性地进行展会设计，塑造好展会以及企业形象，这样才能将展会活动效果发挥得淋漓尽致，以达到参展目的，给参观者、参展商留下深刻印象。

展会设计主题鲜明，才能吸引人。只有将参展主题与展出产品有机结合，才能够突出产品优势，达到产品宣传目的。要想成功参展，除了大的方面要把握好外，细节也不可忽视。有些参展商在展台上摆放展品过多，没有重点，让人感觉不够专业。其实，展台布置不求面面俱到，而应把有卖点的展品放在重要的位置。有些展品本身形象比较呆板，则可以通过声光电等手法，让原本静态的东西变得很生动。

对于展台设计师，有两种竞争：与提供相似或竞争产品的公司竞争，以及与附近展台竞争。竞争产品的展台是重要的，因为它们将吸引同一批人，而观众也会有意无意地比较竞争对手之间的展台。相邻的展台也很重要，假如挨着一个精心设计的展台，往往会被它的风头压住，减少观众对你的展台的关注。举个例子来说明"被你的邻居吞没"的意思：如果隔壁参展商的展台中有一辆

巨大的货车，你的展台内即便装有精致的四轮卡车，也不会有人注意，因为旁边巨大的货车窃取了观众的注意力。怎么才能防止"被你的邻居吞没"呢？一个有效的策略是事先对展台设计师进行调研，了解可能被竞争对手采用的那些热门设计与器材。在此基础上，进行一些从周围展台中脱颖而出的简单设计。如果他们把展台漆成白色，你的展台就用黑色；如果他们使用方形，你的展台就选用圆形等。

当然，假如是一个不知名的小公司，处于一个更大、更知名的公司旁边，可能是一种优势。大型公司的展台相当引人注意，包括有影响力的人员的关注。在特定通道中组团的小型展台，很容易成为无人前往的"荒地"。当然，展台的位置取决于支付的费用，较大的公司往往会被安置在同一展区。主办方通常会将相同规模及同一行业的公司放在一起，以避免过于混杂，影响观众的观展体验。

（四）传播欠精准，交流活动不丰富

企业在参展前应该对目标客户群体的需求和喜好进行深入了解，制定合适的宣传策略和推广方案，针对不同客户群体进行精准传播，提高参展效果和投资回报率。随着信息技术的发展，尤其是新兴社交媒体的大量涌现，如何有效整合线上线下传播渠道，成为影响参展能否成功的关键。比如，参展企业可以把公司网站用于展前促销，用它来提升公司形象，还可以把公司网站用于展后跟踪。另外，企业通过手机 App，可以组织线上活动，发布活动信息，定向邀请客户，定向曝光话题，提升与客户的互动性，促进精准化传播与沟通。目前，许多企业在这方面做得不够好，未能充分挖掘信息技术与新兴社交媒体的传播价值，未能系统整合多种传播渠道，未能有效发挥新技术所带来的精准传播效能。

企业在参展时应设置多种交流活动，例如，产品展示、产品演示、讲座、论坛、问答环节等，与客户进行互动交流，了解客户需求和反馈，增强客户黏性和满意度，促进业务转化和增长。然而，许多 B2B 企业的参展形式还停留在较为初级的阶段，重模型展示，轻商务、轻技术活动的现象非常普遍。传统的集货式布展方式，以及局限于物理空间的布局、造型和装饰，冲淡了展会本应

有的商务、技术氛围，无法完全体现出企业的整体形象，限制了企业的交流场景。匮乏的交流模式已不再适用于现代展会，在新技术、新媒体不断发展的今天，B2B 企业必须打破传统展览思维，挖掘新的展会交流模式，才能重新焕发企业的参展活力。

（五）跟踪评价不及时，不全面

展会活动结束后，除了后续的宣传与跟进，还需要对展会的效果进行评估，以便了解参展活动的优劣之处并不断改进。如果跟踪评价不及时或不全面，企业就无法及时发现问题并改进策略，从而导致参展效果不佳和损失。跟踪评价的内容应该包括展位流量、客户反馈、业务机会、销售额、成本回报率等多个方面，以全面了解参展效果和成果。

既要评价展会的产出，又要评价展会的投入。依据一份来自展览业研究中心（CEIR，Center for Exhibition Industry Research）的报告，在展会上获得一个销售线索（sales lead）需要花费 233 美元，而其他销售途径则需 303 美元（CEIR，2003）。展会的高效，既来自产出放大，也来自对成本的控制。根据 Huckemann 等学者的统计，企业参展成本的构成大致比例为：展台租赁费 19%，能源供应与其他基础 5%，展台安装 35%，标准化服务与沟通 11%，交通与物流 4%，员工工资与交通成本 21%，其他 5%。由此可见，最大的花费与展台安装有关，达到 35%。位居第二项的花费是人员工资和交通成本，占到 21%。目前，许多 B2B 企业的参展效率偏低，主要表现在信息收集分析不够，全渠道传播较弱，对客户需求引导不足，对市场培育、市场调研的结果应用不足，以及物料重复利用比低等方面。

既要对销售绩效进行评估，也要对非销售绩效进行评估。除了到展会上获取销售线索，其他的参展收获包括：①展会为试水产品市场提供了机会；②它是一个了解最新设计与发展趋势的场所；③在展会上露面能强化企业的品牌；④展会提供了大量的被公开报道的潜在机遇；⑤在展会上可以发现新的供应商，并密切与产业内现有个人或组织的关系（供应商，有影响力的个人，商会）。

（六）国际化技能欠缺，无法有效应对文化差异

展会在世界各地都有，展位工作人员将会遇到来自其他国家和文化的观众。

文化在很大程度上意味着差异，而业务上的差异通常意味着成本的增加。在市场营销中，应对文化差异的一个好方法是使用所有人都熟悉的东西。因此，如果有一个巧克力的广告，它可以在另一个国家播放，那么就不要再去创作一个全新的广告。不过，适当地修改文本还是必需的。在一种文化中有趣或流行的东西，在另一种文化中可能是无趣的或不受欢迎的。国际市场营销，很大程度上是关于如何改变在国内所做的事情，从而在其他国家取得成功。面对国际市场，什么都不改变是非常危险的，而改变太多将是昂贵的。

虽然尚无应对文化差异的灵丹妙药，但有些基本规则已经形成和被人们所接受。第一条规则是要有礼貌。礼貌在所有的文化中都受到重视。第二条规则是使用简单明了的英语，最好不要使用方言、隐喻、体育类比、俚语或类似的东西。会说几种语言对成功的贸易展工作人员来说是一个优势。当参加国际贸易展时，掌握除英语外更多的语言，是非常值得赞赏的。第三条规则是试着去适应对方，这通常意味着试着模仿他们的风格。第四条规则是先建立关系，再谈业务。此规则尤其适用于亚洲国家，那就是在尝试任何推销之前，先考虑如何建立关系。大多数人喜欢和他们认识的人做生意，这意味着在决定进行任何商业交易之前，他们首先需要花时间了解交易对象。唯一的例外是西方文化，他们接受和陌生人做生意。换句话说，西方人注重交易，而亚洲人注重关系。

一些没有经验的中国企业在展会上急于求成，在与国外买家交流时一味宣传自己的产品，忽视了必要的预热和沟通。预热和沟通方式有很多，比如，谈判累了，邀请对方去喝杯咖啡或送一些中国小礼品，都会拉近双方的距离。有些企业虽然产品很好，但企业代表不会讲外语而需借助翻译，沟通效果就差很多了。有的企业在展览当地现找翻译，找来的人有时对行业术语根本不了解，反而误事。

>> 第三节 "五化"展会提出新思路

中国中车源于对国内企业参展现状和问题的深刻认识，基于"中车"十几年的海内外参展经验和教训，尝试提出"五化"展会新思维。

一、"五化"展会的由来和发展历程 [①]

在各个渠道中，经常能看到"中国中车在某某展会上精彩亮相"的报道。每年，中车集团都会参加数百个展会，尤其是被誉为轨道交通界奥林匹克的柏林轨道交通技术展。在柏林展上，中车集团会展示最前沿的技术，并在短短4天内安排60多场高层商务会谈和几百场普通商务会谈，展现出其在行业内的领先地位。尽管参加展会需要花费人力、物力和财力，但这也是中车集团展示自身实力和拓展业务的有效方式。

首先，从企业性质角度来看，中车是一家典型的B2B企业。这意味着中车的传播受众是集中的，而专业展会作为一个能够聚焦目标受众的平台，更有利于中车有的放矢地进行品牌传播。其次，从展会效果的角度来看，展会平台的效应非常重要。在展会上，不仅可以接触到客户和利益相关者，还可以展示整个行业的发展态势，并可以获得丰富的媒体资源等多种资源。通过这些平台，企业可以有效地释放商业和技术信号，进而进行市场培育和技术差异化竞争。最后，展会也是强化"同一个中车"品牌形象的重要载体。通过在展会上展示统一的品牌形象，企业可以形成品牌传播合力，并促进内部融合。因此，展会是企业品牌建设、市场拓展、技术和宣传工作的重要载体。

---

① 本部分内容除最后一段外，引自中车集团工作文件《为什么要实施"五化"展会》，作者对文字稍加修改。

PART 3

回顾中车的参展历史，可以看出从各个子企业各自为战，到逐渐确立"同一个中车"参展方式；从各企业随意参展到展会分级管理；从简单的模型和展板展示方式到现在采用多种手段和渠道进行传播，中车在展览展会方面取得了长足的进步。然而，我们也必须承认，展览展会同中车"双打造一培育"的目标要求还有不小的差距，主要表现在：一是展会的目的性不够强，很多展会缺乏前期系统的策划，不能有的放矢；二是展会的制度化、流程化管理还存在缺陷，缺少对展会系统的制度、流程梳理和制定；三是重视模型展示轻视商务和技术活动的现象仍然非常普遍，集装箱式布展方式也冲淡了展会本应有的商务和技术氛围；四是展会的总体投入产出比较低，主要表现在信息收集和分析不够，全渠道传播较弱以及展会整体物料重复利用率低等方面。

针对存在的情况，从顶层设计的角度出发，中车的展会团队经过调研和总结，提炼了未来打造中车"五化"展会的管理框架：展览制度化，流程规范化，内容模块化，交流全景化，传播国际化。

展览制度化，就是应有一套完整的制度体系支撑中车展览体系，通过展览制度体系的建立，明确展会的目的、意义、作用、范围、层次。

流程规范化，就是要从设计、讨论、报告、批准、实施、管控、反馈入手，形成谋划决策体系、推动实施体系和反馈提升机制，并建立闭环的业务流程系统。

内容模块化，就是逐步封装展会各个子模块，包括技术模块、市场模块、展示模块、宣传模块，明确输入和输出，将各项工作量化。

交流全景化，就是更好地利用展会的平台效果，不单单将展会作为产品展示的平台，将中车的市场培育及推广、技术创新及差异化特点、企业社会责任等根据展会特点与外界进行全方位的立体交流。

传播国际化，就是展会展示方式更加国际化，展会传播语言更加国际化，展会传播渠道更加多元化，展会传播受众更加精准化。使展会成为传播的爆发点。

2019年12月30日，中国中车党委常委会第31次会议审议通过了《中国中车"五化"展会工作的汇报》。过去的两年，中国中车展览展会工作"踔厉向前

"笃行不怠",在推广"五化"展会理念,促进"五化"展会入脑入心,推动"五化"展会落地,充实理论体系和强化实践探索方面取得一定的成效。

2022年,中车集团决定对原有的"五化"展会体系进行升级,并委托中车工业研究院来负责此项工作。中车工业研究院有效整合内外部资源,邀请上海会展研究院的何会文教授出任该项目的首席专家,经过近1年的努力,宣告"五化"展会思想体系的正式形成。

二、"五化"展会模型

"五化"展会模型见图3.1。"五化"展会由企业战略来驱动,驶向企业的使命与愿景。展览制度化是"五化"展会的基石,流程规范化是"五化"展会的轨道,内容模块化、交流全景化、传播国际化是"五化"展会的载体。

图3.1 "五化"展会模型

(一)战略是"五化"展会的驱动力

战略管理是企业为了实现其战略目标而进行的全局性谋划与整体性决策。在这个过程中,企业需要制定长远的目标,明确企业的愿景和使命,分析内外部环境,并根据分析结果选择适合自身的经营领域,并合理配置资源。

公司层战略是整个企业战略管理中的重点,它需要从企业整体出发,确定公司在不同业务领域中的竞争重点,以及如何合理配置资源,使各业务单元之间相互支持、相互协调,达到整体协同效应,最终实现公司整体目标。业务层战略则是针对不断变化的外部环境,针对自身所在的业务领域中进行有效的竞争。在这个过程中,企业需要了解市场需求和消费者行为,分析竞争对手的策略和行为，并且制定出相应的策略来应对变化。职能战略则是基于市场、品牌、人力、技术、财务等职能领域的业务特征，确定服务于公司总体战略和各业务单位战略的目标与策略。在这个过程中，企业需要了解各个职能部门的特点和资源，为业务单位提供所需的支持和服务，最终实现企业整体目标。

作为中国最大的铁路装备制造商和服务提供商，中国中车是中国铁路工业的领军企业之一，也是全球铁路装备制造商中的重要一员。中国中车的战略是为了实现企业的长远目标，提高自身的核心竞争力，并为全球铁路行业的发展做出贡献。按照中车的品牌战略规划，中车的目标是建立"大品牌"体系。所谓"大品牌"体系，就是对内深层次理顺品牌管理工作，将品牌建设融入企业的设计、研发、制造、营销、服务、社会责任等各环节当中，着力打造高端品牌。中车的品牌战略规划，为展览展会工作提出了很高的要求。中车的品牌建设工作，目前已经进入攻坚阶段，展会作为中车品牌传播的重要手段，在这样一个阶段中必须做出突破性提升。

通过"五化展会"的实施落地，更好地用展会去服务于中车的市场培育和市场推广；更好地用展会去体现中车技术差异化竞争策略；更好地用展会实现中车从"物理融合"到"化学融合"的深入；更好地以展会为平台，加强顶层设计，体现"同一个中车"，体现中车"以高端装备为核心的全价值创造者"的品牌定位。

（二）使命与愿景是"五化"展会的目标与方向

使命： 企业使命是指企业存在的目的或理由，它具体表述了企业在社会中的身份与角色。管理大师彼得·德鲁克说过，定义一个企业不是用它的名称、规章制度或公司章程，而是用它的使命。企业的使命不是内生的，而是外界赋予它的一种义务和责任。

中车的使命： 连接世界，造福人类。中国中车积极响应国家的政策和战略，注重员工的职业发展和社会责任，推动公益事业和社会福利事业的发展，体现了企业的社会责任感和追求卓越的精神。它秉承创新创业理念，不断提升企业的管理水平和核心竞争力，加强与国内外客户和合作伙伴的合作，共同推动全球铁路行业的发展。它致力于为员工提供良好的工作环境和发展机会，鼓励员工积极学习和创新。它积极履行企业的社会责任，推动公益事业和社会福利事业的发展，为社会的和谐稳定做出贡献。它积极响应国家的"一带一路"倡议和"中国制造2025"战略，推动国内和国际市场的开拓与合作。它积极参与推动环保和可持续发展，推动绿色智能制造和绿色运输，为人类社会的可持续发展做出贡献。

愿景：是企业对未来的期待、展望、追求与梦想，是企业面向未来的一幅前进蓝图，是企业前进的方向、意欲占领的业务位置和计划发展的能力，它具有塑造战略框架、指导管理决策的作用。它包括两层意思：第一，愿景是发自内心的，渴望实现的愿望；第二，愿景要建立具体生动、可以看见的景象。

中车的愿景：成为以轨道交通装备为核心，全球领先、跨国经营的一流企业集团。这个愿景体现了中国中车企业追求卓越、领先和创新的精神，以及为客户和社会创造价值的使命。在实现这一愿景的过程中，中国中车有三个主要目标。首先，它希望成为全球最受尊敬的铁路运输装备和服务提供商。为此，它致力于提供高质量、高效率的铁路运输装备和服务，不断提升客户和用户的体验，为客户和市场赢得信任和尊重。中国中车还坚持诚信经营、追求卓越、创新发展，通过建立起良好的声誉和形象，不断提升企业的品牌价值和影响力。其次，中国中车希望成为全球最具竞争力的铁路运输装备和服务提供商。为此，中国中车不断推动技术创新和产品升级，提高自身的竞争力。通过持续提高产品质量、性能和可靠性，保持市场领先地位，并在不断扩大的国内外市场中获得更多的份额。同时，中国中车还积极探索新的商业模式和战略，以满足不断变化的市场需求。最后，中国中车希望通过自身的发展为客户和社会创造更大的价值。为此，它致力于提供更高效、更节能、更环保的铁路运输装备和服务，为客户和社会创造更大的经济、社会和环境价值。在履行社会责任方面，中国中车也积极推动公益事业和社会福利事业的发展，为社会的和谐稳定做出贡献。

（三）展览制度化和流程规范化是"五化"展会的基石与轨道

管理三段论中对管理过程有以下描述："管理就是把想到的事情记下来，把记下来的东西运用正确的方法去做，然后把做过的事情再写下来。"如果企业在参展过程中能够把个体、团队和子公司的经验总结沉淀下来，将其变成组织的能力和经验，形成广泛共识，将对组织的发展大有裨益。那么这种能力如何体现呢？答案是需要完备的制度和规范的流程。

企业的制度化和流程化建设水平，可以从三个维度进行考量，分别是完备性、可用性和激励性。首先，制度和流程的完备性是指企业的规章制度和工作流程是否全面、完整、详细。在日常工作中，员工需要有明确的工作流程和操作规范，尽量避免一事一议的临时性和随意性。其次，制度和流程的可用性是指企业制定的规章制度和工作流程是否可以真正起到指导和保障作用。制度和流程应该容易被员工触发，规章制度和工作流程之间也应该有相互关联的逻辑关系。此外，制度和流程也应该尽量简单易用，避免烦琐复杂，否则就难以推动工作的进行。最后，制度和流程的激励性是指企业的规章制度和工作流程能够引导员工按照规定的流程完成工作，同时激励员工去发挥更好的创造性和主动性。为管理而管理，则不是管理。企业是经营实体，作为管理者，产生所谓的管理思维很容易，而将经营思维渗透到管理思维中就难得多。

展会制度化和流程规范化，是五化展会中基础的"两化"，是展会管理的基石。在"打造受人尊敬的国际化公司"的进程中，制度化和规范化建设是中车的"内力"。

展览制度化，即 B2B 企业从顶层设计的角度出发，设计一套完整的制度体系来支撑企业展览体系，指导企业的展览活动。通过展览制度体系的建立，明确展会的目的、意义、作用、范围和层次，规范企业对外展览各项管理工作。通常而言，展览制度体系由三大构件构成——法律法规层面的展览制度、企业战略层面的相关规定以及面向展览全过程的管理手册。

会展为买卖双方提供了交流平台，集贸易、产品展示、信息发布等多种功能于一体，成为参展企业寻找合作伙伴、收集行业信息、推介新产品、宣传企业形象、维护客户关系、拓展营销渠道、实现产品销售的重要手段。然而面对数量庞大的各型展会,如何选择展会并制定相应的参展策略,如何在众多展品中选择出"最优解",如何在纷繁复杂的展会管理工作中做到"立题、破题、解题",这些都是困扰参展商的难题。若想科学正确地挑选出最合适的展会,并通过精心的展台设计、丰富的商务活动等,有效地宣传企业产品并树立企业形象,就离不开强有力的顶层设计和清晰明确的流程体系。据此,本书提出了展会流程规范化的概念,它由两体系和一机制构成:一是谋划决策体系,重点是完善展会的计划管理;二是推动实施体系,核心在于对展会展期前中后的全覆盖管理;三是反馈提升机制,具有承上启下和及时调控的作用。

(四)内容模块化、交流全景化、传播国际化是"五化"展会的载体

要想让企业在展会中脱颖而出,仅仅遵循相关规章制度并按部就班地实施各项工作是不够的。换句话说,展览制度化和流程规范化仅能保证无差错或少犯错地组织参展工作,但若想做出特色,给观众留下深刻的印象,并对企业的其他工作产生长远而积极地影响,则离不开后面的"三化":内容模块化、交流全景化和传播国际化。

1.内容模块化

企业参展,内容为王。首先,展会是展示企业形象和产品的舞台。只有展品内容丰富,展示效果出色,才能吸引观众眼球,增加企业的曝光率,提高企业知名度和品牌价值。其次,展会是与潜在客户互动的平台,是与潜在客户互动的绝佳机会。在展会中,企业需要准备充足的产品介绍和宣传材料,以便与客户交流和沟通。再次,展会是一个展示企业创新能力和实力的平台。通过展会,企业可通过展示新产品、新技术和新服务,从而展现出自己的实力和创新能力。最后,展会是一个展示企业文化和价值观的平台。企业参展不仅仅是为了展示自己的产品和服务,更是为了展示自己的企业文化和价值观。

为了打造"国际化、高端化、标准化、低碳化"的参展新模式,中国中车于2019年在业内首次提出了展会"内容模块化"的理念,将展会内容细分为技术模块、市场模块、展台模块和宣传模块。技术模块重点聚焦参展企业的技术

特长与科技优势，展现的是技术方面的差异化竞争优势，在展会计划中要明确和提炼针对性的技术方案。市场模块聚焦于目标市场需求，助力于市场培育、市场渗透与市场拓展，在展会计划中要基于不同市场区域的特点来提炼展示内容。展台模块聚焦于企业展台形象，提升中车展台的视觉可识别度，服务于企业形象塑造。宣传模块聚焦于展前、展中、展后的各项宣传工作，努力将展会效应在更大范围内进行扩散与传播。

2. 交流全景化

一个企业的形象可以通过不同的方式塑造得更加丰满，传播得更加生动。同样，展览展会也不应只有一副面孔，展会与外界的交互交流也应该更加全景化。

交流全景化，是中国中车于2019年提出的"五化"展会理念中的"一化"，是指在展会期间，利用有限的时间和空间条件，开展除现场展示以外的包含技术发布、新品下线、商务会谈等各种形式的交流活动，进一步将中国中车的先进产品、前沿技术、市场培育、社会责任等信息与外界进行全方位立体交流，达到最优的展会传播效果，挖掘最极致的展会承载价值。"全景化"强调从"局部特写"到"全景互动"，即从"产品特写"扩展至技术讲解、商务洽谈、文化传播、品牌展示等多场景的展示与互动。更为广义的交流全景化还包括通过展会所衍生出的工厂参观、交流晚宴等展会时间及空间外的长线交流。

3. 传播国际化

展会作为典型的跨地域集聚活动，在短时间内，集聚了来自不同领域、不同岗位、不同地区，甚至不同国家的参展商和观众，在这里进行竞争性展示、多样化选择和认知性活动。对于在展会上做产品宣传和品牌传播的参展企业而言，需要尽可能地了解观众的诉求，针对不同观众的特点，精准投放相关的内容，以获得事半功倍的效果。

展会作为国际传播最重要的渠道，中国中车提出企业参展的"传播国际化"。与一般的传播国际化不同，中国中车突出传播国际化的"精准化"，并以此更好地实现市场培育及推广、品牌形象提升、企业文化宣传目的。在长期的参展实践中，中国中车总结出"一个立足点、三大理念、五大内容"的传播国际化理论，即以传播精准化为立足点，以"全球思维、本土执行""区分对象、精准施策""文化自信、推陈出新"为理念，以总部精准统筹、受众精准细分、多渠道精准发声、本土化信息收集、效果精准测评为内容。

第四章

展览制度化是基础与保障

"五化"展会是一种不断更新和创新的思维，是从顶层设计入手构建的展会管理组织模式。展览制度化是"五化"展会中最基础的"一化"，是流程规范化、内容模块化、交流全景化和传播国际化的依循准则、方向指引和业务指导，是 B2B 企业展会运作成功的基础与保障。本章在对展览制度化的内涵与意义进行介绍的基础上，提出展览制度体系的三大构件——法律法规、企业战略、展览全过程制度手册，并分三节内容进行详细阐释。

▶▶ 第一节　展览制度化的内涵与意义

一、从"制度"到"制度化"

孟子曰：不以规矩，不成方圆。这里所说的规矩，即制度。古汉语中"制"是节制、限制的意思，"度"是尺寸的意思，结合起来讲：节制人们行为的尺度。现在的制度，是指在特定社会组织或团体中，群体或组织成员共同遵守的一系列法律法规、办事规章、行为规则、工作习惯、道德规范等的总和。

制度是各项工作正常开展并达成预定目标的基石。任何组织为实现组织目标，必然会制定一系列管理制度，组织中的成员在制度规则约束下，履行各自的职责，完成相应的工作任务，以保证组织目标的实现。如果没有制度，大至国家机关、各行业各系统，小至企业、单位部门，均将失去赖以生存的体制基础，一切行动都将毫无依循准则与制约规范。很显然，制度的建立对于任何一项工作的开展都有着至关重要的意义。对于企业来说，制度支撑各项管理活动有序开展，各项管理到位，经营才有保障。

制度化是指群体和组织的社会生活从特殊的、不固定的方式向被普遍认可的、规范化、有序化的模式转化的过程。制度化的过程可以概括为三个步骤。一是确立共同的价值观念。通过宣传教育，促使群体与组织的成员拥有一致的价值取向。二是制定规范。共同的价值观需要有规范来支持。根据共同价值需要而制定的规范，把人们的行为纳入相同的固化模式之中。三是建立机构。规范的实施要由组织机构保证，制度化过程也是组织机构建立和健全的过程。简而言之，制度是规定、准则的总和，而制度化是树立价值观念、制定规范和建立机构，并使其有效落地的过程。制度化管理对于现代企业意义十分重大，不仅对企业当前效益和社会形象起到积极作用，还对企业的长期生存和可持续发展产生深远的影响。

二、展览制度化的内涵

展览制度化，即 B2B 企业从顶层设计的角度出发，设计一套完整的制度体系来支撑企业展览体系，指导企业的展览活动。通过展览制度体系的建立，明确展会的目的、意义、作用、范围和层次，规范企业对外展览各项管理工作。一场展会的组织即是一次项目管理，从组织机构上说，需要企业内部多个部门协同配合；对于集团型企业，还可能涉及部门与部门、企业与企业之间的跨单位合作。从筹备内容上说，涉及纷繁复杂、千头万绪的数十个方面的事项，所以本书所说的展览制度化并不仅仅是指一个单一的管理办法，而是展会系统管理的体系。企业从制度体系入手，通过制度框架的顶层设计，持续优化展会组织模式和专业细分，全过程规范展览各项管理工作，从而将展会活动打造成一个规范有序、具有持久生命力的品牌传播和推广平台。

三、展览制度化的意义

成功的企业在制度化建设方面具有的共同特点，就是系统性、规范性的制度体系的构建和实施，而且能够在持续、稳定的创新与优化过程中，循环性升级式提高制度的实施质量，保持和增强科学、高效的企业制度体系的运转效能。制度体系是企业赖以生存的体制基础，是企业员工的行为规范，是企业经营活动的体制保障。成功的企业背后一定有着一套健全的管理制度体系在规范性地执行。在当前深化市场改革的形势下，制度体系建设已经被越来越多的企业所重视，加强制度体系建设成为提高企业竞争力的有效途径。

随着会展行业的发展，展会活动由于其在特定的时间和地点为企业带来建立品牌知名度、认知度和接近许多潜在客户的良机，因而越来越成为 B2B 企业非常重要的品牌传播渠道和品牌营销手段。这就要求企业必须大力实施和加强展览制度化建设，必须要有一套完整的制度体系来对展会行业进行规范与支撑，由此提升企业展会的质量和效果，最大限度地释放展会平台效应，服务企业品牌推广和市场营销。

（一）展览制度化保障展会组织符合法律法规

展览制度化首先要保证企业展览活动的组织符合法律法规要求，受法律法规保护。不仅要遵守国家层面的法律，如有关合同、安全、知识产权、反不正当竞争以及职业道德等方面的立法，也要遵守地方性法规和产业政策，如上海、哈尔滨等不少城市出台过地方性的会展业促进与管理办法。法律层面的展览制度化，最基本的意义就是规范企业的参展行为，令其在"法制"框架下合规运行。

（二）展览制度化服务企业战略

B2B 企业通过参加展会，在特定的时间与特定的地点展示自己的产品、技术等相关信息，让参观者真实地感受企业文化、品牌理念和企业产品特性，从而达到培育市场、建立品牌知名度的目的。展览制度化能够强化展会战略导向，帮助企业明确展会的目的、意义、作用、范围和层次，指明展会组织需要的能力、发展的方向，将展会与企业文化体系、品牌体系、管理理念、组织设想等进行融合，最终服务于企业的战略意图。

（三）展览制度化明确工作标准

目前，国内很多 B2B 企业在参加展会时，仍存在因工作标准不明确导致展会收效不理想的问题，其核心问题在于企业展览制度的缺失或不完善。健全的展览制度体系能够明确展会前、展会中、展会后每个环节的工作标准，能够落实组织架构、权责分工，规定参展动作，明确推进节点，细化工作举措，固化运作模式，避免组织中的临时随意性，使"策划—实施—评估"整个流程中的各项工作程序清晰，从而提高组织效率，避免工作反复，降低运作成本。

四、展览制度体系的原则

企业的展览行为与活动，应该依靠制度进行管理，而不是仅靠个人意志来管理，这样的管理手段和方式才能够做到更加公平和有效率。企业的展览活动有了制度作为保障，更容易实现企业的目标。当然，企业在执行展览管理制度和处理具体事务时，如发现有制度存在不足或缺陷，也要对制度进行及时修正和不断完善。

展览制度的提出，影响深远，因此要遵循一定的原则。

（一）关联性原则

展览制度体系建设一定要关注相关制度之间的关联性，制度与制度接口的衔接性，这是保证整个制度体系一致性、整体性的基础。对制度框架内做到横向没有遗漏，纵向不交叉、不重复、不矛盾，要使整个制度体系像一串串起来的珍珠项链，而不是"麻袋装土豆"。否则，各个制度只是简单归类分层，甚至有的制度之间还会相互冲突。

（二）实操性原则

构建展览制度体系不仅仅在顶层设计上要关注制度体系的一致性和整体性，在微观上，同样要关注每个单体制度的实操性和可实施性，这是每个单体制度的价值与意义所在。因此，制度文件的纲领性描述作用与流程文件的操作式指引价值同等重要。在具体制定每项制度时，一定要关注配套的规范表单系统，这样才能使整套制度体系真正落地。

（三）层次性原则

展览制度建设体系要以国际、国家、地方法律法规为资格要素，以企业战略为根本导向，以展前、展中、展后全过程管理需求为制度制定的依据。对于集团型B2B企业来说，规章制度既要融入母公司的集团管控思想，又要兼顾子企业的个性需求，同时允许和鼓励子企业结合自身特点，在集团制度框架之下，进一步细化、具体化，构建有层次的、更具适应性的制度体系。

基于以上原则，结合中国中车的实践，本书尝试提出展览制度体系（见图4.1）。完整的展览制度体系由三大部分组成：法律法规、企业战略和展览全过程管理制度手册。其中，法律法规是企业在从事展览活动时必须遵守的规范与准则，

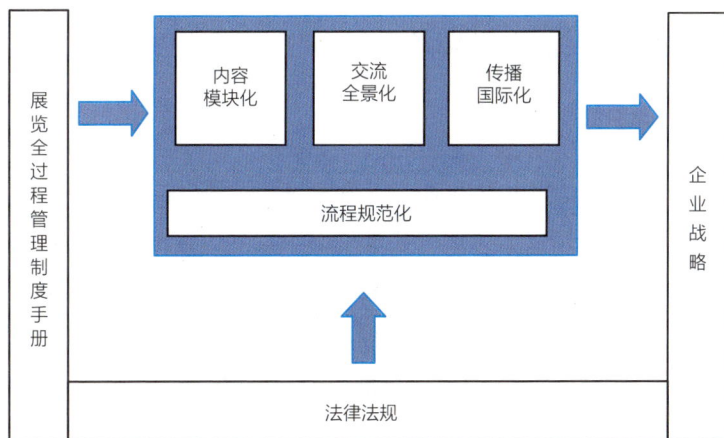

图 4.1　展览制度体系

需要认真学习，严格遵守；企业战略是一切展览工作的方向指引；全过程管理
制度手册由展览专用制度、展览辅助制度两部分构成，是提升展览工作效率与
质量的业务指导。

≫ 第二节　法律法规是参展的基本约束

　　展会作为商业性活动，因其与其他经济活动一样存在营利性、公开性、参
与主体多等共性特征，同时还需考虑并实现安全环保、诚实有信、公平竞争等
目的。因此，企业在参展时，应主动搜集查阅并遵循其参展可能关联的各层级
法律规范。

　　由国际条约、国家法律法规、地方法规等组成的系列制度，是企业从事展
览活动必须遵守的"铁律"。在它们面前，虽然企业也具有一定的建议权，但更
多的是认真学习和遵照执行。因此，对这个层面的展览制度，需要有专人进行
收集、解读和对相关工作人员进行培训。本书列举了部分企业参展可能涉及的
法律法规，需要说明的一点是，列举的内容仅仅是示范性提示，在具体实践中，
参展企业要认真了解当地的法律法规，必要时，还要聘请法律顾问。

一、国际条约

　　参加国际展会，是中国 B2B 企业走出去的重要途径。因此，明确国际参展
需要遵守的条约，是构建展览制度体系的基本要求。在国际通用性法律法规、
条例条约方面，本书列举了与会展业相关的服务贸易总协定、知识产权协定两
大国际条约；在国际会展行业专用性法律法规、条例条约方面，国际会展的规
章制度主要由国际会展协会（UFI）制定，包括：UFI 会展行业准则、UFI 会展
行业指南、UFI 会展行业安全准则、UFI 会展行业环境准则、UFI 会展知识产权
准则等（见表 4.1）。

表 4.1 会展业相关的国际条约

分类	条约名称	适用领域/制定主体
通用性规则	GATS（服务贸易总协定）	覆盖货物贸易、服务贸易
通用性规则	TRIPS（知识产权协定）	知识产权
行业专用性规则	UFI 会展行业准则	由国际会展协会（UFI）制定
	UFI 会展行业安全准则	
	UFI 会展行业环境准则	
	UFI 会展知识产权准则	

《GATS（服务贸易总协定）》为所有性质的国际服务贸易搭建总体规则框架，对发展中国家在国际服务贸易中给予适当照顾，有利于企业在国际展会项目中的贸易合作。例如，文件中"关于空运服务的附件""关于电信服务的附件"等内容对国际展会的物料运输服务、公共电信传输网络和服务等提出相关要求。

《TRIPS（知识产权协定）》从法律层面解决有关知识产权的贸易争端，促进对知识产权在国际范围内更充分、更有效的保护，确保知识产权的实施及程序不对合法贸易构成壁垒。各企业在制定自己的知识产权体系文件以及关于展会的知识产权风险规避方式时，应以该《协定》中的相关要求为基本遵循。例如，"第二部分 关于知识产权的效力、范围和使用的标准"中"第二节 商标"规定：

注册商标的所有权人享有专有权，以阻止所有第三方未经该所有权人同意在贸易过程中对与已注册商标的货物或服务的相同或类似货物或服务使用相同或类似标记，如此类使用会导致混淆的可能性。在对相同货物或服务使用相同标记的情况下，应推定存在混淆的可能性。上述权利不得损害任何现有的优先权，也不得影响各成员以使用为基础提供权利的可能性。

又如，"第二部分 关于知识产权的效力、范围和使用的标准"中的"第五节专利"规定：

专利授予其所有权人下列专有权利：（1）如一专利的客体是产品，则防止第三方未经所有权人同意而进行制造、使用、标价出售、销售或为这些目的而进口该产品的行为；（2）如一专利的客体是方法，则防止第三方未经所有权人同意而使用该方法的行为，并防止使用、标价出售、销售或为这些目的而进口至少是以该方法直接获得产品的行为。

案例4-1 知识产权意识淡漠，海外参展被当地警方扣押

2006年10月4日，在巴黎举行的世界制药原料展览会上，来自中国的3家参展药企的6名医药代表遭到法国警方扣押，被巴黎预审法官控以冒牌制造医药等4宗罪，可能要面临5年的监禁。据悉，这些来自中国的医药代表在展会上以邮购方式向观众出售一种名叫Rimonabant减肥药的原料药。而该减肥药的专利拥有者则是参展商之一——欧洲第一大、全球第三大制药公司"赛诺菲—安万特"集团。

"赛诺菲—安万特"集团指控中国3家参展企业展览、交易的原料药产品侵犯了其原研药物的专利权。法国警方据此扣押了6名中国医药代表。据广州一位参展商回忆，当时中国参展团的几位药商分别接到一些自称是"国外客户"打来的电话，声称对他们的参展品十分有兴趣，中国参展商将自己产品的信息和盘托出。随后，这些"客户"到他们所居住的宾馆表明身份，要求参展商配合他们接受调查。当时共有7人被扣押，其中一人后来证明与此无关获释。

这次事件正是由于企业知识产权意识薄弱造成的，直接影响了中国医药行业声誉甚至是中国企业"走出去"的国际形象。

案例出处：国家知识产权战略网（2007.7.4）

二、国家法律法规

各国政府会根据本国的实际情况制定展会相关法律法规，以确保会展活动顺利进行。

（一）境外国家法律法规

对于去境外参加国际展会的企业，要密切留意东道国的相关法律。本书列举了部分国际展会所在地与会展业相关的通用法律法规和行业专用性法律法规，如表 4.2、表 4.3 所示。

表 4.2 境外国家会展业相关的通用性法律规范

法律规范	领 域
《英国知识产权保护法》	知识产权
《澳大利亚广告法》	广告宣传
《澳大利亚保险法》	商业活动
《俄罗斯反不正当竞争法》	商业活动
《美国劳动法》	劳动合同
《德国知识产权保护法》	知识产权
……	……

表 4.3 境外国家会展业专用性法律规范

法律规范	主要制定机构
《会展行业准则》《会展行业安全准则》《会展行业环境准则》《会展行业协会法》《会展行业协会行为准则》《会展行业知识产权准则》……	英国会展行业协会（ABPC）
	澳大利亚会展行业协会（AEA）
	俄罗斯会展行业协会（RUEF）
	德国会展行业协会（AUMA）
	美国会展业协会（IAEE）
	……

（二）我国法律法规

我国的法律体系是由宪法、法律、行政法规、地方性法规和部门规章组成的。下位法低于上位法，法律是由全国人大或者全国人大常委会制定的；行政法规是由国务院制定的，其法律效力低于法律；地方性法规是由省级人大或国务院批准的较大城市人大经省级人大批准制定的，其法律效力低于行政法规；部门规章是中央各部委制定的，其法律效力低于地方性法规。

从立法内容上看，我国会展业立法主要在于明确会展业的管理部门、管理办法、展览活动的主体以及各方面的权利义务，增强展览活动的透明度，为经营者创造一个法治的市场环境。从立法机构和立法效力来看，我国会展业的立法基本上是由国务院制定和颁布的行政法规、国务院各部委局所颁布的行政规章以及地方性法规或规章，并且大都以办法、通知的形式出现。从我国会展行业发展伊始，规范化的管理便是我国会展行业发展的主线。但是由于起步相对较晚，目前会展行业的法律规制体系仍然并不完善，也存在着许多的不足和疏漏。我国会展行业尚没有统一的法律规范，也没有出台《会展法》，在法律规范层面的会展行业规制体系，目前参照的是其他领域的相关法律文本，运用通用性的法律原则或者法律规则，适用于会展行业的发展。这些法律规范从某一方面对会展行业进行规制，虽然在制度设计上可能相对较为笼统和粗糙，但是在实践中对会展行业的规制具有不可替代的作用。这类相关法律法规如表 4.4 所示。

表4.4　我国会展业相关的通用法律法规

通用法律规范	领　域
中华人民共和国公司法	
中华人民共和国合伙企业法	
中华人民共和国独资企业法	
中华人民共和国中外合资经营企业法	企业主体海关监督
中华人民共和国中外合作经营企业法	
中华人民共和国外资企业法	
中华人民共和国合同法	合同
中华人民共和国民法典	综合
中华人民共和国广告法	广告

续表

通用法律规范	领域
中华人民共和国著作权法	
中华人民共和国专利权法	知识产权
中华人民共和国商标法	
中华人民共和国反不正当竞争法	市场秩序
中华人民共和国产品质量法	
中华人民共和国中国人民出境入境管理法	
中华人民共和国外国人入境出境管理法	
中华人民共和国海关法	进出口
中华人民共和国进出口商品检验法	
中华人民共和国国境卫生检疫法	
中华人民共和国海关暂时进出境货物管理办法（2017）	
中华人民共和国保险法	保险
中华人民共和国消费者权益保护法	消费者保护
中华人民共和国消防法	消防
中华人民共和国安全生产法	安全管理
中华人民共和国民事诉讼法	仲裁诉讼
中华人民共和国仲裁法	
大型群众性活动安全管理条例	治安许可
中华人民共和国互联网信息服务管理办法	舆情管控
党委（党组）意识形态工作责任制实施办法	意识形态建设

　　根据《大型群众性活动安全管理条例》的相关要求，会展场馆会在通道设置、人流限制方面做出一些具体的规定。比如，走道限制：主要是对走道宽度的规定和限制，为保证人流的畅通，展馆规定走道宽度，禁止展出者的展台、道具、作品占用走道。电视、零售商品容易造成堵塞，因此也有相应的要求，比如，电视不得面向走道，柜台必须离走道一定距离等。

　　根据《中华人民共和国专利权法》《中华人民共和国反不正当竞争法》相关

PART 4

121

要求，会展场馆也会对应做出具体规定。比如，参展单位应为具有工商管理部门颁发营业执照的经营实体；参展单位展出的产品和品牌应与参展申请内容一致；参展单位所展出的展品不涉及知识产权及其他侵权行为；参展单位不得展出与展会展品范围无关的产品；参展单位不得将展位全部或部分转让或转租给第三方。

除了上述法律规范体系之外，在实践中对一些具体环节更具有操作指导意义的，则是一系列行政法规和规章。这类文件往往对会展行业在具体组织实施上的流程以及行政介入和管理等方面，都做出了更加明确的规定，从而确保会展活动在实务上有据可依，并且在发生矛盾纠纷后依靠相应的准则去处理问题。行政法规和规章一般针对会展中的某一具体问题提出规制措施，并在全国范围内具有指导作用和约束效力。这类行政法规和规章如表 4.5 所示。

表 4.5　我国会展行业专用法律法规

制度名称	领域
国务院关于进一步促进会展业改革发展的若干意见	
出国举办经济贸易展览会审批管理办法	
关于重申和明确在境内举办对外经济技术展览会有关管理规定的通知	
关于举办来华经济技术展览会审批规定	
关于出国（境）举办招商和办展等经贸活动的管理办法	
关于进一步加强出国举办经济贸易展览会管理工作有关问题的通知	
关于出国举办经济贸易若干问题的规定	会展审批管理
关于接待外国来华贸易与技术展览会若干问题的规定	
关于加强对出国举办经济贸易展览会统一协调管理的通知	
关于国内展览的管理办法	
关于赴港澳地区举办经贸活动的审批办法	
文化艺术品出国和来华展览管理细则	
关于出国境举办招商和办展等经贸活动的管理办法	
国内展览管理暂行办法关于对在我国境内举办对外经济技术展览会加强管理的通知	
中华人民共和国海关进口展品监管办法	进出口

续表

制度名称	领域
商品展销会管理办法	办展主体
国家科委关于加强技术交易会管理的通知	
国际科学技术会议与展览管理暂行办法	
关于审核境内举办对外经济技术展览会主办单位资格的通知	
专业性展览会等级的划分及评定	
设立外商投资会议展览公司暂行规定	
中国境内对外经济技术展览会评估标准和认证办法	
国家外汇总局关于调整出口收汇核销和外汇账户管理政策的通知	外汇
国家知识产权局展会管理办法	知识产权
展会知识产权保护办法	
展览活动新型冠状病毒感染疫情防控操作指南	疫情防控
展览活动新冠肺炎疫情常态化防控技术指南	

具体到举办展会活动的物理载体——会展场馆，通常要遵从多个层次的、多个部门的法律法规。比如，根据建委方面的相关规定，场馆做出了具体执行措施。

展台高度限制：展馆对展架及展品都有限制规定，尤其对双层展台、楼梯、展台顶部向外延伸的结构等限制更严，限高往往不是禁止超高，如果办理有关手续并达到技术标准，有可能获准超高建展台、布置展品。

开面限制：很多展会禁止全封闭展台，如果展台封闭，展览会就失去展示作用，但是展出者需要封闭办公室、会议室、仓库等，因此，协调的办法一般是规定一定比例的面积朝外敞开。这个比例一般是 70%，允许 30% 以下的面积封闭。

根据公安部消防法律，场馆做出了如下规定：

1. 有关展览用具的规定

展架展具材料的限制：在很多国家，展馆规定必须使用经防火处理的材料，限制使用塑料，限制危险化学品。

电器的规定：绝大部分国家的展馆对电器都有严格的规定，所用电器的技术指标必须符合当地规定和要求。

PART 4

123

2.有关消防的规定

消防环境的规定：如果是大面积展台，必须按展馆面积和预计的观众人数按比例设紧急通道或出口并设标志。消防器材的规定：必须配备消防器材。人员的规定：有些展馆要求展台指定消防负责人，并要求全体展台人员知道消防规定和紧急出口等。

（三）地方法规

在国家没有颁布全国性的会展法律的情况下，有地方立法权的会展城市相关机构出台地方会展法规，所以会展专项法律规范多以政策、部门规章、地方性法规、地方政府规章或行业规范的形式出现，这无疑是对国家会展法律缺位的有效填补，同时也与展会的专业性、属地性的特征相互呼应。企业在前往这些会展城市参展时，也应遵循当地的会展法规。本书列举了部分会展城市出台的会展法规，如表4.6所示。

表4.6 地方会展业法规

西安	西安市会展业促进条例
昆明	昆明市会展业促进条例
杭州	杭州市会展业促进条例
潍坊	潍坊市会展业促进条例
上海	上海市会展业条例
成都	成都市会展业促进条例
厦门	厦门经济特区会展业促进条例

以参展安全方面的法规为例，《上海市会展业条例》中规定，举办单位和参展单位搭建会展活动临时设施，应当委托具有相应资质的单位进行设计、施工，并遵守相关安全管理规定和技术规范标准。《厦门经济特区会展业促进条例》中规定，参展单位应当按照安全、消防、卫生、环保要求布置会展活动现场。搭建会展活动临时设施或者对展位做特殊装饰的，应当委托具有相应资质的单位设计、施工及验收。因此，B2B企业在参展时应了解并遵循当地的法律法规，在基础制度体系下进行参展活动。

除了与会展行业直接相关的地方法规，在劳工、纳税等方面，也会存在一些地方性法规。尤其到美国等联邦国家参展时，要格外注意，因为美国的各个州之间，甚至是同一个州的不同区域之间，也可能存在法规方面的差异。

案例4-2 美国人剥夺你的"劳动权"

　　美国人剥夺你的"劳动权"，听起来很荒唐，但是却是事实。美国的部分城市成立了劳动联盟，凡是劳动联盟规定范围内的工作，必须由联盟成员来完成，其他人无权从事。胆敢绕开某个联盟，聘用非该联盟成员来完成某项任务，则会遭到所有劳动联盟的抵制。即使是自己动手完成某项劳动联盟规定范围内的工作，也是不允许的。

　　一个参展商到位于美国东北部的某个城市参展，该城市成立了劳动联盟。展品装在一个货箱内，由一辆大卡车拖运至会展中心。根据当地劳动联盟的规定，该车必须由卡车驾驶员联盟的成员来驾驶。箱子送到后，驾驶员除了打开车厢的后盖，其他什么都不能做。因为搬卸箱子需要叉车，而叉车被界定为重设备，而非卡车，故只能由重设备操作员联盟的成员来卸货。经过耐心等待，终于由重设备操作员把展品箱子运入了会展中心，运到了参展商自己的展台内。此时，虽然参展工作人员心急火燎地想打开箱子，但他们不能，因为开箱需要取出钉子，而取出钉子这项工作属于木匠协会的工作范围。木匠终于来了，箱子打开了，参展工作人员又必须再次等待，因为将展品从箱子搬出的工作，必须由搬运工联盟的成员来完成。之后，尚有多种只需劳动联盟成员才能完成的工作，如接水管只能由水管工联盟的成员来完成，铺地毯必须由舞台布置联盟完成，广告吊装需要索具装配联盟，安装电话必须由通信工人联盟完成……①

　　案例出处：根据 George G Fenich 教材翻译编写

---

① George G Fenich. Meetings，expositions，events，and conventions：an introduction to the industry. Pearson/Prentice Hall，2012–pp–108.

PART 4

❯❯ 第三节　企业战略是参展的根本导向

不同的发展战略，意味着企业管理模式和管理重点是不一样的，必然会体现在不同的管理职能上，并最终落实在各项规章制度内。展览制度体系构建之前必须明确企业战略意图，将企业的文化体系、品牌理念、管理理念、组织设想、市场战略、技术战略等融入进来，进而形成一套以企业战略为驱动，符合实际需求的结构完整、适用性强的制度体系。

一、企业战略的由来与发展

战略本来是一个军事术语，是指为实现战争目的而对军事力量进行的全局性部署和指挥。毛泽东同志经常说"从战略上藐视敌人，战术上重视敌人"。我国古代，先是"战"与"略"分别使用，"战"指战斗、交战和战争，"略"指筹略、策略、计划，后来才合二为一，一起使用。在西方，"strategy"一词源于希腊语"strategos"，意为军事将领，后演变成指挥军队作战的谋略。

现在，战略一词已经开始泛化，除军事领域之外，战略的价值同样适用于政治、经济等领域。在政治领域，例如，我国提出的三步走战略和可持续发展战略；在经济领域，有我国在 2001 年制定的《国民经济和社会发展第十个五年计划纲要》。很多企业借鉴了战略的思想，广泛地运用于企业管理领域，如海尔的名牌战略、多元化战略和国际化战略，TCL 的名牌化战略，跨国公司如 IBM、HP 的全球化战略等。企业战略的制定与执行，已经成为决定企业竞争成败的关键性要素。

关于企业战略的定义，1954 年，德鲁克（Peter Drucker）在《管理的实践》中讨论了企业战略的三个基本问题：我们的企业是什么？我们的企业应该是什么？为什么？他认为，战略是决定组织将要干什么以及如何干的问题。1980 年，被誉为现代战略管理之父的迈克尔·波特认为，战略就是创造一个唯一的、有价值的、涉及不同系列经营活动的定位。2003 年，南开大学王迎军教授认为，企业战略是竞争环境中为适应未来的发展变化，求得长期生存与发展而进行的整体性决策。综上所述，我们可以把企业战略理解为：是企业为了实现其战略目标而进行的全局性谋划与整体性决策。

二、企业战略的层次结构

对于一个大型企业集团，它的企业战略可以划分为集团层战略、公司层战略及职能层战略 3 个层次，如图 4.2 所示。

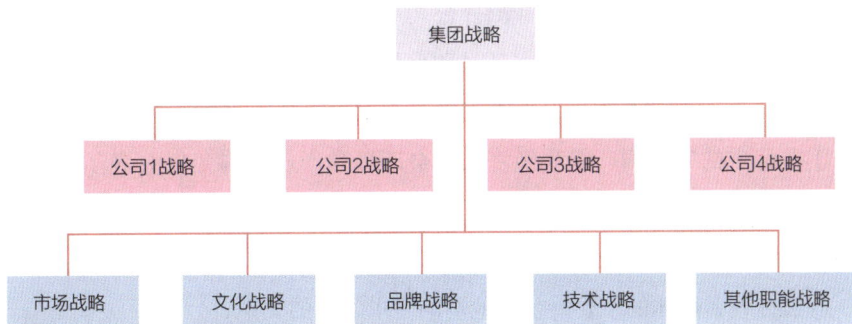

图 4.2 企业战略的层次结构

（一）集团层战略

集团战略是一个企业的战略总纲，是企业最高管理层指导和管控企业行为的最高行动纲领。集团战略主要强调两个方面的问题：一是"我们应该做什么业务"，即确定企业的使命与任务，产品与市场领域；二是"我们怎样去管理这些业务"，即在企业不同的战略事业单位之间如何分配资源，及采取何种成长方向等。围绕以上两个方面，集团战略一般来说要阐明以下 3 个问题。

（1）企业的发展方向。

一个从事多个行业的企业，它的发展总是伴随着经营领域的选择与调整。企业对发展方向的选择决定了它将如何配置资源，特别是资金和人力资源。

（2）不同的业务之间的协调机制。

不同业务之间的相互协作，包括销售网络、生产设备、采购或技术资源的共同使用，无疑是降低企业经营成本，增强整体竞争优势的重要手段。当然，业务单位之间也可能出现组织内的矛盾与摩擦。

（3）关键资源的开发与积蓄。

企业的一些关键资源，如人力资源、资金、商誉、公共关系和技术等资源，需要有计划地进行开发和积蓄。

（二）公司层战略

公司层战略也称业务层战略，是集团层战略的子战略，是在集团战略的指导下，各个业务单位制定的分战略。公司层战略主要研究的是产品和服务在市场上的竞争问题，它的重点是保证经营单位在市场中的竞争地位。公司层战略需要阐明以下几个问题。

①在特定的领域内，宏观经济与社会环境和产业结构变化中孕育着哪些机遇和威胁；

②这一领域当前和未来的竞争焦点；

③目标顾客群体的主要特征与他们的需求之间的关系；

④需要改进产品或服务的哪些内容以赢得顾客；

⑤竞争对手的优势和劣势，以及可能采取的对抗性行动；

⑥业务单位如何进行资源的开发和积蓄等。

（三）职能层战略

职能层战略一般可分为营销战略、人事战略、财务战略、生产战略、研究与开发战略、文化战略、品牌战略、公关战略等。职能层战略是为贯彻、实施上一级的集团战略，以及支持同一级的公司层战略或业务层战略，在企业特定的职能管理领域制定的战略。

三、企业战略与展览制度制定

企业展览制度要以企业战略为导向，围绕不断变化的生产、经营、管理等企业中心工作去编制、执行、维护，一切与战略目标产生冲突的制度，都应及时废止或修改，保障制度与战略匹配的及时性。展会组织模式要与企业现有的组织管控思想和组织架构相一致；展会选择要与企业市场战略相一致；参展主题的拟定要与一定阶段内企业发展目标相一致；展品选择、活动策划要与企业技术发展路线、市场推广路线相一致……

展览制度体系作为 B2B 企业品牌管理制度体系中必不可少的一部分，必须遵循企业品牌战略。对于有统一品牌战略要求的集团型企业，许多展会在组织过程中存在或多或少有悖于企业品牌战略的行为，导致难以形成有效传播的情况：有的集团在一个展会中同时出现多个各自为政的参展展位，有的集团在一个展台上同时出现多个子公司名称，有的集团展台的服务人员着装风格迥异、讲解话术不一，有的集团各子公司参加同一展会时的新闻宣传口径各异……这些现象让客户和社会大众"晕头转向"。这些情况不仅难以形成有效传播，更对统一的品牌形象带来一定伤害。

本书列举了部分展览制度体系建设应遵循的企业战略相关文件，如表 4.7 所示。

表 4.7　展览制度体系建设相关的企业战略文件

类　别	名　称
综　合	XXX 公司"十四五"发展规划
企业文化	企业文化发展规划、企业文化建设指导意见
品　牌	品牌建设规划、品牌建设指导意见
市　场	企业市场发展规划
技　术	企业技术发展规划
服　务	企业能力支撑规划

》第四节　全过程管理是参展的有效保障

企业要完整地参加一场展会，涉及展前筹备、展中管理、展后总结评估三个阶段，其中每个阶段又包括大大小小的多个环节。展前需要确定参展目的、确定参展项目、确定参展预算、确定参展地点、确定参展形式、确定参展展位、确定参展展品、确定参展人员等；展中需要现场布置、现场宣传、活动组织、商务交流、讲解推介、客户服务等；展后需要有对展会效果的评估、对参展人员的评估、对参展展品的评估、对参展活动的评估等。这些节点中的动作又会有交叉、有并行，它们之间相互影响，相互作用。如果没有制度的指导和约束，筹备人员将会像无头苍蝇一样，毫无目的地乱飞，无法达到预期的目标。

本书以展前、展中、展后三个阶段每个工作节点的需求为线索，结合实践经验，形成全过程管理制度手册，分展览专用制度、展览辅助制度两部分构成。展览专用制度是指依据企业内部制度体系，基于多年的实践经验，面向展览管理全过程制定的，专门针对展会活动的一个或多个制度文件。展览辅助制度是指在企业内部制度体系中，与展会活动的一个或多个动作强相关的制度文件，是对专用制度的拓展和补充。该类制度通常适用于企业各类经营活动，不直接以展会为作用主体，但需要在展会组织的关键节点上遵照执行。下文分别对专用制度、辅助制度的主要构成做解释。

一、展览专用制度

通常包括职责分工、组织模式、展会分类、展会形象、展会计划、展会的筹备与组织、展会的实施、展会的总结、考核和费用，以及企业知识产权等条款。

（一）权责分工管理条款

展会参展工作是个系统工程，并非某一部门的事情。产品、商务、技术、人才、服务、宣传、财务等相关方面都要载入这个系统。因此，参展工作涉及跨部门、跨企业的协同合作，举办一次成功的展会难度极大。对于集团型B2B企业，各子企业展会管理部门不一，部分子企业的职能归口部门难以与集团职能归口部门直接对接，更增加了工作难度。建立跨部门、跨企业的高效协同联动机制，制定完备的组织机构及清晰的职责分工就显得尤为重要。权责分工要与企业现有的组织管控思想和组织架构相一致，以提高工作效率，保证管理组织的功能完备，协调运行；要压实"展前、展中、展后"全过程各项管理工作牵头部门、责任部门等主体工作职责，细化工作任务，打通管理壁垒，让团队、部门、企业之间展开协同合作，快速聚集资源、分享资源，形成展会组织合力。

案例 4-3 ▶ **各司其职　贯通协同**

中国中车展会管理制度中规定，企业文化部、科技部、海外事业部、各事业部及中车研究院、各子公司在展会中各司其职，保障展览展会高质量开展。企业文化部负责总体牵头工作，负责品牌和文化推广。海外事业部和各事业部负责市场策划，对市场导向进行评估，给出参展建议。科技部和中车研究院负责技术策划，对技术导向进行评估，给出参展展品建议。各子公司根据各自市场要求和产品特性给出参展意见，并配合好总部做好展览工作。

案例来源：中国中车

（二）组织模式管理条款

从组织管理的角度看，展会项目由一系列活动组成，在活动之间还存在着一定的关系，根据经验总结来看，展会项目管理分为六大部分：计划、组织、指挥、协调、控制和评价。所以说，一场展会即是一次项目管理。组织模式管理条款的目的是搭建稳定运行的组织架构、清晰明确的职责分工、高效顺畅的协调机制来推进展会项目制管理。从规范的角度来讲，展会组织项目组一般设置领导组、展台组、商务组、技术组、保障组、宣传组、翻译组、政策分析组等组别。针对集团型 B2B 企业，品牌管理模式的多样性直接构成展会组织模式的变化，应在条款中进行明确，以便于分配资源。

案例 4-4 ▶ **北京国际风能大会的项目制管理模式**

2021 年，中国中车以"中车源动力　提速碳中和"为题，组织旗下从事风电整机、零部件制造及智能运维等全产业链子公司（共有 6 个一级子

PART 4

131

公司的10个成员单位）参加北京国际风能大会。参展筹备工作以项目制管理模式运行，在有序的工作机制下推进。2021年4月，成立了以集团领导为组长的项目筹备机构，确定了定期会议汇报制的工作模式。株洲电机所作为技术组，策划完成了整体技术方案。山东公司作为接待组，负责展会用车安排、证件办理、会议预订、讲解员培训及风电宣传片的制作。永济电机作为宣传组，负责从内到外，从手段到渠道进行全方位、立体化的宣传设计。株洲电机作为翻译组，负责展台英文翻译工作和风电宣传册的设计制作。新产业部作为商务组，负责展会期间各项商务活动的策划和安排。企业文化部作为综合组，负责展台设计搭建、主办方沟通及所有工作组的协调配合。每个专业组各有分工、互有配合，为未来展会高效组织提供了宝贵经验。

案例来源：中国中车

（三）展会分类管理条款

不同展会的规模、性质、功能、举办方式（线上、线下）、辐射范围、覆盖领域、影响力与效果都不尽相同，决定了该展会对企业的重要程度不同，对企业内部组织模式的要求不同，这就需要企业有的放矢，做好展会的分级分类并有针对性地对各类型展会实施差异化管理。展会的分类有多种方法，企业在展览制度中应根据自身实际需求，明确本企业展会是否需要进行分类分级管理并制定不同的分类标准、划分不同的展会类型。常见的分类依据包括：覆盖观众群体、重要程度、组织层级等。

案例 4-5 中国中车轨道交通展会分类列举

A类展会	德国柏林轨道交通展览会（Innotrans）、铁路技术装备展览会（Modren Railways）、上海国际客车展、北京国际风能大会暨展览会

B 类展会	上海国际先进轨道交通技术展览会、北京国际城市轨道交通展览会暨高峰论坛、上海国际铁路与城市轨道交通展览会、北京道路运输展
C 类展会	中国（西安）智慧交通博览会、广州中国国际先进轨道交通产业博览会、马来西亚国际铁路展（Rail Solutions Asia）、韩国釜山国际铁路展（Rail Log Korea）、俄罗斯 1520 铁路展、巴西圣保罗铁路工业展览会、英国伯明翰国际铁路工业装备及轨道交通展览会、亚太轨道交通展览会、波兰轨道交通展、意大利轨道展、中东铁路展（Middle East Rail）、南非国际铁路展览会（Africa Rail）、IREE 印度轨道交通展览会、澳大利亚国际铁路展览会（Aus Rail Plus）
D 类展会	轨道交通与城市国际峰会、城轨协会单轨分会年度大会、成都智慧交通展、全球轨交工业创新峰会、智慧轨道交通大会、中国国际智能交通展览会、集装箱多式联运亚洲展、市域（郊）铁路发展大会、中国国际轨道交通和装备制造产业博览会、世界公共交通展、美国 APTA 公共交通展、罗马尼亚铁路峰会、日本铁道技术展
E 类展会	中国（上海）国际技术进出口交易会（随省商务厅展团）、沈阳国际制博会（随省商务厅展团）

案例来源：中国中车

（四）展会形象管理条款

展会形象设计是指采用一定的视觉传达方式，对参观者的心理、意识和行为方面产生影响的设计活动。展会形象是企业品牌形象传播的媒介之一，为参观者提供互动式体验的空间环境，能够让受众亲密地、真实地感受企业战略、文化、品牌等。展会形象管理条款应以企业的品牌战略为导向、品牌形象为依

133

据、视觉识别系统规范为执行依据，对展台形象招牌、挂旗、展板、告知牌、展品、宣传册、宣传片、宣传礼品、多媒体界面、平面广告等展示群体提出规范要求。集团型 B2B 企业的品牌管理模式较为复杂，通常包括单一品牌管理模式、背书品牌管理模式、混合品牌管理模式、独立品牌管理模式等，非单一品牌管理模式的企业对于品牌形象的呈现存在差异化需求，针对此类情况，需在制度条款中规定差异化执行标准。

案例 4-6 **到底哪个是"中车"？**

　　在早期的展会组织中，中国中车对于各子公司的参展行为只有备案制，没有审核制，统一了品牌但是没有统一参展行为，导致多个子公司同时以独立子公司的名义参加同一展会，造成展会上出现多个带有明显品牌标识的中车展位，并且分散在展馆的不同地点，给参观者带来了极大的混淆，特别是受邀到场进行商务交流的客户经常发出疑问："到底哪个是中车？"这在极大程度上影响了"同一个中车"的品牌传播。

　　后来，中车在展会管理制度中针对这一情况完善了展会分类管理、展会形象管理、展会组织模式管理等条款，规定了所有子公司展会计划要由集团层面评估审定后确定等级：A 类展览是集团确定的年度重大展览项目，由集团统一组织一个或多个子公司参加的展览。其他参展子公司不得以单独名义参加同一展览。B 类展览是集团确定的年度重要展览项目，由集团委托一个子公司牵头，组织一个或多个子公司以中车集团名义参加的展览。其他子公司不得以单独名义参加同一展览。C 类展览是多个子公司同时参加，但集团未统一组织或委托组织的展览。须由一个子公司牵头组织其他子公司参展，确定唯一展位，以中车集团名义参加。其他子公司不得以单独名义参加同一展览。D 类展览是由一个子公司自行参加的展览。须以公司名义参加，并须明确有且仅有公司旗下唯一子公司参加。E 类展览由子公司以参加地方政府或行业协会统一组织展团形式参加的展览。

对于展台形象的规范统一，制定了差异化形象标准，针对 A 类、B 类、C 类展览展台设计以公司为整体形象；对于参加 D 类、E 类展览的子公司，如同一展览中有中车集团或其他子公司的独立展位，则总体设计形象不得出现公司标识，但在展板和宣传品中须应用符合公司 VI 标准的设计；如同一展览中没有其他子公司展位，则在总体设计中也应符合公司 VI 标准。

案例来源：中国中车

案例 4-7 中国中车《展览视觉识别（VI）系统手册》

为确保展台统一形象的规范化，使之具有更加广泛的传播效力，利用展会的特殊媒介作用，通过打造系统性、模块化的设计规范，树立品牌整体形象。中国中车编制《展览视觉识别（VI）系统手册》，以适应不同场地展览服务的标准化作业，树立统一稳定的企业形象，建立符合中车文化的识别系统，强调和提升品牌特色。

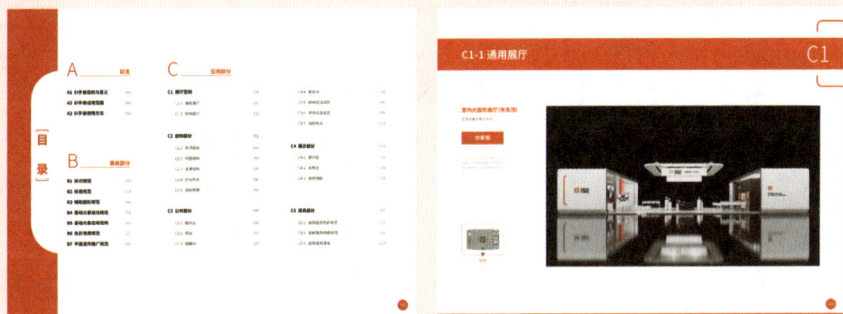

案例来源：中国中车

（五）展览计划管理条款

展览计划管理就如同财务预算之于财务管理。展览计划不仅指企业关于参加哪个展会的决定，还包含展览的时间、地点、主办方、牵头单位、参与单位、参展面积、参展理由等基本要素。简单来说，它是一场展览的开端，明确何时、何地、何人、何事、何因。展会计划管理条款应明确计划制订的时间周期、内容结构、审批流程、评估标准、选择依据等。企业展览计划一般以年度为周期制定，制度条款中应明确展会计划的新增及取消机制，针对未列入年度计划的临时新增展会，规定是否能够参展、以何种流程申报；对已列入年度计划但因故无法正常参加的展会，规定以何种流程取消。

（六）参展方案管理条款

对于每项具体的展会，须制定参展方案，它是展会活动组织实施的主体，是每个参展动作的执行标准。企业应在相关条款中明确方案的启动时间、完成时间、策划主体、审核程序，规定一个参展方案需要包含的内容板块，以便在展会筹备过程中逐项遵照执行。参展方案通常包括展位、参展主题、展品、展示形式、展台设计和搭建、展板（展台平面）、宣传物料、展览配套活动、展览礼品、展览工作人员及展前培训、展品运输方案、知识产权审核、风险控制、展览会预算等内容。

案例 4-8 **中国中车的参展方案**

下文节选自中国中车制度文件中关于参展方案的相关内容。

对于每项具体的展览会，须制定参展方案。参展方案应由展览主管领导召集相关部门进行讨论确定。国内和国外展览至少提前 2 个月制定方案。参展方案应包括但不限于以下方面。

展位——应综合考虑展览会展示效果和成本费用等因素，选择合适的展出位置。展位包含展位面积、展位方式、展厅进出口及主次通道位置等。

参展主题及展品与展示形式——应根据展览覆盖观众群体的不同和重要程度，综合考虑展览性质、市场需求、自身实力、营销策略等因素，策划参展主题、展示重点，并确定相应的参展产品、技术、服务和展示形式。综合类展览重点体现综合实力，专业类展览重点体现行业实力。

展台——根据展览主题和展品策划，确定展台设计风格和设计搭建方案。设计搭建方案必须符合公司 VI 应用规范和安全环保要求。

展板（展台平面）——展板平面设计风格应与展台空间设计风格协调统一。设计方案必须符合公司 VI 应用规范。展板设计可有选择地体现以下内容：品牌理念、产品理念、产品特点、研发实力、制造能力、市场分布、客户体验、代表性项目等。突出安全、绿色、人本、创新等品牌特征。

宣传物料——为增强展示效果，应综合考虑运用纸质、视频、多媒体等各种类型宣传品。宣传物料的内容可综合考虑企业介绍、产品介绍、形象广告、专题专项展示、企业社会责任等多个层次。

展览配套活动——为提升展览效益，应策划与展览配套的技术、商务、宣传等活动。活动形式可包括技术论坛、专业会议、客户邀请、客户访问、商务交流、新闻发布会、媒体采访等。配套活动应符合正向推广公司统一品牌的原则。

展览礼品——用于展览中赠送给参观者或客户的小礼品。展览礼品本身或包装上必须体现公司品牌元素。

展览工作人员及展前培训——确定参展人员构成和规模，以及人员培训方案。展览工作人员一般应包括展览的组织服务、技术服务、商务服务人员。展前培训一般应包括企业情况、展品情况、参展实务、展览沟通技巧、商务礼仪、展览行为规范等。

其他——包括展品运输方案、知识产权审核、风险控制、展览会预算等。

案例来源：中国中车

（七）展览现场实施管理条款

展览活动的组织筹备是一项持续性、长期性工作，重大展览项目往往需要长达数月甚至超过一年的前期准备，而最终能够呈现给参观者的往往仅有为期几天的展示，这就要求企业必须实施严格的展会现场管理措施。此类条款的制定可围绕"布展—开展—撤展"三个环节，明确人员分工、执行标准，操作程序，以确保最终的展示效果。其中，"开展"环节应着重提出讲解、服务、着装管理规范。

（八）展览总结评估管理条款

展会的总结与评估是展会活动形成闭环的重要环节，当整个展会策划、实施工作结束后，会展人员应及时进行评估，总结经验，寻找问题，并写出评估测定工作总结报告，为以后展会项目选择、参展内容策划、组织效果提升等工作准备可借鉴的参考文献，不断提高展会策划水平。此类条款应明确展会总结评估的时间节点要求、内容要求、维度要求、量化指标要求、文件存档要求等。

案例4-9 **中国中车的展会总结和评估**

中国中车展览制度中指出，展览总结应包括展览概括、参展情况介绍、主要收获、收集信息摘要、存在问题、改进建议等。展会评估内容包括技术活动开展情况评估、市场活动开展情况评估、宣传活动开展情况评估、展台实际效果评估、参展子公司配合情况评估五个维度。

案例来源：中国中车

（九）展会费用管理条款

展会费用管理是为确保展会在规定的费用预算内高质量达成既定目标而开展的管理工作，企业的展会费用通常在年度财务预算中专项列支，如何在展前制定费用预算、如何在展中进行费用控制、如何在展后进行费用分摊，是展会费用管理需要把控的关键点。科学地进行展会费用管理，能够在一定程度上降低活动组织成本，提高展会的投入产出比。此类条款应依据企业财务预算管理，规定展会费用预算申报与执行要求，明确费用的基本构成要素。企业内涉及多个费用主体联合参展的项目，还需明确是否有费用分摊标准。

案例 4-10 ▶ 费用分摊制度的诞生

　　中国中车的年度重大展会项目往往有超过十家子企业联合参展，每个子企业都是需要承担参展费用的独立法人，所以费用分摊一直是中车展会管理中的一个重要环节。中车展会的费用分摊经过了三个阶段：早期为了便于计算，采用平均分摊模式，这导致了各参展子企业都希望最大限度地提高自身参展的性价比，各家均大量放置模型，形成集货式展示形式。可以说，这种展示形式很大程度上是由于不合理的费用分摊方式导致的。后来各子企业之间逐渐形成了一套依据展示面积占用比例进行费用分摊的模式，极大地提升了展示形式的合理性，也限制了企业无节制地摆放展品。但这一阶段的分摊方式还未形成规范的制度文件，在执行的细节上往往存在争议。比如，有些企业在参展活动中不携带任何实物展品，仅仅参加技术发布活动，针对此类情况尚没有分摊的明确标准。有鉴于此，中车集团在《中国中车对外展览管理办法》中专门制定了费用分摊的详细标准，在集团内部形成一套公认的费用分摊制度。

案例 4-11 ▶ 中国中车的展览费用分摊

　　对于集团企业，其子公司是独立法人，在统一品牌下共同参加展会，并在同一展位参展。其费用开销需要一个分摊标准。下文节选自中国中车制度文件中关于展位费和搭建费分摊的相关内容。

　　1. 展位面积 ≤ 30m^2：

$$参展企业费用 = \frac{（总展位费 + 总搭建费）}{N}$$

　　注：N = 参展单位数量

　　2. 展位面积 > 30 m^2：

　　2.1 参展企业均携带展品的情况：

　　参展企业费用 = 展品区分摊费 + 公共区分摊费

①②公共区分摊费 = （总展位费 + 总搭建费）· 公共区占比 · $\dfrac{1}{N}$

2 展品区分摊费 = （总展位费 + 总搭建费）· （1 - 公共区占比）· 单位展品区占比

$$单位展品区占比 = \dfrac{本单位展品区面积}{总的展品区面积}$$

注：①公共区即会议室、储物间、公共发布区、吧台、洽谈区及公共通道等。公共区通道面积按照以下规则确定：公墙与展品放置台外轮廓间的水平面积的一半、两个公共区外轮廓或两个公墙间的水平面积，公共区外轮廓与公墙或展台边缘间的水平面积等。为方便计算，国内展览公共区占比统一按30%计算，海外展览统一按50%计算。在展台实际设计中公共区占比误差不能超过5%。

②展品区即放置展台的实物、模型、沙盘及展区通道，悬挂的显示器、触控屏、展板或其他立体展品及展区通道等。展品区通道面积按以下规则确定：展品与展品间的通道面积、展品与公共区外轮廓间通道面积的一半、展品与展台边缘间的通道面积、展品与公墙间的通道面积的一半。

③举例说明，如下图所示。

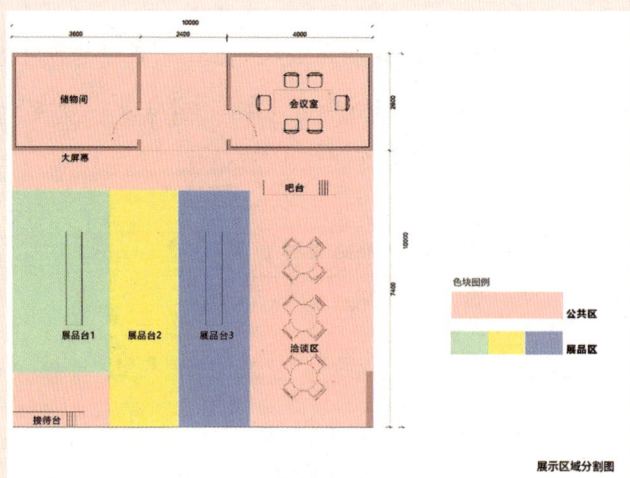

展示区域分割图

140

2.2 部分参展企业不携带展品的情况：

$$参展企业费用（不携带展品）=\frac{总展位费 + 总搭建费·公共区占比}{N}$$

其他参展企业在分摊总费用时，首先扣除不携带展品企业的费用，剩余费用按照 2.1 的分摊规则执行。

2.3 参展企业均不携带展品的情况：

$$参展企业费用 = \frac{总展位费 + 总搭建费}{N}$$

注：N = 参展单位数量

案例来源：中国中车

（十）知识产权管理条款

参加展会的各方都应有知识产权法律意识，在展会期间，既不侵犯别人的知识产权，也要积极保护自己的知识产权，对知识产权行政管理部门或司法部门的调查予以配合，善于通过各种法律途径解决知识产权纠纷。特别是在参加国外展会时，各国的知识产权维权途径多样，包括发送律师函、发送警告函、提起侵权诉讼、提起临时禁令请求等。部分知识产权保护强国处理此类问题十分迅速，如果出现侵犯他人知识产权的情况，将有可能导致中途撤展，造成恶劣影响。企业要在展览制度中明确提出重视知识产权管理的相关要求，明确展会知识产权风险排查分析的工作流程，制定知识产权纠纷应急处理预案。由于知识产权的审查包含专利、商标、著作权、商业秘密等数据的综合筛查检索以及侵权对比等，是一项专业性较强、复杂度较高的工作，需要设定严谨仔细的管理标准来支持，所以专用性展会管理文件中可以不详细展开列举知识产权管理的具体条款，实际执行中应依据企业的知识产权管理制度执行。

二、展览辅助制度

通常包括新闻宣传管理类制度、财务预算管理类制度、物资采购管理类制度、供应商管理类制度、审计风控类制度、商业秘密保护管理类制度、资产管

PART 4

141

理类制度、组织绩效评价类管理制度。

（一）新闻宣传管理、意识形态管理类制度

规模再大的展会，如果不经过宣传也只能影响到现场有限的受众。信息化不断发展的今天，越来越多的企业将展会宣传工作列为与现场展示同等重要的高度。新闻宣传的纪律、尺度、口径、平台，宣传稿件的审批、出现舆情危机的处理流程等，这些问题需要遵循企业新闻宣传管理制度执行。

（二）财务预算管理类制度

财务预算管理贯穿于企业经营管理的各个环节，展览费在企业年度财务预算中专项列支，它的合理申报、合规使用更是展会活动正常开展的经济基础保障。展览费用预算申报的时间和形式、审批的标准和流程、执行的范围和调整等动作需遵照该类制度执行。

（三）物资采购管理类制度

展会中制作的宣传片、宣传册、购置的硬件设备、人员服装、现场的拍摄服务等文化宣传类产品是企业非生产经营物资中的重要构成部分，需要遵循企业的物资采购管理要求。例如，此类物资是否有规定的购买渠道？是否需要签订采购合同？是否需要进行项目招标？

（四）供应商管理类制度

供应商对于参展企业来说非常重要，每场展会可能涉及的供应商类型十分繁杂，例如，搭展机构、平面设计机构、视频制作机构、人员培训机构、服装制作机构、运输公司、公关公司等，合格的供应商可以为企业提供专业的展览服务和有价值的意见建议，帮助企业更好地实现展会目标，提高展会效果。有鉴于此，有些企业会专门针对展会活动建立供应商资质库，以合规的手段选择资质优良、能力卓越、经验丰富的供应商尤为重要。展会供应商的选择应遵循企业的供应商管理制度，按制度进行供应商的寻源、审查、培育与管理，同时需实时关注供应商的新入、退出及黑名单。

（五）审计风控类制度

企业的参展活动是一项主要与企业外部产生联系的综合活动，它涉及与政府、行业协会、组展方、展商、展会服务提供商等多方面接触，因此与第三方

发生法律纠纷的可能性也比较大。为规避法律风险，确保展会组织的各项动作不违法、不违纪、不违规，需遵循企业相关审计风控制度执行。例如，合同签订需遵循企业《合同管理制度》；如果在展会实施过程中发生法律纠纷，需遵循企业《法律事务管理制度》进行处理。

（六）商业秘密保护管理类制度

展会是信息集中爆发的平台，展示内容、商务洽谈、媒体采访等每个场景都涉及信息的输入和输出。因此，企业按照《商业秘密保护制度》规范执行十分必要。在展会筹备过程中，委托第三方服务商进行服务时，也需要按照《涉密文件管理办法》相关要求进行资料脱敏处理并签订保密协议。

（七）资产管理类制度

企业参展的展品属于企业资产，这些资产离开企业对外展示前需要按照规定办理借用手续。例如，资产出门时的申报流程、出门证的办理要求、借用的时限等。同时，还需做好出门和返回时的价值评估、状态确认。一旦资产受损，应依制处理。

（八）组织绩效评价类管理制度

展会组织的成效和配合程度是非常重要的，因此，一些企业会专门设置专项奖励，并将活动开展情况纳入企业品牌文化评价的一部分。关于奖惩标准的制定，需要在企业整体组织绩效评价的基础上，结合展会活动的实际情况，综合考虑展会组织的成效和配合程度，制定出合理的奖惩标准。

此外，展会组织中可能还会涉及外事管理类制度、员工培训管理类制度、档案管理类制度、因公差旅管理类制度、疫情防控管理等职防卫生类管理制度等，也需按照相关条款要求规范执行。

第五章

流程规范化是体系

流程规范化与展览制度化相辅相成，是驱动展会规范化管理的原动力。如果把完善的制度比作图纸，那么规范的参展流程就是工艺标准、操作标准，是指导员工将图纸转变为现实的作业标准。本章在提出展会流程规范化的内涵与意义的基础上，结合中国中车在流程规范化方面的实践，详细阐述了展会流程规范化模型及其三大构成部分：谋划决策体系、推动实施体系和反馈提升机制。

》 第一节　流程规范化的内涵和意义

一、流程化的起源与发展

流程化的起源可追溯到 1911 年，当年，被誉为"科学管理之父"的泰勒出版了《科学管理原理》一书。在该书中，"流程"一词虽未出现，但已出现了"方法、过程"等概念，成为流程管理的萌芽。与泰勒同时代的福特在此基础上创建了第一条汽车流水生产线，大幅提升了作业效率。可以认为，泰勒和福特为流程化管理的理论研究和实践探索奠定了基础。

20 世纪 90 年代，流程再造思想正式提出，代表人物是迈克尔·哈默（Michael Hummer），他主张对流程开展彻底再设计，以工作流程为中心，重新设计组织的经营、管理及运作方式，在新的组织运行空间条件下，改造原来的工作流程，以全面提升组织运行绩效。[1] 90 年代中后期，学术界又将精益生产、目标管理、全面质量管理等理论融合进来，提出了业务流程管理，使业务流程管理走向成熟。

中华人民共和国成立后，我国的流程化管理工作从无到有。1962 年，《工农业产品和工程建设技术标准管理办法》正式通过，为开展流程规范化、标准化工作提供了政策依据。改革开放后，我国恢复了国际标准化组织（ISO）的席位，并于 1979 年颁布了《中华人民共和国标准化管理条例》。综上，我国的流程规范化管理是从制造业、工农业起步，随着经济、技术的不断发展，逐步运用到生产生活的各个领域。

---

① 李一帆. 基层党政机关办公室业务流程规范化管理研究［D］. 暨南大学，2018.

二、展会流程管理的问题与挑战

面对不断变化的市场需求和企业之间日趋激烈的同质化竞争趋势，越来越多的企业开始积极参加展会活动，利用展会的影响力突破现有市场，但是 B2B 企业普遍存在对展会流程化管理不够重视的情况，很多展会组织者往往会忽略一些重要的细节，导致参展效益大打折扣，具体体现在以下 6 个方面。

（一）工作缺乏计划性

展会是一项复杂的系统工程，具有涉及面广、时间周期长、工作关联度高等特点，增加了企业制订参展计划的难度。无法准确把握时间点，并在节点内完成相应任务，是 B2B 企业都可能面临的问题。此外，即使有了计划，但执行力较差也是目前 B2B 企业展会管理中普遍存在的现象。

（二）展会选择缺乏科学性

大部分企业在选择参加何种展会、哪个展会时往往没有明确的标准，考虑的因素不够全面，造成在展会选择方面缺乏科学性，选择参加的展会与企业形象、产品适配度低，无法有效发挥展会的平台和桥梁作用，导致资源浪费和经济损失。尤其是对 B2B 企业来说，选择合适的展会意味着更高质量的展示舞台和更大的市场机遇。

（三）现场管理混沌性

展会现场管理、控制和协调的内容十分庞杂、千丝万缕。如果处理不当，任何一件小事都可能发展成大问题，继而影响整个展会的效果。然而，多数 B2B 企业并没有清晰明确的现场管理标准与流程，导致现场管理较为随意、无法聚焦，增大了企业达成参展目标的难度。

（四）人员安排随意性

B2B 企业在参展人员安排方面存在着惯性思维，安排的大都是销售人员，而技术人员和专业管理成员的数量较少，尤其是没有从企业形象和产品类型等角度综合考量人员安排，从而无法和专业观众的需求有效对接，导致展会沟通与服务缺乏专业性。

（五）参展思维固化性

B2B 企业参展都希望借助展会平台，实现自身的参展目标。但现实情况是，由于缺少系统完善的展览策划流程，多数企业习惯于在展会上消极等待客户的到来，进行"守株待兔"式参展。参展思维的固化导致企业将主要的精力放在展品策划之中，却忽视了商务、技术活动的策划。展会不仅仅是一个展示产品的场所，还是一个交流的平台，企业应该积极主动地参与展会，与客户进行有效的沟通，以获得更好的展会效果。

（六）评估总结缺乏系统性

展会评估总结是对展会环境、展会工作及展览效果进行系统、深入的评价。作为展会整体运作管理中的一个重要环节，通过展会评估可以判断该展会的效益如何，存在哪些问题需要改进，并能为未来展会推广工作提供数据资料、经验和建议，这些对于 B2B 企业而言具有重要的意义。但在实际执行中，很多企业的展会评估总结缺乏系统性，甚至直接忽视展会评估环节，这无疑是一种损失。

三、展会流程规范化的作用

展会流程规范化是指通过加强顶层设计和制定业务标准，对展会各项管理业务的范围、内容、程序和处理方法作出规定，从而将展前筹备管理、展中实施推动、展后总结评估的各环节进行标准化、规范化，并有效串联为一个整体。在此基础上，建立谋划决策体系、推动实施体系和反馈提升机制，对整个展会进行闭环管理，帮助展会工作人员在千头万绪的组织工作中整理出权责明确、节点清晰的展会工作"作战图"。

现代企业制度的建立进一步拓展了规范化运作的广度和深度，流程规范化是 B2B 企业展会管理规范的基本依据。流程规范化就是要求参展企业在展会组织管理中使组织和员工的行为均得到规范和制约。这就需要将展会管理的每个层次、每个环节、每个机构乃至每个人的活动内容、方式、方法进行规范，使每项活动都有所遵循，做到目标和行动一致，形成完整统一的流程管理规范体系。

（一）指引各项业务活动的基本前提

企业的展会组织工作由众多类别的业务活动所集成。各项业务活动的启动、执行以及业务目的的最终实现都需要由相应的程序和规则进行规范和引导。流程规范化的梳理和制定，为企业开展展会活动提供了程序上的指引、规则上的保障，清晰完备的业务流程也保证了展会管理过程的公开透明。

（二）实现岗位职责对接的高效方式

展会工作流程是以管理节点为主线、岗位职责为接口，通过在不同的时间完成对应的工作，保障展会活动的顺利推行，从而实现参展的目的。业务流程有形化，明确了不同岗位间的作业顺序和对接过程，减少了因岗位错位而造成的业务中断或业务重叠，提高了展会组织活动的效率。同时，明确的业务规则、固化的业务流程减少了管理决策的不确定因素，也使员工在从事具体业务时能够对展会活动结果有一个基本预期，进而合理安排工作计划，有利于业务执行效率的提高。

（三）实现工作风险监控的重要手段

从风险管理角度而言，管理风险来自不规范的业务活动。展会流程规范化的制定，一方面规范了业务活动的内容、方式和程序，另一方面明确了展会管理过程中每一项业务活动的关键控制点，确保企业参展内部控制与风险管理工作能够有的放矢，减少人为疏忽而带来的风险发生概率。

（四）降低人员流动风险的积极路径

规范的流程将企业参展要完成的任务用文字记录下来，即使老员工岗位调整，新员工也能迅速上手，减少岗位空缺成本，避免因人员的流动，造成展会知识管理流失。例如，肯德基在不同地区能做到口味一致，究其原因在于肯德基很好地做到了食物制作的流程规范化。流程规范化可以提高员工工作效率、稳定产品质量、减少资源重复投入。把经验变成流程，把个体的能力变成组织的能力，再复制给员工，这就是流程规范化带来的价值。

（五）减少浪费促进共享的有益实践

清晰的流程便于企业有序地按步骤进行工作，从而减少了时间的浪费和资源的不合理配置，使得企业可以充分利用现有资源追求利益的最大化。同时，流程化利于从宏观角度对整个参展过程进行把控，也利于对员工行为进行规范化，明确企业参展目的，利于信息精准传播、收集、共享。

149

四、展会流程规范化的实践与探索

2001年，国际事件管理学会（ISES）首任主席，被誉为"现代事件管理之父"的乔·戈德布莱特（Joe Goldblatt）博士提出了著名的Goldblatt活动管理模型（The Goldblatt Event Management Process）[①]，将活动的组织过程分为研究（Research）、策划（Design）、规划（Planning）、协调（Coordination）、评估（Evaluation）五个步骤（见图5.1）。

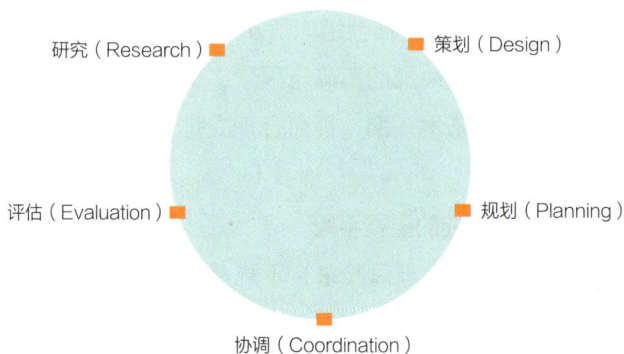

图5.1 事件管理的五步骤模型

基于Goldblatt活动管理模型和近年来丰富的参展实践，中国中车从谋划决策体系、推动实施体系和反馈提升机制的"两体系一机制"出发，对整个展会进行闭环管理。其中谋划决策体系包括信息收集、分类管理、参展决策、制订年度计划等4大环节；推动实施体系基于确定的年度计划，聚焦背景调研、机构设置、实施计划、展览策划、总结评估等9个阶段，保障展会全流程顺利推进；反馈提升机制对展会工作及效果进行系统深入评价，并形成反馈意见（见图5.2）。

---

① 王春雷. 基于有效管理模型的重大事件公众参与研究［D］. 同济大学，2008.

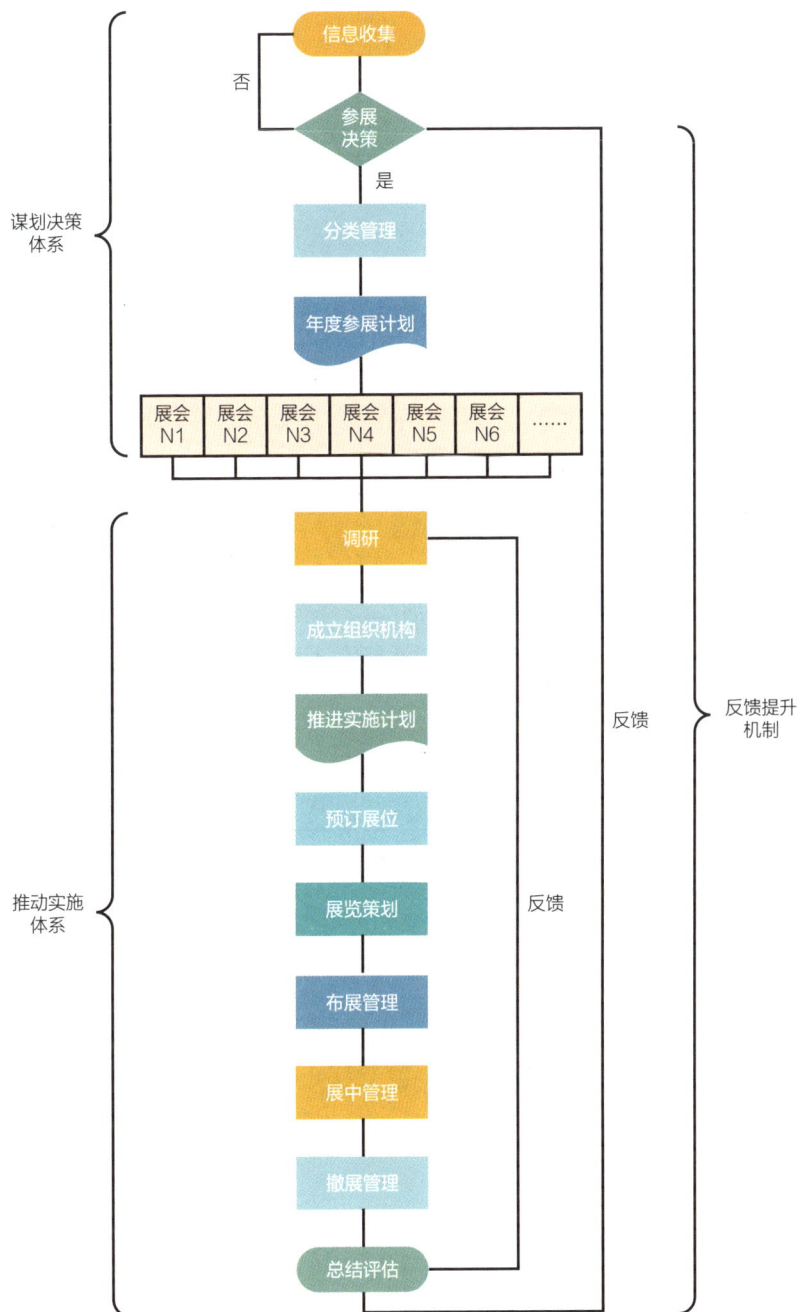

图5.2 展会流程规范化模型

》第二节　流程规范化的谋划决策体系

任何一场展会顺利开展，必须有严谨的决策作为支撑。谋划决策工作是整个展会的开端，为后续的展会实施提供指引和方向。参展谋划决策是一个复杂的过程，需要经历很多环节。一般而言，从企业萌生参展需求开始，要经历信息收集、参展决策、展会分类管理、制订计划4个环节。

一、展会信息收集

信息收集是展会策划的基础，同时也是参展决策可行性分析的必要条件，按照信息来源划分，可分为内部信息和外部信息两类（见图5.3）。

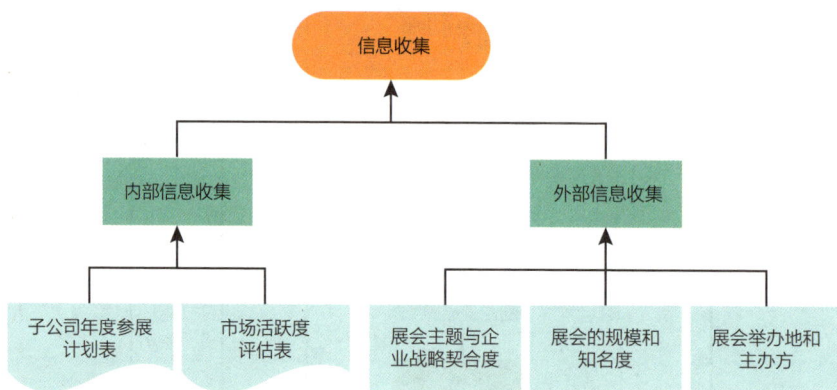

图5.3　展会信息收集

（一）内部信息收集

内部信息指的是集团化B2B企业对内收集参展需求和意向，以期清楚地掌握所属子公司或市场管理部门、宣传部门在下一年度拟参加的展会信息。

案例 5-1　行动有计划，不打无准备之仗

中国中车在全球范围内拥有 46 家全资及控股子公司，产业覆盖轨道交通、风电装备、高分子复合材料、新能源汽车、环保产业、船舶与海工装备、光伏发电、智能装备、重型工程机械及矿山机械等诸多领域，产品出口至全球六大洲的 100 余个国家。面对不同行业市场环境和各子公司的差异化需求，为了打造"展会指挥调度一张图"，中国中车严格要求各一级子公司和集团一级部门充分调研年度参展需求、提报参展计划（见表 5.1）。

表 5.1　XX 年度展会参展计划

一级子公司 / 部门名称：

序号	展会时间	展会名称	展会地点	主办方	展会类别	拟展面积

注：展会地点需注明城市和展馆

案例 5-2　您是否面临过类似的"选择障碍症"？

在收集完年度参展计划后，展会决策者时常面临一种情况，有些展会吸引度非常高，很多子公司都有强烈参展欲望，但由于参展面积和聚焦主题的限制，不能做到"想展尽展"，作为集团化 B2B 企业又该如何抉择？为此，中国中车率先引入《展会市场活跃度评估表》（见表 5.2），从既有项目、潜在市场、客户关系、竞争对手、拟邀请对象、媒体信息 6 个维度进行科学考量，通过设置统一的评分标准，对参加同一展会的各子公司总分值进行排序，以此选择适宜的参展单位。

表 5.2　展会市场活跃度评估

既有项目情况									
序号	区域内项目	签约时间	客户名称	签单数量	签单金额	分值	评分标准	得分情况	
潜在市场情况									
序号	客户类型	区域内客户名称	潜在项目	定义依据	项目开展情况	分值	评分标准	得分情况	
客户关系情况									
序号	区域内客户	公关活动名称	举办时间	举办地点	主要出席嘉宾	分值	评分标准	得分情况	
竞争对手情况									
序号	区域内竞争对手	区域市场项目	技术特点	竞争策略	营销策略	分值	评分标准	得分情况	
拟邀对象情况									
序号	拟邀对象类型	区域内拟邀对象	拟邀人员及职位	商务活动类型	会谈事项	分值	评分标准	得分情况	
媒体信息									
序号	当地媒体	报道标题	报道时间	内容是否和参展项目相关	报道类型	分值	评分标准	得分情况	
总分值									

（二）外部信息收集

拟参展企业要重点收集以下三个方面的外部信息（见图 5.4）。

图 5.4　展会外部信息

　　1.展会主题与企业战略的契合度。随着会展经济的日益发展，在每个细分的行业领域几乎都有各自的"品牌展会"。参展商应充分调研展会的主题与展出内容、目标观众是否与自身发展战略相符，能否促进参展目标的实现。聚焦于某一行业的专业性展会可以更好地发挥产业聚集效应，为观众提供全产业链的解决方案，为展商搭建更有价值的展示平台，因此行业内的品牌展会是参展商的首选。

　　2.展会的规模和知名度。成功的会展必须具备一定的规模，规模大的展会能吸引更多的、质量更高的专业观众及新闻媒体，展会的知名度也越高，这是保证参展商达成目的的最主要因素。如果参加的是一个全新的展会，则需要更多分析其在行业中的影响力。在参加海外展会时，可重点关注该展会是否经过UFI认证。UFI是国际展览联盟的简称，是一个由全球展览行业的专业人士组成的国际性组织，致力于促进展览行业的国际合作，提高展览行业的专业水平，它基于一定的标准对全球范围的展会项目进行评估与认证。

　　3.展会举办地和主办方。无论是海外展会还是国内展会，很大比例的专业观众都来自展会举办地及周边地区，参展企业应先考察举办地是否为企业目标市场，是否具有购买潜力。会展的组织是一个庞大的系统工程，选择有影响力、富有经验及对行业认知度高的主办方也是不容忽视的因素。

二、企业参展决策

参展决策是基于所收集的信息，从展会品牌、举办城市、展会质量、展区区位、展会服务、参展成本等多角度进行考量，做出参展与否的决策。参展决策要结合参展企业实际情况和展会背景综合判断（见图5.5）。

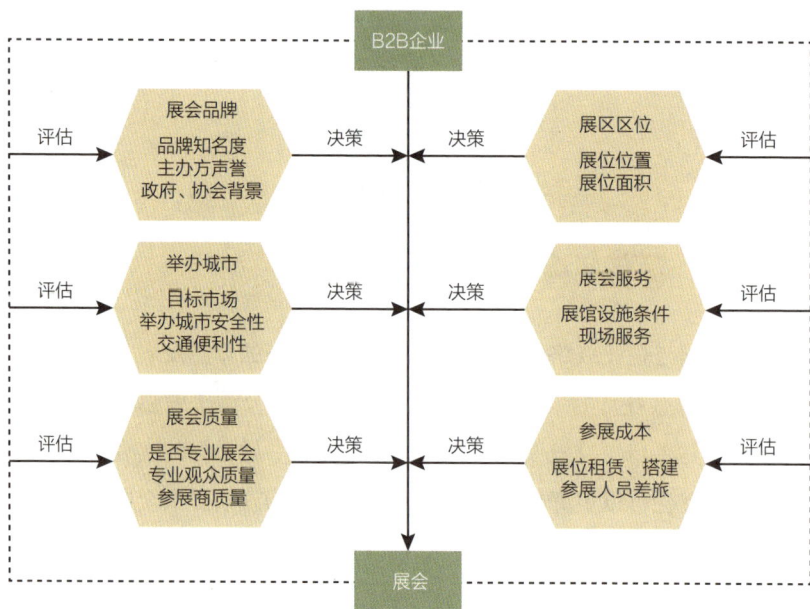

图5.5 中国中车参展决策模型

案例 5-3 磨刀不误砍柴工，展览评估是参展决策的重要抓手

参加合适的展会可以帮助企业有效提升品牌知名度、拓展市场，但并非参加所有的展会均能达到参展目的。为科学决策是否参加某展会，中国中车邀请专家组按照以下6个维度、15个项点对展会进行参展决策评估（见表5.3）。

表5.3 参展决策评估

展会名称：　　　　　　　　　　　　举办时间：　　　　　　　　　　举办地点：

序号	类别	评估项目及分值	评分标准	得分	备注
1	展会品牌 （25分）	品牌知名度	10		
2		主办方声誉	10		
3		政府、协会背景	5		
4	举办城市 （20分）	是否是目标、潜在市场	10		
5		举办城市的安全性	5		
6		交通便利性	5		
7	展会质量 （25分）	是否是专业展会	10		
8		专业观众质量	10		
9		参展商质量	5		
10	展区区位 （10分）	展位位置	5		
11		展位面积	5		
12	展会服务 （10分）	展馆设施条件	5		
13		现场服务	5		
14	参展成本 （10分）	展位租赁、搭建	5		
15		参展人员差旅	5		
	总得分				
	评估意见	□建议参展		□不建议参展	

案例 5-4 参展决策的误区

　　企业参展都希望实现"低投入、高产出"，因此在做参展决策时，参展费用是一个重要的考虑因素。然而俗话说"一分钱，一分货"，虽然不乏有性价比超高的展会，但多数展会规模质量、效益都与价格成正比。

P
A
R
T

5

157

一些展会之所以参展费用低，主要有以下两方面原因：一是展会刚刚开始举办，知名度不高，希望通过低价吸引参展商。参加此类展会，虽然节省了一定的参展费用，却很可能接触不到预期的专业客户，达不到参展效果。二是展会举办地的经济效益不够好、市场潜力不大。这些地方性展会大都在当地政府的推动下举办，其目的是发展会展经济，而非依据区位优势和产业基础选择举办地，自然不会有广阔的市场。

受展会错误评价误导也是造成企业参展决策出现问题的重要原因之一。媒体、政府、商会、行业协会对展会的评价可以作为选择展会的有力参考，但时常也会出现不准确、不符合专业要求的评价。评价不准确的原因是多方面的，有的是因为作出评价的组织本身就是展会的主办方，评价内容往往是择优而论、规避缺点，不能客观、全面、公正地给出评价。媒体报道的评价往往是从媒体的标准出发，但不一定符合参展企业的评价标准。

因此，参展决策需要综合考量多方面因素，切莫主观臆断、因小失大。

案例来源：中国中车

三、展会分类管理

企业资源是有限的，不可能为所有展会提供同等的重视程度和资源投入。因此，根据展会的重要性和执行的复杂性，集团化 B2B 企业有必要对展会进行分类管理，以期更好地协调统筹资源。

案例 5-5 分类管理，因类施策

中国中车按照统一品牌架构模式，根据重要程度及组织层级的不同，对展览实行分类管理。

A 类展览：公司确定的年度核心展览项目，由公司统一组织，一个或多个子公司参加的展览。其他子公司不得参加同一展览。

B 类展览：公司确定的年度重要展览项目，由公司支持指导、过程监督，委托一个子公司牵头，一个或多个子公司参加的展览。其他子公司不得参加同一展览。

C 类展览：公司确定的年度一般展览项目，由公司委托一个子公司牵头，多个子公司参加的展览。其他子公司不得参加同一展览。

D 类展览：公司确定的年度一般展览项目，有且仅有一个子公司自行参加的展览。

E 类展览：公司确定的年度一般展览项目，由子公司以参加地方政府或行业协会组织的展团形式参加的展览。

展览的分类管理是一个动态调整的过程，如某项 D 类展会原计划仅有一个子公司参加，后续基于市场、技术推广等因素有新增的参展子公司，则将动态调整为 C 类展览。

案例来源：中国中车

四、年度参展计划

B2B 企业在参展决策和分类管理完成后，就可以制订年度参展计划了。年度参展计划是全年展会工作的大纲和统领，计划须明确展览时间、展览名称、展览地点、展览级别等信息。

案例 5-6 ▶ **良好的计划是成功的一半**

每年，中国中车需要参加 100 余场国内外展会，翔实、精准、有序的参展计划是取得最大参展效益的基础，全年的展会工作均以年度参展计划表为统领（见表 5.4）。

PART 5

159

表5.4 XX 年度参展计划

序号	展会时间	展会名称	展会地点	参展公司	类别	牵头公司
轨道交通类						
新产业及配件类						

案例来源：中国中车

在年度参展计划发布后，各子公司和牵头部门须按计划积极组织展会的各项筹备工作。针对未列入年度计划但需临时参展的事项，集团化 B2B 企业还需建立临时参展申请机制。同时，某项参展计划如因不可抗力、非主观因素取消或不能如期参展，也需建立不能参展的报告说明机制。

案例 5-7 中国中车临时展会申请流程

中国中车在每年初下发的年度参展计划通知中，要求各子公司如有临时参展需求，须填报《临时展会参展计划表》（见表5.5），获批后方可纳入年度参展计划管理。未经批准，任何子公司不得自行参展。对于年度计划的严格管控，能保证集团化 B2B 企业在展会管理工作中"一切尽在掌握"，做到有的放矢。

表5.5 临时展会参展计划

公司全称	
拟临时参加的展会名称	
展会时间	
展会地点	

展会主办方		
展会概要描述：		
临时参加该展会原因说明：		
公司意见：	总部意见：	
	年 月 日	年 月 日

案例来源：中国中车

>> 第三节 流程规范化的推动实施体系

构建推动实施体系，核心在于对展前、中、后期的全覆盖管理。展会实施是一项极具挑战的系统工作，从前期的市场调研、机构设置、计划制订、展位预订，到展览方案的具体策划，再到布展、展中、撤展管理，推动实施系统项点繁多，前后联系紧密，形成了一个相互影响、相互制约的有机整体。

一、展会专项调研

"知己知彼，百战不殆"，专项调研作为谋划决策体系的开端，对于展会实施推进具有重要的意义。与信息收集环节中的调研有所不同，推动实施体系的专项调研更加聚焦于展会组织情况和竞争对手情况调研，为后续精准化、差异化的展览策划提供支撑。

展会组织情况调研是指参展商要充分掌握展会同期的相关活动筹备情况，如嘉宾巡馆安排及开幕式、主论坛、平行活动策划情况；尽可能借助组委会的平台和渠道，如安排己方参与开幕式或主论坛演讲、承办相关平行活动等，提升企业参展的效益。

图 5.6 专项调研涵盖内容

竞争对手情况调研同样非常重要，展会不仅是一个寻找客户、实现商业目的的最佳场所，也是同台竞争的竞技场。提前掌握有哪些竞争对手参加，分析我方是否具备市场和技术优势，尽可能洞悉竞争对手的情况，制定相应的应对策略并优先采取行动，是 B2B 企业在展会中争取更多目标客户的关键（见图 5.6）。

二、组织机构设置

根据不同的展会类别和参展单位实际情况，展会组织机构中应设置领导组、展台组、技术组、商务组、宣传组、翻译组、保障组。在实际执行过程中，可根据展会的规模、类别和重要程度，调整或合并专业组设置，但至少应保证设置展台组和商务组（见图 5.7）。

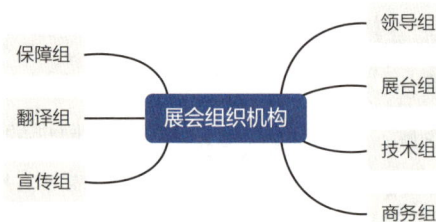

图 5.7 展会组织机构设置

三、推进实施计划

为了使工作能够顺利完成，需要事先制订正式、详细的推进实施计划。制订计划的主要目的就是建立详细的指导方案，确切告知项目团队必须做什么，必须何时做以及需要什么资源等。

推进实施计划是根据企业参展目的，确定参展所要达成的目标，并制订实现这些目标的进度计划。推进实施计划不仅有利于项目团队对目标有更清楚的认识和理解，提高参展管理的水平，而且可以为参展过程控制提供依据。总体来看，推进实施计划至少需要解决以下三个问题。

◆何事：各阶段要完成哪些工作，是展会经理和项目小组人员在工作过程中必须清楚的。

◆如何：将参展项目目标分解为具体的、可实现的任务。

◆何时：决定参展项目的每一项工作在何时实施、需要多长时间。

案例 5-8　重在执行，赢在细节

一个展会从筹备到开展，准备周期长达数月甚至数年，现场展示的过程往往只有几天。本案例以中国中车参加的某大型展会为例，将各时间节点拟推进完成的事项进行梳理，使得展会组织者能清晰了解在每个阶段要完成什么事情。（见表5.6）

表5.6　中国中车展会推进实施计划

序号	项目	展前1年	展前9个月	展前6个月	展前3个月	展前2个月	展前1个月	展前15天	展前7天	展前3天	展期	展后1周	展后2周
1	信息收集	▨											
2	参展决策		▨										
3	分类管理		▨										

续表

序号	项目	展前1年	展前9个月	展前6个月	展前3个月	展前2个月	展前1个月	展前15天	展前7天	展前3天	展期	展后1周	展后2周
4	年度参展计划		■										
5	调研		■										
6	成立组织机构			■									
7	推进实施计划			■									
8	预订展位			■									
9	展览策划			■	■	■	■						
10	布展管理							■	■	■			
11	展中管理										■		
12	撤展管理											■	
13	总结评估											■	■

案例来源：中国中车

四、预订具体展位

展位是各参展商争夺的重要资源，推进实施计划确定后，要尽早向主办方预订展位，应从主办方获取展位面积、展位方式、展厅进出口及主次通道位置等信息，综合考虑展览会展示效果和费用预算等因素，选择合适的展出位置和面积。部分重要展会甚至在当届展会举办完之后，就要立刻着手预订下届展会的展位。

通常而言，最佳展位位置在展馆的入口和出口，主要人行干道的两侧或"十"字干道的中心四角处。此外，问询处、新闻中心和各类基础服务设施（如餐厅、小卖部、洗手间）附近，也是人流较大的区域。还需注意的是，如果上届展览中展位所处位置较好或展示效果较好，那么在下届展会中应尽量选择相同或接近位置的展位，以便于老客户、老朋友的来访和洽谈。

案例 5-9　四种常见的展台位置分类

1. 道边型展台（Row）。道边型展台也称"一面开口"展台，夹在一排展台中间，单面敞开，三面隔断，展台敞开面的大小决定了展台的深浅和宽窄，此展台一般可供人员流动的区域最少，观众只能从其面前的过道进入。

2. 转角型展台（Corner）。转角型展台也称"两面开口"展台，位于一排展台的顶端，两面临过道，相对于道边型展台观众流量较大，展示效果比道边型展台好。

3. 半岛型展台（Peninsula）。半岛型展台也称"三面开口"展台，是指观众可以从三个侧面进入的展台，展台视野较前两种更开阔，展示效果更好，此类展台多为特装展台。

4. 岛型展台（Island）。岛型展台也称"四面开口"展台，顾名思义，像海中的小岛，四面敞开，人流可以从四面进出，是四类展台中展示效果最好、人流量最大的展台。

除上述四种室内展台以外，还有室外展台。由于受室内展馆的高度或地板承重限制，一般参展企业在展示特大展品或大型机械设备（建筑机械）时会选择室外展台。参展商开展室外展台设计要重点关注天气情况，必要时搭建顶棚，以保证更好的洽谈、观展环境。

案例来源：中国中车

五、展会系统策划

展会策划主要包括制定参展主题、制定参展目标、展品策划方案、商务活动方案、人员方案、宣传方案、展台设计方案等内容（见图5.8）。

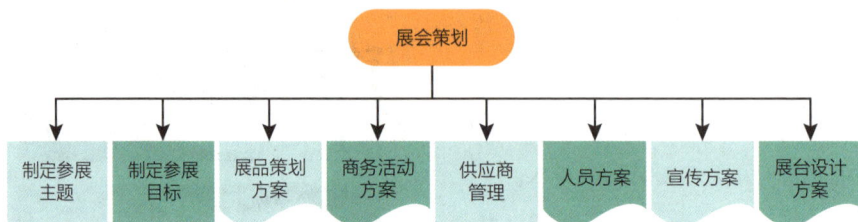

图 5.8 展会策划的主要内容

1.参展主题。参展主题是展出内容的高度浓缩与概括，表达了企业参加本次展览的宗旨、理念和目标。新颖、响亮的参展主题能够迅速抓住观众眼球，提升展览展出效果。B2B企业应根据展览覆盖观众群体的不同和重要程度，充分调研行业趋势以及其他竞争对手企业的主题定位，综合考虑展览性质、市场需求、自身实力、营销策略等因素，策划参展主题、展示重点。

案例 5-10 "聪明中车"点亮全球工业饕餮盛宴

参展主题的语言表述应以简练易传播为宗旨。2019年4月1日，以"融合的工业——工业智能"为主题的德国汉诺威工业博览会如期举行。始创于1947年的汉诺威工业展是全球规模最大的工业博览会，被认为是联系全世界技术领域和商业领域的重要国际活动。在本届汉诺威工业博览会上，共有来自75个国家和地区大约

5000 家企业，带来他们的最新智能化解决方案和产品。中国中车以"智能化技术创新——持续推动未来轨道交通的进步"（Intelligent innovation that advances the future of rail transit）为参展主题，向全球客户展示了基于全寿命周期的智能化整体解决方案。

案例来源：中国中车

2.参展目标。参展目标是 B2B 企业参加展会的原因，也是企业期待通过展会达成的最终结果。参展目标包括但不限于销售产品、展示形象、调研市场、推出新产品或新服务，建立并巩固客户关系等类别。为了达到更好的展览效果，企业要设置清晰的参展目标，并且通过适应性的展品、活动、宣传等策划，确保达到预期的参展目标。

案例 5-11　参展目标的分类

德国展会协会（AUMA）是德国会展业行业协会组织，是德国会展行业的代表。AUMA 把企业参展目标分成五类：基本目的、产品目的、价格目的、渠道目的和促销目的（见表 5.7）。

表 5.7　企业参展目标

目的种类	内容	具体目标
基本目的	了解新市场	检验自身的竞争力
	寻找出口机会	了解公司所处行业的状况
	交流经验	寻求合作机会
	了解发展趋势	向市场介绍本公司和产品
	了解竞争状况	

续表

目的种类	内容	具体目标
产品目的	推出新产品	了解市场对产品系列的接受程度
	介绍新发明	扩大产品系列
	了解新产品推销的效果	
价格目的	试探价格余地	将产品和服务推向市场
渠道目的	建立个人关系	接触新客户
	增强公司形象	理解客户情况
	理解客户需求	挖掘现有客户的潜力
	收集市场信息	训练职员调研及推想技术
	加强与新闻媒介的关系	
促销目的	扩大销售网	测试减少贸易层次效果
	寻找新代理商	

案例来源：中国中车

3. 展品策划。展品策划是指在展会中根据展会的主题、参展企业的实际情况，结合展会的宣传效果、市场效果、经济效益等，精心策划展品，以达到最大化的宣传效果和市场效果。展品策划要求展品的设计要符合展会的主题，展品的内容要突出企业的特色，展品的展示要突出企业的优势，可基于产品平台和解决方案选择展示项目，彰显 B2B 企业的品牌定位。此外，还需注意展品必须进行知识产权审核，避免出现侵犯知识产权的问题。

4. 商务活动方案。展会期间要结合实际情况，尽可能组织新产品发布会、签约仪式、商务会谈、互访等各类活动，增加与客户的互动，维护良好的客户关系。在商务活动确定后即可开始定制商务邀请函，及时开展客户邀约工作，将展会充分打造为推广新产品、新技术的舞台，创造更多与客户互动联络的契机。除了企业自行策划商务活动之外，要积极与主办方沟通对接，掌握开幕式、主论坛、分论坛等重要活动信息，积极回应主办方、行业协会、其他合作企业的商务邀请，为企业在展会上提供更多发声渠道。

5. 供应商管理。展会运营系统的复杂性决定了供应商的多样性（见图5.9），企业要建立展会项目合作平台，对供应商的选择、合作流程进行过程的规范控制，并对供应商资质进行严格的审核、考察，确认满足准入条件后才可纳入展会项目合作平台。考察内容包括规模业绩、负面信息、资质情况、在手项目等方面的内容，要根据履约情况建立供应商进入退出机制。

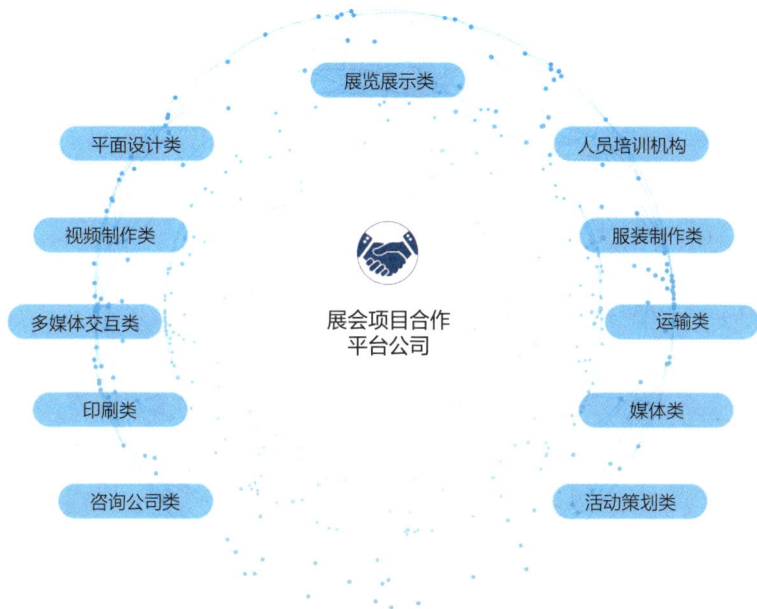

图5.9 展会项目合作平台公司类型

6. 人员方案。展台工作人员方案应考虑展台工作人员的素质、能力、经验，以及展台工作人员的工作任务、工作时间、工作地点等，以确保展台工作人员能够有效地完成展台工作任务，为参展企业带来最大的宣传效果和市场效应。为了充分展示企业品牌形象，保障展会顺利开展，高素质、高水平的展台工作团队显得尤为重要。一般而言，团队成员包括现场讲解人员（技术与商务接待）、品牌宣传人员、后勤保障人员等。工作人员须责任心强、团队意识强，熟悉本企业的展出产品，精通商务或技术。海外展会工作人员须精通英语，最好熟悉所在国语言。人员方案确定后，要根据主办方要求提报人员信息，获取所需证件，要重点关注重要嘉宾的 VIP 证件、开幕式邀请函、停车证；工作团组获取展商证。如有必要，海外展会还需从主办方处获取人员签证邀请函。

案例5-12 培训就是要让大家"心往一处想，劲往一处使"

> 培训是一种有效的激励和指导方式，它旨在让参与者拥有共同的目标，并以此为动力，共同努力实现目标。培训的目的是让参与者拥有共同的思想，共同的行动，共同的努力，以达到最终的目标。培训过程中，要让参与者把心思放在一起，把力量集中在一起，以达到最佳的效果。
>
> 组织展会工作团组培训，提升人员综合技能，是不容忽视的一个环节。经过培训，能够充分展示参展工作团队良好的职业形象，确保展会取得良好效果。
>
> 培训内容应包括公司总体概况（国际化经营、技术创新与发展、品牌与企业文化）、展会概况与公司参展方案、展品及技术介绍、展台商务礼仪以及展台服务模拟演练等。针对上述培训内容，可邀请公司内部市场、技术、品牌专家担任讲师，对于展台商务礼仪、展台服务模拟演练，可外聘专家讲师进行培训。
>
> 大型展会对参展服务人员综合素质要求较高，可通过人员培训的渠道，了解学员能力，从而进行选拔、筛选，组建出最适宜的"展会服务天团"。
>
> 案例来源：中国中车

7.宣传方案。一个好的展会，如果不进行传播，只能影响有限的观众，展会宣传方案应统筹考虑宣传渠道、宣传内容、宣传时间、宣传费用等，通过提前策划周密的宣传方案，积极做好传播预热、多渠道发声，能够将展览影响力充分放大。要发掘好、利用好主办方资源，在展台巡游、媒体记者团、户外广告、新闻盒子等渠道全方位传播。加强不同媒体之间的联动性，体现不同媒体传播方式的差异化。

8.展台设计方案。一个好的展台设计需符合审美需求，反映企业文化、彰显品牌特征，既具有视觉冲击力、吸引眼球，还要与整体氛围相协调、衬托展品，不能喧宾夺主。展台设计应符合安全法规要求，参展企业可聘请专业的展台设计、搭建公司开展此项工作。

案例 5-13 **展台设计遵循的原则**

（1）整体结构造型具有一定的独特性、识别性，符合行业特征；结构不花哨、简洁、易用。在主办方允许的情况下，选择单层或双层搭建。

（2）展台结构、空间布局利于参观、交流、洽谈。展示区与商务洽谈区同等重要，可适当扩大商务洽谈区的面积，加强商务服务等软性工作。

（3）积极选用 AR、VR、MR、电子沙盘、虚拟展台等互动多媒体手段，凸显展示亮点。

（4）展示形式注重观众体验，模型、实物、展板、宣传片、宣传页、多媒体互动相结合，强调观众体验、信息传达明确、参观路线清晰。

（5）对宣传册（页）、户外广告、会刊广告、多媒体界面、展品外观、美工字等所有平面进行统筹设计，以保证整体展位风格统一。

（6）展台灯光照度、色温适宜，总体照明效果良好，保证展台内容清晰可见。

（7）应遵循安全环保的原则，确保展台符合当地相关法规及展馆要求，并能满足防火和特装效果要求。

案例来源：中国中车

PART 5

六、展会布展管理

布展管理工作是指在展会筹备过程中，对布展的筹备、组织、安排、管理、检查等工作。具体来说，筹备工作是指确定展会布展的范围、内容、时间、地点等；组织工作是指组织展会布展的人员集中、物资和设备运输等；安排工作是指安排展会布展的时间、地点、人员分工、物资及设备摆放等；管理工作是指管理展会布展的过程，确保展会布展的顺利进行；检查工作是指检查展会布展的过程，确保展会布展的质量。展会布展管理工作的重要性不言而喻，只有经过认真的筹备、组织、安排、管理和检查，才能确保展会布展的顺利进行，从而达到预期的效果（见图 5.10）。

图 5.10 布展管理环节

在实际的布展作业过程中，还需重点关注以下事项。

1.搭建方到位。搭建商要根据展商手册中注明的时间、事项要求及时获取进馆证件，按时进行报馆审图，在指定日期内进馆搭建。

2.展台搭建。要与报馆审核通过的施工图、结构图保持绝对一致，如有不相符的情况，主办方有权拒绝我方展位搭建。要注重搭建细节，地板、地台拼缝紧凑；地毯平整无鼓包；涂料整体颜色一致、无裂纹、表面平整均匀无杂色等；要设置残障人士通道。

3.安全作业。搭建过程中应首先保障施工人员安全作业，一旦发生安全事故，不仅搭建工作会被叫停，更会对公司品牌产生严重的负面影响。

4.搭建期间现场监督。施工复杂的大型展会，应选派项目组代表全程监督整体搭建施工情况，确保工作进度。

5.展品到位。展品应至少在开展前一天抵达展位。需要注意的是，大多数国内展会现场展品存放处资源有限，要提前安排展品包装箱存放区域。

6.展台服务人员到位。展台讲解人员、技术、商务对接人员、后勤保障人员须至少在开展前一天抵达展位，监督搭建方清理展台卫生、摆放展品、宣传品，调试视频、多媒体等。

案例 5-14 与其"急于求成"，不如"按部就班"

在大型展会尤其是海外大型展会中，必须重点关注体积、重量较大展品的入场问题。

2012 年某欧洲展会中，中国中车展出了一件重达 8 吨的高速列车转向架。在展会搭建阶段，由于大量搭建物料堆放于展位，现场操作空间极为紧张，搭建方项目经理临时决定占地面积较大的实物转向架暂缓入场。然而，当中车展位主体架构基本成型时，如何将转向架运送到展位成为一件非常棘手的难题。

首先，由于转向架重量较大，需要两台大型叉车前后同时操作才能完成展品起吊；其次，展位位置距离货运门较远，共需经过三个转弯才能抵达展台；最后，可供通行的通道宽度较窄，且沿途展商搭建架构也基本完成。

两台叉车缓慢吊起转向架，沿着参观通道缓慢向展位行进。在拐角处，通道宽度已经不能满足两台叉车转向的要求，必须侵占部分拐角展商展位空间才能满足过弯需求。经过艰难的沟通，并同意支付部分拆除费用，沿途展位三个参展商同意拆除部分地台及建筑结构，才使得转向架能够顺利通过。这次 150 米的运输，共花费了 4 小时。

案例来源：中国中车

PART 5

七、展会展中管理

如果说展览策划、布展管理等系列筹备工作相当于"搭台",那么展中管理则相当于"唱戏",台搭好了,演出还不算成功,戏唱好了,演出才算成功。

展中管理是整个展览工作最重要、最关键的阶段,前期所有的展览筹备工作都是为了这个阶段。展览的价值和展出目标主要在此阶段得以实现。为保障展中管理的各项工作有序开展,清晰的人员分工是前提。展中管理主要涵盖展会从开幕式到撤展前的营销接待、活动组织、信息记录和调研、参展环境维护等四方面工作,其特点是时间短、空间小、纷繁复杂,因此,展会组织者要格外重视展中管理工作(见图5.11)。

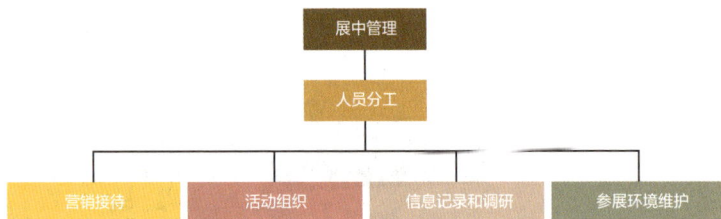

图5.11 展中管理主要内容

(一)人员分工

要根据前期制订的人员方案以及现场实际情况,进一步明确展台工作人员分工,每个工作组应设置一名负责人。其中,展台组还应设置一名展台总体协调人,负责与商务负责人、技术负责人、接待负责人、宣传负责人、翻译负责人、后勤保障负责人对接,对现场进行指挥、管制,处理突发问题,保证各系统正常运行(见表5.8)。

表 5.8　展览期间工作分工

序号	事项	负责人
1	布展、撤展	
2	礼品管理	
3	宣传物料管理	展台组
4	展台设备管理	
5	吧区物料管理	
6	接待特邀高层客户	
7	展台商务活动执行	
8	领导展会活动安排	商务组
9	商务信息汇总、协调、处理	
10	论坛、讲座等技术活动执行	技术组
11	收集行业技术信息	
12	会场摄影摄像	
13	媒体联络接待	宣传组
14	新闻稿件发布	
15	敏感问题口径提供	
16	展位接待台	
17	现场讲解——既分工又协同	接待组
18	吧区接待	
19	外聘接待人员培训	
20	领导陪同翻译	
21	新闻稿及展会信息翻译	翻译组
22	展台接待翻译协助	
23	食宿安排	
24	交通安排	保障组
25	生活安排	

（二）营销接待

展会营销接待工作是指在展会现场为参观者提供服务，包括接待、引导、指导、协助观展等。展会接待人员要热情、专业、礼貌，为参观者提供及时、周到的服务，以确保参观者的满意度。营销接待主要包括接待客户、洽谈交流、会议室管理、礼品发放、媒体采访等工作。

1. 接待客户。接待客户是展台关键工作之一，其意义在于发现潜在客户并与之建立联系，以及保持、巩固与既有客户的联系。接待安排可以是临时的，也可以是提前预约的。值得注意的是，客户邀请工作虽在展前已开展过，但在展会期间，要积极了解参展的嘉宾信息，持续做好客户邀请工作，力求展会效益的最大化。

2. 洽谈交流。洽谈交流与接待工作紧密相连，其价值在于推介公司的产品、服务和公司形象。有效的洽谈交流能够使潜在客户对参展商产生信任，使现有客户对新产品产生兴趣和购买意愿，使普通观众了解参展商实力和品牌形象。要积极地争取与现有客户签订合作协议或销售合同，但需要注意的是，如面临新客户询问产品报价，最好保持慎重态度，展会的关键功能是与新客户建立联系，展会之后还有调研、拜访等工作，要警惕为了"趁热打铁"轻易透露商业秘密。

3. 会议室管理。会议室是展会现场的"稀缺资源"，与重要客户和贵宾洽谈、协议签订等工作均有可能使用会议室。会议室管理作为营销接待的一部分，要确保会议室的安全、整洁、有序使用，要提前向展台工作人员说明谁可以使用、什么时候使用。

4. 礼品发放。参展商一般会在展会现场配备礼品，根据赠送档次，一般分为贵宾礼品和一般性礼品。礼品发放要求展台工作人员确保礼品的质量、数量、发放的准确性。一般情况下，第一天重要的客人最多，最后一天最少，要提前预估并动态调整每天的礼品发放数量，不要早早用完。

5. 媒体采访。新闻媒体同样是需重点关注的接待群体，参展商要根据展台工作人员知识储备、擅长领域等提前安排不同场景下的受采访人员，即使是临时性采访也应由负责宣传的工作人员统筹安排，保障展会宣传口径一致，尽量减少负面舆情的发生风险。

（三）活动组织

展台活动组织的意义在于通过组织丰富多彩、形式多样的活动，搭建与客户充分交流的平台，吸引更多参观者的眼球，从而提高展台的知名度和参观率。可根据企业的参展目标，在条件允许的情况下，利用展台或借助组委会资源，尽可能多地组织新产品发布会、技术推介会、工匠技能展示、新闻发布会等活动。

同时，要积极关注并参与开幕式、重要嘉宾巡馆等活动，充分利用好主办方的平台。通常而言，重要嘉宾因行程紧张，可能只参加巡馆、开幕式等活动。因此，参展商要主动、靠前与主办方对接，积极争取本企业展台纳入巡馆路线，合理规划展台的参观路线和讲解人员。同时，可积极促成本企业领导、技术专家在开幕式或论坛活动中演讲发言，为企业赢得更多发声渠道。

（四）信息记录和调研

信息是展会的"无形财富"，按照获取信息的地点可以分为展台内收集信息和展台外收集信息两类。展台内收集信息的渠道一般来源于现场记录，展台外收集信息的渠道一般来源于调研。

1. 现场记录。现场记录是展台正式工作之一，对展览评估和后续工作具有重要意义。现场记录是接待和洽谈工作的延伸补充，不少参展商无法判断展出效果往往是因为没有完善的现场记录，因而无法做出合理的评估或无法有效地开展后续工作。收集名片和观众登记簿是现场记录中较为常见的手段，但缺点是内容有限，只有参观者的姓名、职务、公司名称、联系方式等基本信息，因此展台工作人员要记录好参观者的建议诉求，及时跟进反馈。

随着信息化技术的迭代更新，电子记录的形式陆续出现在部分展会中，参观者持记录有基本信息和参观兴趣的入场卡进入展馆，在参观展台时，只需在展台读卡仪器上刷卡就能快速留下相应信息。

2. 调研工作。参展商应集中精力捕捉潜在客户和贸易机会，因而不能仅仅将目光局限在本企业展台之内，针对性地开展市场、趋势、产品、竞争、需求等方面的调研同样非常重要。通过调研，要尽可能了解嘉宾信息、竞争对手的展品类型、质量、活动类型、宣传推广方式、受欢迎程度等，从而积极邀请更多客户参观本企业展台，动态调整相应的工作方案。

（五）参展环境维护

众所周知，"5S"现场管理起源于日本，是指在生产现场中对人员、机器、材料、方法等生产要素进行有效的管理。"5S"在展会工作中依然适用，与此同时，安全管理是展会工作中最不可忽视的因素。为此，本篇章提出参展环境维护的"6S"理念，即在"5S"基础上增加"Safety"，形成"6S"（整理、整顿、清扫、清洁、素养、安全），其目标是实现现场管理规范化、日常工作部署化、物品摆放标识化、展区管理整洁化、人员素养整齐化、安全管理常态化（见图5.12、表5.9）。

图 5.12 参展环境维护目标

表 5.9 参展环境维护"6S"理念

项点	工作措施	目的和作用
整理（Seiri）	对会展现场的人、事、物进行分析，按照有关要求区分有必要和不必要的、合理的和不合理的，将会展现场不需要和不合理的人、事、物及时处理	腾出空间，使其活用，防止误用，塑造清爽的会展现场
整顿（Seiton）	在整理基础上，根据会展现场的布置和有关规定，科学合理地确定现场所需人、设备、物品物料，使其依规定位置摆放、设岗，使物放置整齐并加以标示	使会展现场一目了然，呈现整齐的现场环境，消除寻找人和物的时间，消除过多的积压物品

续表

项点	工作措施	目的和作用
清扫（Seiso）	对会展现场的设备、场地、展台、物品等进行维护和清洁打扫，保持场馆干净、设备正常、环境亮丽	稳定品质，减少伤害和不满意
清洁（Seiketsu）	将整理、整顿、清扫进行到底，通过清洁，是现场保持良好的环境和秩序，并始终使场馆环境处于最佳状态	维持之前"3S"（整理、整顿、清扫）的成果
素养（Shitsuke）	努力提高会展现场全体人员的素质，使每位成员养成良好的习惯，并遵守规则做事，培养积极主动的工作精神，这是开展"6S"活动的核心和精髓	培养具备良好习惯，遵守规则的员工，营造团队精神
安全（Safety）	时刻保持安全第一的观念，重视全员的安全教育，制定各项安全管理制度和防范措施，严格执行安全技术规程、规范、标准，防患于未然	建立起安全展览的环境，所有工作应建立在安全的前提下

为实现参展环境维护的目标，参展商具体可以从以下方面着手。

1. 展台清洁。展台体现参展企业的形象，应当维持展台整齐、干净的状态。要保持展台清洁，在进行展台设计时有必要设计充足的储存空间。

展品以及模型、图文、声像设备等要放在合适的位置。如展品等被挪动或碰脏，要及时挪回原位并擦拭干净。展出期间，参观者喜欢摸展品，要随时擦去展品、展架上的脏手印。展台地面要保持清洁，随时捡走地上的纸片、空杯或其他物品，展台墙面也要保持干净，随时擦去墙上的污渍或其他痕迹，展台内不要随便放东西，尤其是可能绊倒人的物品或障碍，参展企业可以雇用专业清扫工或指定展台人员负责展台清扫工作。

2. 展台安全。展台安全包括但不限于要遵守政府、行业和展览会主办方所制定的各种规定。展会人多，有安全隐患，而且是人越多隐患越大，因此，参展企业应予以注意并作出相应安排。展会上的安全隐患包括火灾以及一些人身伤害等，参展商必须认真阅读相关规定，按规定办事。各地对展览会比较一致的规定有：展架展板必须经防火处理，照明设备和材料必须符合当地标准，电源必须由展览会指定的公司人员连接。另外，各地展会对多层式展架的要求也很严格。

3.展台保卫。展会上失窃现象时有发生，有"大偷"（指工业间谍），也有小偷。因此，保卫也应当列为展台工作内容之一。展台保卫主要是两方面：一是防止展品、个人物品被盗；二是防止展台记录及其他商业秘密被非法地窃取或合法地套取。

4.团组保障。展中管理期间环境维护不仅旨在为参观者提供良好的观展环境，为所有展台工作人员提供服务保障同样重要。保障组成员要统筹负责团组的食宿、交通和生活安排，明确人员住宿安排、每日行程安排、酒店信息、交通路线等。

八、展会撤展管理

展会闭幕后，参展商进入撤展工作，即从展会闭幕到展台人员及展品全部撤出展览场地之间需要做的工作，具体包括展品处理、展架拆除、道具退还、回程运输安排等。

撤展期间要注意做好展品的防护工作，贵重的展品可先由指定工作人员取下或提前装箱，可在撤展前根据展品贵重程度列出一张装箱顺序表，有序撤展。如在撤展时仍有观众要进场参观，应礼貌回应"本展台已关闭，下次展会再见"，以保证撤展安全顺利地进行。

按照流程划分，撤展管理可分为以下三个阶段。

1.对外公布撤展时间。撤展最先撤的是信息，对外公布撤展时间，然后终止所有对外信息扩散。需要注意的是，撤展往往是展会中最混乱的阶段，最容易发生被竞争对手渗透的问题，所以一定要做到有序撤展。

2.展品撤展防护。展台负责人撤展前要明确交代操作程序、人员分工。撤下的展架、展品、设备等，要分门别类、码放整齐，根据不同情况装箱打包，并及时做好各种必要的标志。

3.展后跟踪维护。展后第一时间将展会上收集的信息、名片、客户要求进行分类、归总，并规整成一份详细的记录，将分类记录交付相关销售人员以便联络。

案例 5-15　撤展收尾要谨防"草草收兵"

"怎么会这样？"在仓库中打开模型箱时，工作人员发出了惊呼。8个箱子中的车辆模型在运输过程中遭到撞击，头部凹陷、车窗掉落、车顶设备严重扭曲变形。据统计，修复展品所需要支付的费用高达3万元。

在 2016 年中国西部某展览会上，中国中车带去了9个品种共计 20 余件高铁、地铁、机车车辆模型参展。展会取得了巨大的成功。

展会结束后，展台工作人员原计划等待箱子到位并装箱回运，但却迟迟等不到模型箱的到来。原来，模型箱被储存在较远的仓库中，预计还需2 小时才能抵达。

"怎么办，晚上还要赶飞机！"在焦急的等待中，展台搭建服务方主动提出，由搭建服务方现场人员代替工作人员进行装箱工作，经过简单的交代，展台工作人员离开了展馆。

然而，在实际装箱过程中却发生了意外。搭建方工人并不清楚展品与模型箱具体的对应关系，更重要的是，在装箱完成后，没有在模型与包装箱之间的缝隙填充泡沫塑料。因此，在运输过程中，模型与包装箱内壁产生了撞击，在巨大的冲击力下，模型遭受了严重的损坏。

自此之后，在中车所有展会中，对撤展时包装箱到位时间提出了明确要求，并至少留有一名工作人员进行撤展装箱指导。

案例来源：中国中车

▶▶ 第四节　流程规范化的反馈提升机制

展会闭幕，企业参展工作却并未结束。相反，它意味着一个更为重要的新阶段的开启。作为闭环管理的重要内容，反馈提升机制具有承上启下的作用，主要包括适时控制、及时跟踪、科学评估和乐于分享四大环节。

一、适时控制

由于内外部环境的不确定性，企业在实施既定展览计划的过程中，难免会出现偏差或偏离。常见的偏差主要有三种：一是执行效果与工作目标之间出现了偏差；二是工作目标虽然达成，但达成路径与既定路径相偏离；三是因为外部环境的变化，工作目标不再合理。

对于工作中出现的偏差，不能无视和任由它不断放大，要及时采取纠偏措施，将参展工作拉回到正确的轨道。比如，展会的商务、技术活动的成效如何，宣传推广力度如何，展示效果如何，各参展子企业在过程中配合度如何等，都要进行适时总结，提出改进措施，并将总结结果反馈至谋划决策体系和推动实施体系相应环节的牵头单位。

二、及时跟踪

展览结束之后，要对客户跟踪工作做出及时部署。

1.更新客户名单。通过展览期间的接触，以及展览结束后的巩固和发展工作，一些潜在客户能成为实际客户，因此要编制、调整、更新客户名单，并根据名单的变化，分析、发现和调整对客户工作的方向和投入，调整宣传、广告、公关、展览工作的重点和方式。

2.发展客户关系。客户是公司生存发展的重要因素，展览的重要任务是发展客户关系，包括巩固现有客户关系和发展潜在客户关系，潜在客户往往意味着公司的未来发展希望，但是由于展览会时间短、客户多，展览接待工作大多是尽可能多地接触和认识客户，而展会后则要加深与客户的相互了解，建立相互信任关系，将认识关系发展为伙伴关系和买卖关系。

3. 促进贸易成交。推销产品和服务、洽谈签订合同是展览的最终目的。在展览会期间，向现有客户推销老产品和服务能做到比较迅速，可能在展会期间签约。但是，向现有客户推销新产品和服务，向潜在客户推销任何产品和服务，并进行贸易洽谈都比较费时，需要在展会之后继续努力。展览后续工作的主要内容之一是将已开始的贸易谈判继续下去并争取签约成交，或者继续给已显示出购买兴趣的客户做工作，引导其购买意向，并争取洽谈成交。

案例 5-16 ▶ **一鼓作气，乘胜追击**

美国著名参展专家阿伦·科诺帕奇博士在一项研究中发现，观众对参观情况的记忆在两周后会迅速下降。因此，参展企业要在展会闭幕后两周

内趁热打铁，及时进行展后客户联系对接工作。此外，参展商参加展会是要付出成本的，因此，每次参加完展会之后，参展商都应对当次会展进行评估，计算成本收益，以决定今后是否继续参展。如果决定继续参展，还可以利用评估结果对未来参展提出建设性的建议。

案例来源：中国中车

三、科学评估

展会评估既有定性也有定量的评价标准，其目的是了解展会工作的质量和效率，主要聚焦展会的前期筹备工作和现场管理工作。对会展前期筹备工作的评估内容主要包括：展会所确立的展会目标是否合适、展会宣传是否到位、展台人员的工作态度、展台整体工作效率、展品的制作运输情况、管理工作情况等。

有关展出目标的评估。参展公司依据本公司的经营方针和战略、市场条件、展会情况等，评估展出目标是否与自身情况相符。

有关展会效率的评估。展会效率是展会整体工作的评估指数，评估方法有多种，其中一种是展会人员实际接待参观客户的数量在参观客户总数中的比例，另一种是参展总开支除以实际接待的参观客户数量之商。后一种方法也称作潜在客户的平均成本，是一种非常有价值的评估指数。

有关人员的评估。人员评估包括展会人员和其他人员评估两个方面。展会人员的表现包括工作态度、工作效果、团队精神等方面，这些不能直接衡量，一般是通过询问参加过展会的观众来了解和统计；其他人员评估包括展会人员组合安排是否合理，效率是否高，言谈、举止、态度是否合适，展会人员工作总时间的长短，展会人员工作轮班时间是否过长或过短等。

有关设计工作的评估。定量的评估内容有展台设计的成本效率、展会和设施的功能效率等。定性的评估内容有公司在展会上的形象如何，展会资料是否有助于展出，展台是否突出和易于识别等。

有关展品工作的评估。这项评估工作的内容包括展品选择是否合适，市场效果是否好，展品运输是否顺利，增加或减少某种展品的原因等。这种评估结果对市场拓展会有一定的参考价值，比如，通过评估可以了解哪种产品最受关注。

案例 5-17 **科学评估是为了下一次更好地登场**

　　2021 年 10 月 18 日至 20 日，北京国际风能大会暨展览会在中国国际展览中心召开。中国中车组织旗下 8 家从事风电整机、零部件制造及智能运维等全产业链子公司，以"中车源动力　提速碳中和"为主题重磅参展，展示风电装备完整产业链的新产品、新技术、新方案，与行业伙伴共同探求"双碳"目标引领下风电产业发展的未来之路。围绕践行"双碳"战略推动产业发展，与风电领域专家进行了多场次的对话、交流，共话风电新发展，共绘零碳新生活。

　　作为年度的 A 类展会，中国中车在展会结束后迅速组织展会评估工作，对展会期间中车参与的 23 场技术活动、80 余场商务活动以及宣传活动的开展情况、展台实际效果进行系统评估分析，形成对 8 家参展子公司的配合情况综合评价，同时，总结梳理了展会期间获得的技术和市场信息，为后续工作开展提供可复制、可推广、可借鉴的经验，以期不断提高策划组织的水平。

案例来源：中国中车

四、乐于分享

参展企业既是信息的输出方，也是信息的输入方。参展工作结束后，要通过有序组织，将在展会上获得的有价值信息实现组织内的共享。

跨组织分享。对于一些大型企业集团来说，有时因战略需要而选择集团内的个别单位参展。参展单位不能把在展会上获得的宝贵信息据为己有，要乐于与相关单位分享。

跨职能分享。来自不同职能部门的工作人员，在展会上会有意无意地获得一些对其他职能部门工作大有裨益的信息，要鼓励工作人员把这些信息分享出来。

跨时空分享。每次展会结束后，参展团队都要认真整理与撰写总结报告，既可以作为下一届参展决策和调研分析的参考标准，也可以供集团内的其他单位参加类似展会时参考借鉴。

案例 5-18 将经验做法形成广泛共识

展会闭幕以后，参展商开展分享总结对于固化工作成果、改进业务流程和继续筹备好下一届展会具有重要意义。展会工作是一项大型的社会公众性活动，工作繁杂、涉及人员众多，在筹备工作中难免会出现各种问题。对于这些问题，参展商要通过及时的展后总结、分享，分析问题发生的原因，探讨当时解决问题的办法是否最优，以便在今后的工作中规避重复问题的发生概率，并对相应工作流程加以改进。

2022 年 9 月 6 日，中国中车召开天津工业展总结分享会，会议由中车总部企业文化部组织，各子公司企业文化部主要负责同志和天津工业展参展负责同志参加会议，会上中车戚墅堰所、永济电机公司分别代表展台组和宣传组分享展会工作总结，推广在展台设计、品牌推广等方面的创新做法和执行经验。通过分享总结，能够将展会参与单位的智慧汇集为中车各子公司的广泛共识。

案例来源：中国中车

第六章
内容模块化是标准

"内容模块化"的创新之处，在于将原本只聚焦于展台搭建、展位设计的"模块化"运用，拓展到参展组织工作的全过程与方方面面。本章在简要探讨模块化的概念与内涵的基础上，分"技术模块""市场模块""展台模块"和"宣传模块"来对模块化思想在参展工作中的运用进行多维度、深层次的探讨。

▶▶ 第一节 内容模块化内涵

一、什么是"模块化"？

"模块化"是指在解决一个复杂问题时，自顶向下逐层把系统划分成若干模块的过程。每个模块完成一个特定的子功能，所有模块按某种方法组装起来，成为一个整体，完成整个系统所要求的功能。"模块化"（modularization）这一理论，在我国古代建筑领域早已广泛应用。例如，北宋《营造法式》一书中就提出了"模数制"或称为"材分制"，这种方法是以斗拱中拱的截面——"材"作为基本单位的一种建筑构造方式。具体来说，模数制就是在建筑构件设计和制作中，采用统一的标准尺寸作为基准，并在《营造法式》中规定了各种建筑构件的标准尺寸，同时强调了建筑构件的协调性和统一性。通过这种方式，实现了建筑构件之间的互换和通用，从而达到节省材料和提高效率的目的。

模块化理论所强调的是，以业务模块的分类组合形式对系统结构进行重组，并在业务模块内部形成具有特定功能的子模块，从而提高速度及灵活性。模块化的运用不仅能够满足通用化、标准化的需求，还能适应需求变化以及更新迭代。"模块化"包括下列优点：一是业务模块内子模块能够进行独立设计，进而在模块内部灵活运用。二是业务模块自身对子模块的不确定性有着很强的适应能力，它可以经由添加、拆分、整合、转化等过程，应对子模块的各种突发性的改变。三是子模块的可变性和延展性使业务模块乃至整个系统更加富有弹性，更好应对客观环境变化。模块化理论的先驱卡利斯·鲍德温（Carleton S. Fiorina）和吉姆·克拉克（James H. Clark）肯定了模块化作为组织、设计复杂产品或过程的有效途径。①作为一种成熟的设计和生产方法，模块化不仅在制造业得到了广泛应用，而且已经成为一种思维方法，并被广泛应用于互联网和企业管理等各个领域。

二、展会"模块化"新内涵

在展会领域，早期对于"模块化"的实践仅停留在型材、展具等层面，"模块化"理论更多地聚焦并运用于展台设计与搭建。时至今日，展会作为一种综合运用各种媒介、手段，推广产品、展示企业形象和建立良好公共关系的活动，在 B2B 企业经济合作、技术交流、市场营销、信息沟通、品牌传播等诸多方面起到的作用无可替代，传统的展会"模块化"理念已经无法更好适应现代展会的发展。作为中国装备制造业的典范，中国中车通过不断地参展实践与经验积累，展会"模块化"的理念逐步生根发芽并发展壮大。尤其是 2015 年新中车成立以后，中国中车所属子企业实力不断增强，产品线不断丰富，参展频次不断增加，品牌影响力持续增强，让中国中车对展会"模块化"有了更加深入的理解。

2019 年，中国中车在业内首次提出了展会"内容模块化"的创新理论。中国中车认为，在展会活动的全过程应引入"技术模块""市场模块""展台模块"以及"宣传模块"，打造具有"国际化、高端化、标准化、低碳化"的展会活动新业态与新模式。技术模块重点聚焦参展企业的技术特长与科技优势；市场模块聚焦于目标市场需求，助力于市场培育、市场渗透与市场拓展；展台模块聚焦于企业展台形象，服务于企业形象塑造；宣传模块聚焦于展前、展中、展后的各项宣传工作，努力将展会效应在更大范围内进行扩散与传播（见图 6.1）。

---

① 陈国铁. 基于模块化的产品创新策略研究［J］. 科技管理研究，2008（7）：305–307.

PART 6

图 6.1 "内容模块化"概念

》 第二节　技术模块——奏鸣技术方案制定"三步曲"

随着会展行业的蓬勃兴起，越来越多的 B2B 企业将展会当作展示企业创新能力的舞台。成功的技术展示不仅能够带来市场订单，更能对 B2B 企业的行业影响力、品牌美誉度以及核心竞争力等方面产生积极的影响。为了更好地做好展示工作，本书提出制定技术方案的"三步曲"，供广大 B2B 企业参考借鉴。

一、知彼——深入分析外部环境，明确差异技术路线

外部环境是指存在于企业周围并影响其经营和发展的一系列客观因素和力量。在展会活动中，任何一家参展企业都不是孤立存在的。B2B 企业在制定技术方案的阶段，"外部环境"的影响至关重要。分析"外部环境"是 B2B 企业"知彼"的过程，更是其打造差异化的技术展示方案的必由之路。B2B 企业在制定技术方案时，应着重关注全球大势、行业优势和市场定位三个方面（见图 6.2）。

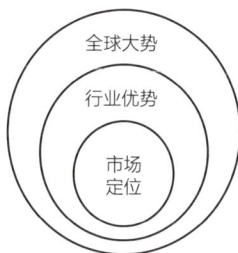

图 6.2 "知彼"概念

（一）把握全球科技创新大势

回看人类社会的发展史，实际上是一部人类不断创新变革的历史。从农业革命到工业革命，再到信息革命，每一次创新变革都给人类社会发展注入了巨大动力。实践证明，察势者智，驭势者赢，只有融入全球科技创新的大潮，顺应全球科技创新的大势，企业才能立于不败之地。

进入 21 世纪，面对日益激烈的竞争环境，无数创新技术如雨后春笋一般出现。展会因其聚集效应，已逐步成为无数新技术、新产品发布的首选平台，也成为 B2B 企业展示技术创新能力，与行业竞争对手竞技的重要赛场。

当今时代，新一轮科技革命和产业变革正在孕育兴起，以"大数据、人工智能"等为代表的新一代信息技术创新发展迅速，以"绿色、低碳、环保"技术带动的传统产业不断升级。想要在激烈的展会竞争中取得突破、收获实效，把握全球技术创新的大势，围绕"智能""绿色"等创新思路明确参展技术方向，是 B2B 企业的必然选择。

（二）打造行业范围创新优势

B2B 企业所面临的竞争压力绝大多数来源于同业竞争对手。如何更多地获取行业内的有限资源？如何不断提升企业的核心竞争力？在愈演愈烈的竞争环境中，越来越多的 B2B 企业已经将展会当作打造行业竞争优势的重要途径。

为了更好地利用展会提升自身的行业地位，B2B 企业在开展展会活动尤其是制定技术方案时，应该重点将目光聚焦于所处行业。通过掌握行业的创新动态，深入洞悉行业的创新前景，准确把握行业的创新格局，对照竞争对手的创新进程，深挖企业自身的创新亮点，B2B 企业能够建立起一条具有差异化竞争优势的技术展示路线，在行业范围内打造具有企业自身特色的技术创新优势。

面对城市轨道交通领域的激烈竞争，装备制造企业庞巴迪公司借助大量的行业调研，通过与竞争对手的技术进行详细分析与比较，准确把握单轨交通系统凭借中低运量城轨交通的定位，以及爬坡能力强、转弯半径小、造价低等差异化优点，打造出一套完善的单轨系统整体技术展示方案，2015 年在上海国际轨道交通展览会上首次展出，受到了业界的广泛关注。通过后续持续不断的展会推广，庞巴迪的单轨系统被越来越多的客户所认可。差异化的行业技术创新优势，促使庞巴迪陆续获得了全球多个单轨列车的市场订单，同步夯实了庞巴迪在单轨领域的技术领先地位。但是，由于竞争对手的崛起，庞巴迪的差异化技术优势逐步减弱，2021 年阿尔斯通正式宣布完成对庞巴迪轨道交通部分的收购。

（三）聚焦企业自身市场定位

古人云，"论立于此，若射之有的也，或百步之外，或五十步之外，的必先立，然后扶弓注矢以从之"。这句话蕴含的道理是想要做好事情，确立目标、精准施策是非常必要的。同理，B2B 企业在展前制定技术方案时，应该聚焦自身市场需求，做到有的放矢。

市场需求往往来自用户的痛点，与用户痛点相匹配的参展技术方案往往是成功的。"性能指标、形象指数、可靠程度、创新程度、性价比高低"通常是影响用户消费行为的重要因素，这也为 B2B 企业挖掘市场痛点指明了方向。通过"搜索""监测""预测""评估"等"外部环境分析"常用的四步法则，B2B 企业深入探寻用户在技术与产品全生命周期阶段遇到的困扰与困难，并将找到的痛点问题梳理提炼为相关的技术问题，形成有针对性的技术解决方案，最终落实到 B2B 企业展前制定的参展技术方案之中。

值得注意的是，市场需求是动态变化的，B2B 企业应该持续关注市场的反馈，不断提升技术方案的针对性。同时，B2B 企业应该主动预测潜在的市场需要，有效引导客户需求，在技术方案的前瞻性方面投入一定的精力。

案例 6-1 **深入分析外部环境，充分备"战"轨道交通展**

针对 2018 年柏林展，中国中车首先分析了全球科技发展态势，特别是总结了对未来交通体系的三大趋势：一是交通工具向现代综合交通运输体系转变；二是动力系统向高端化、智能化、网络转变；三是能源供给向绿色化、循环化、安全化转变。

其次是了解行业产品技术发展趋势。如日本的地震预警，高耐寒、高耐雪，人工智能等；欧洲的轻量化、高性能、低设备寿命周期成本等；法国的材料循环利用、智能出行、低能耗等。从各国轨道交通产品技术发展方向可以看出，未来轨道交通行业以提高客户体验、为客户创造价值为核心的轻量化、智能化、节能环保等关键技术为重点。

结合同业竞争对手过往的参展主题以及中国中车历年来在柏林展上的形象定位，通过分析、预测、评估，中国中车确定了"服务综合交通的价值创造者"的展示技术主题，形成技术解决方案，并将技术方案融入参展技术方案之中，进而建立起一条具有差异化竞争优势的技术展示路线。

案例来源：中国中车

二、知己——深度聚焦内部战略，主动融入业务发展

展会活动不仅能够促成短期交易的达成，而且可以给企业带来长期的市场拓展、品牌传播以及行业话语权提升。展会的重要性已被 B2B 企业充分认可，越来越多的 B2B 企业积极投身展会活动。但是纵观 B2B 企业参展现状，技术展

PART 6

示思路不清、技术展示理念落后、技术展示层次单一等情况仍然存在，巨大的投入与产出往往不成正比。原因之一是B2B企业在展前制订技术方案阶段未能很好地运用战略思维，主要体现在以下几个方面。

1. 企业在制订技术方案时，未遵从自身发展战略，选择参展技术充满了盲目性、主观性与不确定性。

2. 企业在技术选择上虽能结合发展战略，但其战略制定存在偏差，所选择的技术路线与行业发展趋势不符，技术先进性与当下的热点技术也有较大的脱节。

3. 在战略聚焦度与技术方向都有所保证的前提下，企业对自身技术优势的挖掘提炼不到位，打造的竞争优势不明显。

由此可见，背离"战略"的参展技术方案是失败的、无效的。"坚持高度的战略聚焦、确保正确的战略导向、围绕优势的战略提炼"是B2B企业在制订技术方案时应该牢牢遵循的核心要义，也是B2B企业技术方案获得成功的坚强保证。

案例6-2 **"展会服务品牌，品牌服务战略"下的中车实践**

在新的参展形势下，中国中车旗帜鲜明地提出了"展会服务品牌，品牌服务战略"的根本原则。针对各类型的展会，在开展技术方案制订工作时，中国中车始终积极响应国家战略，遵循"绿色""低碳""智能"的技术创新发展路线，深度聚焦自身"一核两商一流"[①]战略定位和"一核三极多点"[②]业务结构，持续输出轨道交通装备核心创新能力的同时，不断加大对风电业务、新能源客车业务、新材料业务以及相关多元业务技术创新能力的展示，积极助推发展战略的落地执行。

2021年，中国中车在北京国际风能大会暨展览会上大放异彩。成功的重要因素之一便是在展会策划阶段，中国中车聚焦"风电装备是中车未来

---

① 一核两商一流：成为以轨道交通装备为核心，具有全球竞争力的世界一流高端装备制造商和系统解决方案提供商。

② 一核三极多点：聚焦数字化、高端化、多极化、国际化、协同化发展，形成以轨道交通装备为核心，风电装备、新能源客车、新材料为重要增长极以及若干业务增长点的业务结构。

业务版图的重要一极"发展战略，组织旗下从事风电整机、零部件制造及智能运维等全产业链子公司，对标国际一流，紧跟市场需求，挖掘自身特点，明确了以"中车源动力 提速碳中和"为主题，以展示中车风电装备完整产业链产品、新技术、新方案为目标的整体展示技术方案。在后续精心的展示包装下，中国中车"风电家族"成员一经亮相便收获无数好评，积极展示了中国中车在风电领域的全产业链创新能力，大幅提升了中国中车在风电领域的行业影响力，为中国中车风电业务发展获取了更多有力支持。

案例来源：中国中车

三、知行——深化核心内容呈现，赋能企业价值创造

经过前两步的不懈努力，在展前策划阶段，B2B 企业做到了知己知彼，为参展技术方案的确定奠定了坚实的基础。展示的技术确定了，是不是可以代表B2B 企业的技术方案制订工作已经完成了呢？答案是否定的。"酒香也怕巷子深"，如何展示企业核心优势，更好地提炼整合并对外输出企业价值，进一步提升企业的竞争优势，是 B2B 企业需要重点关注并解决的问题。本书提出"五步法"的解决思路，供 B2B 企业参考借鉴（见图 6.3）。

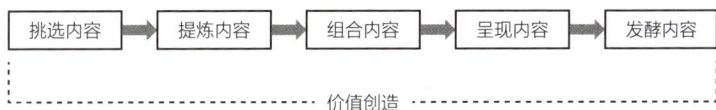

图 6.3 "知行"概念

（一）基于目标，挑选内容

1. 战略导向

战略导向的技术方案服务于以突出核心能力，提升影响力，保持行业地位为目标的参展企业。关于核心能力，普雷赫莱德（C.K.Prahalad）与哈默（G.Hamel）指出，核心能力是一组相互关联的技术、知识、能力的集合体，具

有三个特征:(1)顾客基本利益的保证;(2)开启多个市场大门的钥匙;(3)难以模仿的能力。①

2. 客户导向

客户导向的技术方案服务于以聚焦客户需求,提供贴心服务为参展目标的企业。该类导向的 B2B 企业在展前制订技术方案时,应明确企业在参展时要服务的重点顾客。依丹敬之认为,企业应同时具有三种重要顾客:(1)能为企业带来商誉的顾客;(2)能为企业带来利润的顾客;(3)能为企业带来创新信息的顾客。

3. 竞争导向

竞争导向的技术方案服务于以对照竞争对手,突出竞争优势为参展目标的企业。企业不仅需要明确企业参展所面向的重点观众,同时也需要明晰参展时可能会遇到的竞争对手。竞争对手种类多样,纷繁复杂,可以参照战略群组理论来对它们进行分类。战略群组的基本思想,是将同行业的竞争对手按它们的战略特征来进行分组。

(二)聚焦痛点,提炼内容

展会具有"短、频、快"的特点,在有限的时间与空间内,B2B 企业如果能够获取更多的关注,开展更多的沟通交流,便意味着拥有更多的市场机会。针对上述情况,B2B 企业在参展技术优势的表述上,要极力避免"王婆卖瓜,自卖自夸"式的"自我陶醉"与"自吹自擂"。深度聚焦市场需求与用户痛点,将参展技术解决方案的亮点提炼与用户痛点的有效解决进行高度匹配,可以帮助 B2B 企业取得事半功倍的成效。

案例6-3 参展世界智能大会,走进前沿,走近用户

为了主动走到世界智能技术发展的前沿,亲身感受新一轮科技革命与产业变革的震撼与冲击,同时向全世界展示中国中车在轨道交通领域的智

---

① 工毅,陈劲,许庆瑞. 企业核心能力:理论溯源与逻辑结构剖析[J]. 管理科学学报,2000(3):24-32,43.

198

能化发展，中车青岛四方车辆研究所有限公司（以下简称"中车四方所"）于 2021 年 5 月 20 日至 23 日参加了天津第五届世界智能大会。作为中国中车"数字化转型与智能化升级"的中坚力量，中车四方所在此次大会中分别展示了智慧车窗、智慧停车云平台、TACS 制动控制系统、乘客智能计数系统、智能运维系统等轨道交通领域的智能化创新技术。

为了达到更好的展示效果，中车四方所在展前开展了充分的市场调研，聚焦用户痛点提炼出精准完善的技术展示语言并进行充分的展示（见图 6.4）。

图 6.4　中国中车智能技术展示

以智能运维系统展项为例。当前中国已经成为世界最大的城市轨道交通市场，以人工为主的轨道交通计划修检修模式，无法应对网络化运营后的检修负荷，检修效率低、运维成本高、维修强度大等问题日益凸显，并制约着城市轨道交通的健康快速发展。针对上述问题，中车四方所在挖掘智能运维系统的特点优势时进行了一一对应，提炼出了一套以"节能降耗、安全可靠、智能高效"为主题，以"车辆在途状态监测系统、轨旁智能检测系统、信息化维保系统、智能运维平台"为核心，以"智能运维子系统市场运用情况"为背书，以"智能运维系统业务价值提升"为目标的智能运维整体解决方案展示体系。在参展阶段，通过多媒体的展示加成，智能运维系统一经亮相，便收获好评无数。不论是地铁业主、设计院，还是上下游主机厂及相关配套企业，或是行业协会、大众媒体均对中车四方所智能运维系统表示高度的认可。智能运维系统展项的成功展出，为后续市场开拓起到了良性的助推作用（见图6.5）。

图6.5 中国中车智能运维系统展示

案例来源：中国中车

（三）价值赋能，组合内容

随着当今社会竞争的日益激烈，传统的单一技术产品能力展示宣传已经无法适应更高质量的市场拓展需求。B2B企业在制订技术方案时，应该重视这一规律，坚持"系统化、生态化、价值化"的思维，将个性化的技术产品能力与价值服务、社会责任、企业文化、品牌形象等多个维度进行系统性的有机组合，输出以"价值创造"为主线的技术产品的全生命周期智能化整体解决方案、一站式服务模式、企业社会责任、文化理念、品牌形象，赋能整合价值内容体系，对外进行全方位的展示。

（四）数字手段，呈现内容

得益于互联网、大数据等新一代信息技术的飞速发展，展会数字化的时代已经到来。纵观近年来的国内外展会，一批全球工业领域的巨头，通过无数新奇的数字化展示手段，给人们带来了一次又一次视觉盛宴的同时，也对外全面传播了企业的技术实力，更是无形之中夯实了企业的行业地位。广大B2B企业应该在展会中不断提升数字化手段的运用能力，一方面对参展技术加强立体生动的解读，另一方面借展会传播创新引领的企业形象。

（五）多样活动，发酵内容

截至目前，仍有企业认为参加展会仅仅是通过展会组委会预订展位，等到开展的日期带着自己展品摆放到展位上，等着参观观众来看。[①] 可想而知，这样参展获得的成效甚微。B2B 企业作为展会的重要主体之一，推广核心技术时要主动借助展会平台，积极参与技术论坛，开展技术交流，策划技术发布等重大活动。在活动过程中，与相关政府部门、专家智库、业主客户、新闻媒体等积极互动、借力发声，能够让 B2B 企业在传播技术理念，展示创新成果，接受信息反馈等方面收获显著效果。

》 第三节　市场模块
——借势展会打好市场营销的"组合拳"

展会作为企业市场营销活动的一种形式，旨在通过展示企业的产品或服务，吸引并争取客户、潜在客户的兴趣与关注，有效进行市场培育，最终提高销售业绩和市场份额。在展会中，企业参展者可以通过对市场的观察和分析，了解市场需求、竞争环境和趋势，进而制定更加科学合理的市场营销策略。此外，展会也提供了树立企业品牌形象的机会，企业可以通过展位设计、产品展示等手段来塑造自己的品牌形象，提升品牌知名度和美誉度。因此，展会不仅是企业与客户沟通和互动的场所，同时也是获取市场信息和竞争情况的重要途径，以及树立企业品牌形象的有效方式。展会的市场培育、营销是一套"组合拳"，需要从空间要素与时间要素综合考虑，从而实现最佳的市场效果。

---

① 宋冰雪. 基于参展商角度的会展营销研究［J］. 山东商业职业技术学院学报，2013，13（4）：12-14，25.DOI：10.13396/j.cnki.jsict.2013.04.034.

一、空间模块：明确差异化的区域市场培育方向

就市场而言，不同区域市场在需求、竞争、环境、渠道等方面存在较大的差异，企业市场行为已逐步从无差异策略转向差异化策略，以更好地满足目标市场的需求。展会作为 B2B 企业开展市场行为的"重要战场"，已成为 B2B 企业寻找贸易合作伙伴、收集行业信息、推介新产品、开辟新市场、拓展营销渠道、实现产品销售的重要手段与方式。

B2B 企业在开展展会活动时，应按照区域市场差异化营销策略，围绕自身核心业务布局，明确不同区域市场的培育方向，确定不同区域市场的参展重点，进一步落实后续的展示方案，指引展会营销活动策划等各方面展会工作，确保取得更好的展会营销效果。

案例 6-4 **明星产品抢占市场地位，产品变更服务市场需求**

中车长春轨道客车股份有限公司（以下简称"中车长客"）在澳大利亚积极探索传播策略转变，推进跨文化融合。依托墨尔本地铁项目，策划聘请当地公关团队拍摄产品宣传片，展示中车品牌形象的同时融合了本地化经营的理念。针对澳大利亚关注的环保理念，12 月 3 日至 5 日，在悉尼举行的澳大利亚国际轨道交通技术展览会上，牵头策划"下一代地铁"发布活动。作为世界首列采用全碳纤维复合材料制造的地铁列车，新车发布活动既充分展示了中国中车推动"材料升级"的技术实力，同时也传递出共享共赢的跨文化融合理念。

案例来源：中国中车

二、时间模块：固化展前、展中、展后商务流程

在会展行业飞速发展的今天，展会已成为 B2B 企业市场培育、营销的重要手段，"展会"从字面意思上看可以简单拆解为展示与会见。展会不仅为参展企业提供了展示核心实力的舞台，更为参展企业搭建了高效的交流平台，B2B 企

业应"借势"展会，做好展会商务活动的总体策划，明确展前和展中的商务活动重点并做好落地执行。具体操作建议如下：

（一）展前模块

在展前阶段，要有效制定商务活动目标，目标应包含维护客户关系、开发客户资源、邀请合作签约、现场销售达成、重磅产品发布等，目标制定切忌宽泛，目标越具体后续执行越有效。在确定目标后，重点要做好参展信息的发布与客户的邀请。一般在展前三个月，B2B企业要利用自身平台与会展官方平台逐步发布报道，扩大信息传播的范围，起到广而告之的作用。专项邀请的客户主要包含潜在客户、合作客户、目标客户等，要至少在开展前30天确定拟邀请客户名单，根据邀请名录在展前集中发送展会邀请函，并做好相关邀请情况的记录。邀请方式可采用电话、邮件、传真、社交媒体软件等形式，重要客户在有条件的情况下，要做到上门拜访呈送邀请函以示尊重。此外，B2B企业要在展前同步成立专业的商务团队，做好团队成员的商务培训，制订详细的商务接待流程。知己知彼方能百战不殆，竞争对手的信息调研工作也必不可少。

案例6-5 展前精心策划，闪亮布里斯班

2011年11月22日至24日，澳大利亚国际铁路展览会暨论坛（以下简称"澳铁展"）在澳大利亚布里斯班举行。澳铁展是大洋洲的旗舰式盛会，它云集了包括GE、庞巴迪、阿尔斯通在内的全球知名轨道交通供应商、澳大利亚本土轨道交通供应商和大洋洲内外的上百家零部件供应商。中车资阳公司积极策划召开入澳新产品新闻发布会，在众多全球知名参展商中脱颖而出，有效地营销了品牌、助推市场拓展。

2010年9月1日，中车资阳公司与澳大利亚SCT公司签订了机车合同，这是中国高端内燃机车首次出口发达国家。2011年12月，首批6台机车将发运至澳大利亚。[①] 为了给机车在抵达目的地之前营造一个良好氛围，

---

① 王洪年. 中国内燃机车出口现状和发展趋势［J］. 机车车辆工艺，2013（4）：7-9.DOI：10.14032/j.issn.1007-6034.2013.04.008.

PART 6

中车资阳公司抓住 2011 年 11 月澳大利亚铁路联协举办铁路行业展的契机，联手用户以召开新闻发布会的方式进行了精准的品牌推广。

展会正式开展之前，中车资阳公司与用户对发布会的方案和具体细节进行了充分沟通。为确保效果，公司专门邀请世界知名发动机制造商 MTU 澳大利亚公司总经理做会议主持人；同时，向合作客户、潜在客户和目标客户分别发送邀请函，提高参与发布会受众的精准性；此外，提前通过展会期刊刊登新闻发布会信息，进一步扩大参与面。

2011 年 11 月 22 日 11 时，中车资阳公司与澳大利亚 SCT 公司联合组织的新闻发布会准时开始。由于前期的精准施策，发布会吸引了澳大利亚矿业巨头必和必拓、必和力拓，GE、庞巴迪、阿尔斯通等全球轨道交通知名企业，澳大利亚第二大铁路运营商 PN、新西兰国家铁路公司 Kiwi 等各铁路运营商，AECOM、Halcrow 全球知名铁路咨询公司等百余名专业人士。新闻发布会吸引了上百人参加，受到行业媒体跟踪报道。澳大利亚国际铁路行业展会主办方称这场新闻发布会是历届展会上最成功的一次新闻发布会。

案例来源：中国中车

（二）展中模块

在展中阶段，商务团队成员要尽量保证统一的职业着装，以最饱满的精神状态，按照展前制定的商务接待流程，高质量开展商务接待工作。接待过程中，相关的信息记录必不可少，具体可按照"5W"原则，即 What（对什么产品需求），When（什么时间要），Why（为什么要），Where（销往哪里），Who（团队配置与接待对象[①]）。在接待尾声要与客户针对展后接触事宜做进一步的明确。值得注意的是，在接待高层客户前，要提前做好准备工作，诸如会议室、会议资料、宣传片、宣传册、交流 PPT、商务礼品、仪式活动道具等，一场流畅的商务接待会给客户留下良好的印象，为后续销售的达成发挥重要作用（见图 6.6）。

[①] 团队配置：指参展商在展会过程中安排的临时团队构成。接待对象：指参展商在展会过程中接待的观众特征与类别。

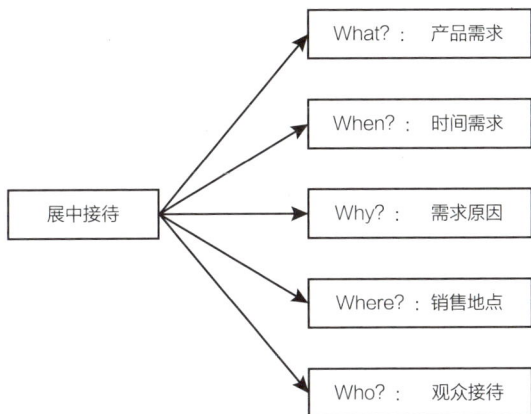

图 6.6　展中接待的"5W"原则

（三）展后模块

展会现场成交有一定可能性，但常为意向性协议，不经过产品验证测试及后续追踪、谈判，合作最终落地只是美好愿望，更多工作需要展后进行。据调查数据显示，86% 的展会销售线索没有得到参展商的有效跟进，造成了参展企业人力、物力和财力的大量损失。据以往经验，展后立即跟进销售线索的价值是 100%，一个月后跟进其价值只有 50%。可以看出，展后高质高效的跟踪销售线索非常重要。展会结束后，首要任务便是要对展会期间的客户接待记录进行全面的梳理，按照客户的专业性、诚意度、感兴趣程度、职位等相关信息分门别类进行入库管理。展会销售线索经过分类后，根据不同的区域确定市场经理进行跟踪管理。市场经理要第一时间通过电话、邮件、传真等形式与客户进行沟通，重新确认客户的购买诚意。一旦客户表达出对后续合作的意愿，市场经理要进一步询问客户的具体需求，并做好个性化的需求答复，在条件成熟后，登门拜访可以加速促进合作落地。此外，据不完全统计，大多数展会的销售线索通常在展会后的半年内转化为销售订单，短期的沟通受阻是常有的情况，市场经理应坚持不懈地定期跟进销售线索，全力争取以便达成销售目标。

PART 6

>> 第四节　展台模块——吸引与留住观众

展会的举办是在一定时间一定空间内完成的，具有"时间短、交流快、受众密"等特点。因此，展台如何吸引、留住与进一步影响观众显得至关重要。在展会举办期间，同行业中最具品牌影响力的厂商和购买者聚集于此洽谈、研讨、学习、交流。而展台便是承载这些功能最重要的载体，B2B 企业在开展展会活动中，一个成功的展台会为一次成功的展会奠定坚实的基础。

一、"合理化"布置展台区域

展台的设计不仅要满足视觉审美要求，展台区域的合理布置同样扮演着重要的角色。

（一）功能划分要全面

展台按照功能来划分包含展陈、会谈、咨询、发布和休息等区域。这些功能进行归纳总结后大致分为信息空间、公众空间与辅助空间。要布局合理，高端大气，吸引观众眼球，将观众从走廊引到展台前，引入展台内。

信息展陈区域是展台空间中的主体功能区，这里的信息展示不仅仅是指传统意义上具有一定文字、图片、视频、展品的陈列，还包括展台总体形象的展示。在整个展览的过程中能否达到预期的展览效果，能否吸引大批观众进行交流参观，都与展台总体形象设计密切相关。①

公共空间也称为共享区域，为展会活动交流提供了场所，包括通道、交谈休息区、洽谈会议区、签约发布区等。这个区域有大量的人流通过，因而这个区域是观众的信息交换区域。每一位观众都是一个流动的信息传播与扩散点，

---

① 王金瑾. 企业自有展台模块的应用研究［D］. 太原理工大学，2014.

因此在展台设计中需要考虑到共享区域所存在的人流量大等特点。

　　辅助空间包括员工的休息区、设备间、存贮间等，这样布置更加人性化，既可以存放多媒体设备、宣传册、样品、展品等又可以让工作人员保持高效的工作状态。

案例 6-6 展台功能区清单

　　展台的功能区清单能够帮助参展企业确定参展定位、展现参展风采、留住参展观众，下表为推荐的功能区清单。各 B2B 企业可根据实际功能区进行调整，匹配功能的最优选择，系统地整理出最适合参展的展台功能区清单。

面积（㎡）	接待台	小吧台	大吧台	展品区	小储存间	大储存间	发布区	4人位开放式洽谈区	8人位开放式洽谈区	4人间封闭式洽谈区	8人间封闭式洽谈区	16人间封闭式洽谈区
0~50	1			1				1				
50~100	1	1		1	1			2				
100~200	1	1		1	1			2				1
200~300	1	1		1	1		1	2				
300~400	1	1		1		1	1	3	3	2		
400~500	2	1		1		1	1	3	3	1	1	
500~600	2		1	1		1	1	3	3		2	1
单层	2		1	1	1	1	1	4	4		2	2
双层	2		1	1	1	1	1	4	4	5	2	2

案例来源：中国中车

（二）娱乐互动要融入

　　当前，展会、购物中心、旗舰商店和娱乐中心等之间的差异，越来越模糊，而展会也由聚焦于产品向聚焦于服务、对话和沉浸式体验演变。由此可见，展

PART 6

会越来越像 Party。之所以去展台看看，"因为它有趣"已经成为多数参观者的选择。丰富的活动，生动的内容，愉悦的氛围，把观众长时间拴在展厅内。

"流量为王"是展会的一大特点，对 B2B 企业来说，吸引更多的参观者来到自己的展位意味着更多的品宣、展示、交流与成交机会。而沉浸式的手段与互动式的体验更好地搭起了参展者与观众之间联系沟通的桥梁。对于观众来说，他们的角色从被动观展摇身一变为主动参与，"陌生"的氛围一经打破，沟通交流的意愿也会随之提升，为双方后续的交流起到了很有效的促进作用。

"打造网红墙""大屏幕互动游戏""电子签到""微信抽奖""家庭式休息餐吧""体验式展品展项""现场礼品发放""体验式沙龙"……层出不穷的互动方式出现在展会活动中并且发挥着积极的作用。但值得一提的是，B2B 企业在策划"娱乐互动"时切不可人云亦云、一味照搬。"如何聚焦企业展示技术方案的特点，如何展示企业的品牌形象，如何使参观者获得满足感"等，是 B2B 企业在进行"娱乐互动设计"时重点关注的核心要素。在 2019 年汉诺威工业博览会上，某国际工业巨头采用自主研发的机器人展示了手表包装入盒的全过程，并将包装好的手表分发给现场关注公司网站的参观者。这种娱乐互动的体验，让该公司展示技术实力的同时，也满足了参观者的兴趣喜好，广泛地传播了企业的高科技品牌形象。试问一下，这样的娱乐互动设计，谁能不爱呢？

（三）专业交流要主导

就目前而言，国内 B2B 企业的展示理念仍然以产品展示为主要目的，信息展示区占整个展位面积的比例超过 60%，甚至 70% 以上，留给技术商务活动的区域严重不足，极大地阻碍了各项展中活动的开展。

展会归根结底是一种市场行为，展会中开展技术演讲、产品发布、商务会谈以及合作签约等交流性质的活动对展会营销的成败起着关键的作用。因此，B2B 企业应积极对标国际一流企业，迅速转变"重展示轻商务"的参展思路，加大展会商务活动的投入力度，扩大商务区域和技术发布区域等所占面积的比重。回顾分析 2021 年中国中车北京国际风能展的展台，用于技术发布、商务交流的区域面积超过 50%。这一改变，为后续成功的"领导站台、产品发布、技术讲解、项目签约、媒体采访"等工作提供了极大的支持。专业且有温度的交流，让观众了解我们，接受我们，喜欢我们，选择我们，拥护我们，忠于我们。

二、"模块化"构建展台识别系统

（一）展台"模块化"势在必行

1. 践行"绿色会展"的必然要求

纵观展会现状，绝大多数的 B2B 企业在展前展中花费大量的财力、人力、物力进行展台设计与搭建，两至三天后随着展会的结束，展台便被拆掉废弃。"巨大的浪费、环境的污染"已经成为展后备受诟病的主要焦点。针对这种危机，全球多个国家已经提出了"绿色会展"的概念。为了"推进会展业绿色发展，指导制定行业相关绿色标准，推动办展设施循环使用"，促进我国展览业绿色转型和高质量发展，商务部组织制定的《环保展台设计制作指南》于 2021 年正式发布。《指南》明确提及了"模块化"的展台设计原则，在满足展示需求的情况下，用尽可能少的构件材料实现展台功能；展台的主体结构由功能模块构建组成，能在展览现场组装；展台构件设计制作宜工艺标准化、搭建程序化、组合多元化、运输成本低；采用低能耗、低污染、可降解、可循环的构建材料搭建展台，减少废弃物的产生和污染排放……

2. 大幅提升工作效率

借鉴"模块化"的理念，采用相对统一的整体展示风格，可以大幅度缩短 B2B 企业在展台设计过程中花费的时间。同时，在设计中大量采用现有的成熟模块，可以大幅度降低后续采购、物流、生产与搭建的周期。此外，通过对既有展台的持续更新，B2B 企业可以积累丰富的展台设计经验，对后续展台设计的效率提升产生重要的助力。

3. 有效降低企业成本

"模块化"的精髓之一便是重复利用，B2B 企业在不断参展的过程中，逐步建立积累适合自身参展需求的物料库。在后续参展中，根据不同展会的需求，进行定制化的搭配使用，能够使企业的参展成本降低。

4. 满足企业的个性化需求

需要说明的是，"模块化"不能简单地等同为"标准化"，"模块化"的搭配原则是"固定化配置"加"个性化配置"。不同的 B2B 企业将"模块化"的元素、物料，通过个性化定制与多样化处理，最终形成独具企业特色的展台风格，用以满足对差异化的文化理念与品牌形象的展示输出。

久而久之，在"模块化"理念的指导下，B2B 企业在不断探索与实践的基础上，逐步形成具有自身特色的展台识别系统，下文将进行详细的描述。

（二）引入展台识别系统

1. EI 系统简述

从品牌层面讲，展台视觉形象是参展企业文化品牌理念内涵的外在表现。在 B2B 企业参展过程中，优秀的展台视觉形象不仅能直观传播企业品牌理念，加强企业品牌的辨识度与知名度，更能促进展示信息的传递，为展会营销的目标达成贡献积极的作用。因此，围绕展会活动，B2B 企业应高度重视展台视觉形象的建设，遵循公司战略愿景，传承文化积淀，打造独具特色的展台识别系统 EI（Exhibition Identity）。EI 系统的基本构建原则是以企业为中心，符合企业发展战略，融合企业文化品牌内涵，提升企业展台辨识度。

2. EI 系统的作用

在参与展会活动中，B2B 企业通过展台识别系统的延续使用，能给受众逐步留下深刻的印象，通过展会形象的提升带动企业品牌知名度与美誉度的打造。此外，EI 系统作为企业文化内涵的外在延展，对内能够加强企业员工的归属感、认同感与凝聚力，对外能够将企业文化理念与经营之道进行广泛的有效传递，进一步获取品牌认同感。可以看出，打造独特优秀的展台视觉识别系统是企业传播文化理念、展示品牌形象、便捷市场营销的重要法宝。

3. EI 系统的构成

EI 系统的构建主要包含两大部分，基础部分及应用部分。基础部分应包含以下部分：标识规范、标语规范、辅助图形规范、基础元素组合规范、色彩使用规范以及平面宣传推广规范。应用部分可包含：展厅范例（通用展厅、特装展厅）、结构部分（吊顶结构、地面结构、支撑结构、灯光布点、结构预算）、公共部分（接待台、吧台、储藏间、更衣间、封闭洽谈区、开放式洽谈区、消防布点）、展示部分（展示区、发布区、宣传物料）、道具部分（道具租用色彩规范、道具租用绿植规范、道具租用清单）。上述为 EI 系统建议项点，各 B2B 企业可结合自身实际进行定制化完善。

案例6-7 中国中车 EI 手册

展台统一形象的规范化，使之能够达到更加广泛的传播效力。利用展会的特殊媒介作用，通过打造系统性、模块化的设计规范，更加有助于企业树立品牌整体形象。通过不断地参展实践，积累丰富的参展经验，中国中车结合自身企业文化特色，在 VI 系统延伸的基础上，深入打造了一套具有模块化、专业化、国际化的 EI 展台识别系统，持续强化品牌辨识度，不断提升品牌知名度，广泛传播品牌美誉度（见图6.7）。

图6.7 EI 手册展示

案例来源：中国中车

PART 6

三、"系统化"展示解决方案

展会常规周期在 3~5 天，如何从激烈的竞争中脱颖而出，这对 B2B 企业的展示语言提出了更高的要求。企业发展战略与差异化区域市场培育，为 B2B 企业选择展示方向奠定了基础。企业自身的技术创新能力与服务保障体系等核心竞争优势，为 B2B 企业确定最终展示内容提供了支撑。在展示方向与展示内容明确的前提下，如何做好展示信息的传递，对展会营销的成败至关重要，也是 B2B 企业直面的一大挑战。回顾以往，B2B 企业传统的展示模式以实物或模型罗列为主，再辅助相应的文字展板，尤其是集团化企业参展时，"摆地摊"的现象异常明显。"摆地摊"的展示方式特点为简单直观，便于操作，但也存在许多致命的缺点。一是导致参展企业的展示主线不明确不清晰，受众无法直观地接收到参展企业向外界传递的核心理念及重要信息。二是为了更全面地展示业务实力，参展企业只能用更多更全的展品辅以展示，占用的空间大而压缩了技术商务活动区域，进而影响技术商务交流的开展。三是展品的运输制作等成本也大幅降低了展会的整体收益。此外，在集团化企业参展的情况下，多数子公司业务重叠的现象也因展品陈列的展示方式而被放大。

"摆地摊"的展示方式已不能适应新的展会发展形势，B2B 企业必须审时度势，不断提升展示水平，打造"系统化"展示解决方案才是正道。

（一）内容层面

在展前策划阶段，B2B 企业首要任务应明确参展目标、参展理念与参展主线，做好展示的顶层设计。向下延伸至展示内容策划时，应创新采用系统化的思维，以打造整体解决方案为目标进行展示内容的深度提炼。

此外，B2B 企业在输出整体解决方案时，要构建以展示核心实力为基础，以解决用户痛点为目标，以输出文化理念为核心的话术体系。将冷冰冰的技术产品参数转化为引人入胜语言，不仅提升 B2B 企业的品牌形象，更为展会营销的成功提供坚实的保障。

（二）展示手段

传统的单一展品陈列，已无法满足 B2B 企业基于全寿命周期智能化整体解决方案的展示，也与参展观众日益提升的欣赏水平与信息接收需求相矛盾，展示手段的数字化与智慧化势在必行。

数字媒体技术起源于 20 世纪 60 年代，著名的数字艺术工程师迈克尔·诺尔博士，1965 年便在美国纽约举办的计算机艺术展览中运用了这一技术。时至今日，伴随着数字化时代的飞速发展，大屏幕投影技术、视听多媒体展示技术、数字沙盘技术、全息投影技术、虚拟现实技术、增强现实技术、多点触控技术、雾幕技术、光影辅助技术等一大批先进的数字化、智慧化展示手段被运用到展会展示之中。展示手段数字化智慧化的优点及优势虽不言而喻，但"适合自己的才是最好的"，如何将核心技术与展示手段巧妙地结合，需要 B2B 企业下足功夫研究探索。

案例 6-8 **柏林电子展，展示屏泡到冰水里**

2019 年 11 月 5 日，首届德国柏林交通系统电子供应及配件展览会开幕。中车四方所跟随中国中车携自主创新智能运维、智能检修、智能显示等技术亮相本届展会。

中车四方所本次展会主打的展项之一便是智能显示技术（见图 6.8）。智能显示技术是中车四方所旗下思锐智能公司全资子公司芬兰倍耐克公司生产的 LumineqTFEL（薄膜电致发光）显示屏，通过原子层沉积镀膜技术可实现全固态自发光显示，具有可耐受 −65℃~100℃ 的超宽温度范围，可保证连续 10 万小时以上的工作寿命以及高抗震抗冲击能力优势，同时也是

图 6.8 电子屏展示

PART 6

213

世界上透明度最高的显示屏,透光率高达80%,可视角度接近180°。为了更直观地展示TFEL显示屏耐低温的特性,中车四方所创新展示思路,将其放置于一个盛满冰水的容器中,同步采用多媒体视频的方式将TFEL显示屏与其他显示产品进行对比展示。参展过程中,巧妙的展示方式促使该展项吸引了一大批参观者,其中不乏展会主办方、行业媒体以及同台参展的国际知名企业,实现了积极的传播成效。

案例来源:中国中车

》 第五节　宣传模块——立体化全程宣发"三步法"

作为B2B企业之间信息传递、交流与融合的重要载体,成功的展会活动离不开成功的展会宣传,用好宣传工具,会让B2B企业的展会营销有声有色,达到事半功倍的良效。因此,B2B企业在展前策划阶段,要有针对性地制定展前、展中、展后各项宣传工作,并做好落地执行(见图6.9)。

图 6.9　宣发"三步法"

一、开展展前预热,突出展示特色,获取关注

B2B企业在开展展会宣传工作时,往往把工作重心放在展中宣传上,其实展前预热宣传也必不可少。在展会营销中,更多的交流机会意味着更高的合作成功概率,广而告之便成为展前预热宣传的主要目的。此外,通过"爆点宣传

预热"可以引起参展观众强烈的关注，制造传播话题，极大地提升大众的观展兴趣。在全媒体时代，无论是传统纸媒，还是丰富多样的新媒体，或是会展官方网站，都为 B2B 企业提供了丰富的展前预热宣传渠道。柏林轨道交通展素有"高铁奥运会"的美誉，在 2018 年柏林展开展前夕，中国中车借助自有平台与外部媒体的立体宣传渠道，介绍了最新研制的碳纤维地铁车辆、为德国量身定制的调车机车、具有高度智慧化的列车自主运行系统、陆海空三界通吃的货运综合解决方案等"爆点内容"，"犹抱琵琶半遮面"的展示方式，"天生我材必有用"的自信表达，一时间圈粉无数，火遍全网，引发了社会各界强烈的关注，为 2018 年中国中车成功参加柏林展打响了宣传预热第一枪。

二、聚力展中发布，全媒体齐上阵，有声有色

在数字化技术飞速发展的今天，展会活动的范围已不局限在固定的地点、固定的场馆与固定的人群，"全媒体营销"已成为 B2B 企业在展会营销过程中的必备手段，也是确保展中宣传有声有色的必要保障。全媒体较传统媒体而言有更加丰富的内涵，其作为一种声、光、图、文、电等多种传播表现形式的融合体，通过各类传播媒介，可对展示内容进行多维度、立体式传播。在信息化时代，"全媒体营销"是以客户需求为导向，以传播内容为主导，以媒体资源为支持，进而实施的精准传播策略。深刻挖掘"全媒体营销"的内在规律，为 B2B 企业在开展展中宣传时指明了工作方向。正如在技术模块、市场模块所讲述的，展会不论是从品牌推广的角度，还是从核心竞争力展示的角度来看，最终目的都是为了实现市场目标。因此，B2B 企业在开展展中宣传工作时，同样需要坚持市场化思维，以客户需求为导向，结合差异化的市场培育目标，明确展中宣传的核心思想，明晰差异化的宣传方向。

在做好顶层设计后，具体执行阶段主要围绕宣传内容、展示形式与展示渠道发力。B2B 企业展中宣传的内容大致可以围绕以下几个方面进行梳理整合，包括但不限于展会总体情况介绍、核心技术实力展示、重磅创新产品发布、展台现场活动实况、重要领导客户接待、文化品牌理念输出等。在宣传手段方面，传统的图文报道依然有效，多媒体视频的运用会大幅提升受众的观看体验，短

PART 6

视频的高频聚焦等特点也会提升宣传的实效。此外，在"直播经济"的影响下，展中宣传采用直播的手段也越来越被大众所接纳。在内容与形式都明确后，B2B企业应合理选择展示渠道，捅破信息传递的"最后一层窗户纸"。针对展会宣传渠道而言主要分为三类，一类是B2B企业自有平台，一类是会展官方平台，还有一类便是大众媒体平台。B2B企业利用自有平台宣传时，应聚焦微信、微博、短视频平台以及海外社交媒体等平台。在借助会展官方平台时，会展官网、会展微信、会展杂志、会展广告均能起到良好的定向传播效果。最后便是大众媒体的使用，B2B企业在选择大众媒体时，要根据媒体的影响力、所处的地域、专业是否对口以及自身区域市场的差异化培育等因素考虑。在准备宣传通稿时，要因地制宜、有的放矢地梳理不同类型的稿件，切不可简单地一刀切。需要强调的是，媒体报道往往喜欢采用人物访谈类的内容，这就要求B2B企业要在展中宣传中严格把控媒体采访的提纲与受访人表述的内容，确保宣传的准确性与客观性。

案例 6-9 **立体式直播助力中国中车在天津工业博览会大放异彩**

在2022中国天津工业博览会上，中国中车组织全程线上直播互动，实现云端观展。一是开通图片云直播，对开幕式、参展观展盛况、发布活动、技术讲座等进行全程精彩记录。二是通过中车视频号对展团发布活动进行网络直播，实现了"现场＋线上"互动观展。三是首次借助第三方平台（中国道路运输网、第一商用车网、主办方微信视频号）对中车展台重要活动进行直播，多平台互动实现直播效果最大化。四是组织展台讲解人员线上直播介绍，实现全网观众沉浸式"云观展"。五是设置互动抽奖环节，并提前预告引流。六是在展前提前与拍摄公司及第三方直播平台沟通预演，现场踩点，确保直播活动安全、流畅完成。据统计，展会期间图片云播累计浏览量6.8万＋；视频直播累计观看量9.5万＋，累计点赞量12万＋（见图6.10）。

图 6.10　宣传展示

案例来源：中国中车

三、强化展后总结，回顾梳理亮点，固化成果

作为展会宣传三部曲的最终篇章，展后宣传常常被 B2B 企业所忽视。众多企业都把大量的宣传精力放到了展中宣传，往往认为展中宣传的成功代表着展

会宣传的结束。其实，展后宣传作为展会宣传的总结和延续，也同样发挥着重要的作用。一是促进展会宣传再发酵。在全媒体营销的思路下，B2B 企业借助各类媒体对展会进行了广泛的宣传，展后应第一时间总结梳理各类媒体的发布情况，重点关注高端高质媒体的宣传报道，在企业自有平台进行集中转发。高端高质媒体代表着社会公信力的认可，客观地反映了 B2B 企业在展会活动中的受关注程度，为 B2B 企业评价展会成功与否做了有效的背书，更为展会营销工作提供了良性的助推。二是强化未来愿景再展望。一切过往皆为序章，B2B 企业展后宣传不仅要做好参展总结回顾，更应趁热打铁，借势展会营销的影响力，以系统化的思维撰写专题报道，进一步深刻阐述企业未来的发展愿景，进一步突出强调核心竞争力的创新打造，进一步体现和谐共生合作共赢的共享生态。三是固化宣传流程再提升。展后一至两个星期是各项参展工作梳理总结的阶段，固化宣传工作流程必不可少。围绕整个宣传阶段，B2B 企业应从宣传方案策划、展前宣传预热、展中全媒体报道、展后延伸宣传等各个环节梳理提炼亮点特色，对比竞争对手分析缺陷不足，并进一步明确后续提升的具体路径。此外，做好媒体关系的维护也是很有必要的。通过多次展会宣传流程的梳理总结，B2B 企业一定能够逐步梳理形成一套独具自身特色的展会宣传流程，为后续展会宣传工作高质高效开展提供强有力的支撑。

案例 6-10 **精彩亮相北京国际风能展，展后详细梳理总结宣传成果**

2021 年在北京国际风能大会暨展览会上，通过前期与各大媒体的深度沟通，中国中车实现了在外部媒体上的全面发声。

从展会期间的宣传报道来看，本次宣传注重发挥新媒体的传播力和影响力，天天有报道，篇篇有影响。经统计，中国中车风电宣传通过《每日经济新闻》、中国经济新闻网、《上海证券报》《中国电力报》、澎湃新闻、网易新闻、搜狐新闻、国际能源网、国际风能网、国际风力发电网、能源新闻网、北极星风力发电网、能源界网 13 家国家级主流媒体及中国风电新闻网、国际能源网、中国海上风电网、北极星电力网、北极星风力发电网、东方风力发电网、农机协会（风能产业）、电气新视野等近10家微信公众号，再加上百度、今日头条、同花顺财经、凤凰新闻、东方财富等5家App社交平台实现了广泛传播。中央电视台"品质"栏目、每日经济新闻、《中国经济时报》《中国电力报》、北极星电力网等媒体，以"中国中车风电产业优势以及未来谋篇布局方向"为题进行了现场采访；"每日风电"在开展首日对中车展台进行了视频直播。

据统计，10月17日至10月20日，中国中车参展的新闻被23家媒体报道，转发超百次，在各社交媒体的总点击量达到70000+，单天单条最高点击量达10000+。扩大了中车风电品牌影响力，引起了行业极大关注（见图6.11）。

图 6.11　北京国际风能展宣传总结情况

案例来源：中国中车

PART 6

第七章
交流全景化是价值

交流全景化，是中车"五化"展会理念中价值提升的一环，核心理念是基于观众的特征与偏好，在与观众的每一个触点上开展有效的交流与互动。其中，"交流"重点强调两点：一是在交流过程方面，不是单向的信息输出，而是一种双向的互动；二是在交流内容方面，不仅是知识与信息的传递，而且是情感与态度的交流。"全景化"强调从"局部特写"到"全景互动"，即从"产品特写"扩展至技术讲解、商务洽谈、文化传播、品牌展示等多场景的展示与互动。

>> 第一节　交流全景化的内涵

在精心设计与营造的场景中，参展商、观众、专家、媒体记者等交流主体，围绕着产品、服务、技术、商务合作、个人友谊、行业趋势等交流内容，在展台内、宴会厅等形形色色的接触点上展开交流与互动，并对交流效果进行及时的总结与评估。中国中车基于多年的参展实践，提出适合 B2B 企业的交流全景化模型，即全场景布局是基础，全主体互动是核心，全内容表达是关键，全触点体验是抓手，全效果评估是提升（见图 7.1）。

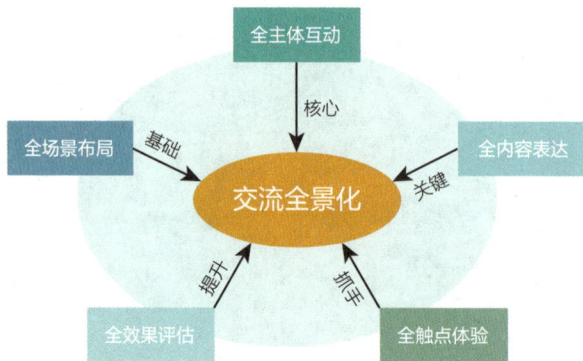

图 7.1　中国中车交流全景化模型

一、全场景布局是基础

交流全景化中的"景"指代的就是"场景"，"全景化"也相当于是"全场景"，全场景的布局是一切展会交流活动开展的前提与基础。"场景"一词最早出现在影视领域，主要指戏剧、电影中的一系列场面，也被称作情景，即在特定时空当中所出现的一系列活动，或者由任务关系所组成的一组画面。[①] 在中国被广泛使用的"场景"一词，更多地对应的是英文"Context"一词，而 Context 也可以译成"情境"。场景更偏向于空间环境，而情境更多的指行为情景或心理氛围。两者都会决定人们的行为特点与需求特征。[②] 本书在这里所提出的"场景"既有空间环境，也有情境氛围，是包含了以物理空间为主的"硬要素"以及以行为和心理为主的"软要素"的广义的"场景"，[③] 能够与会展活动的交流本质相契合。可以说，场景交流实质上就是特定情境下针对"人"的行为特点及需求特征而进行的精准交流。

交流全景化中的"全场景"概念也是基于现代展会的特征提出的，"全场景"交流不仅包含了静态的展示场景，同时还涉及动态的交流场景。例如，商务交流、技术交流等，甚至可以进一步延伸至展后的商务晚宴、企业开放日等深层次精准交流，打破了传统产品展示场景的单一性。

二、全主体互动是核心

交流主体是展会交流活动中的核心，在一场展会中，人们往往将参展商定义为直接传播主体，即信息的传播者，将观众定义为受众，即信息的接收者。但在交流全景化的概念中，我们强调交流关系的平等性，即参展商与观众同为交流主体，两者都是信息的传递者与接收者。展会的观众包括来展会现场参观展品的自然人、企业以及其他相关的主体。根据身份不同，可划分为普通观众和专业观众。普通观众是指为了增长见识、开阔眼界而前往展会参观的普通群体以及受主办方邀请或自发前来的媒体；专业观众是指与展会内容密切相关的贸易商、采购商、投资者、供应商等利益相关方以及科研人员、行业协会、政府官员等。并且，参展商在一定意义上也是展会的观众，他们在参加展会的过程中了解行业信息、收集竞争情报，因此也是展会的观众之一。在以往以产品

---

① 刘炜心，曾琦琪. 场景传播视域下会展经济的"场景化"适应性分析［J］. 采写编，2022（5）：181–182.

② 彭兰. 场景：移动时代媒体的新要素［J］. 新闻记者，2015（3）.

③ 郜书锴. 场景理论的内容框架与困境对策［J］. 当代传播，2015（4）：38–40.

销售为目的的展会活动中，B2B 企业在参展过程中往往只关注展会现场的客户及潜在客户，而我们在此提出的"全主体"，是包括普通观众及专业观众等全类型的交流主体。

展会交流作为一个特定时间、特定场所内的传播活动，相比于大众传播最大的区别就在于交流过程中的"面对面"互动，可以说，展会交流的核心就是主体之间"面对面互动"的人际传播。人际传播概念最早进入中国是从 20 世纪 80 年代初的翻译或译介而来，其基础的定义为两人或者多人之间的语言和非语言互动。从互动关系的视角来看，人际传播的定义被概括为"发生在个体之间的，使用言语和非言语信息进行意义的交流和理解，通过互动、行动等协商过程，建构起反映不同价值观的合作关系。"[1]建立在面对面交流基础上的人际传播相较于大众传播等其他形式，人际间互动频率更高。一方面，人际传播的主体双方在交流过程中一来一往，不断交换角色，双方既是信息的传递者，同时也是信息的接收者；另一方面，人际传播的主体双方即时互动、即时反馈，促成了每一个阶段的信息传递者能够及时根据对方的语气、表情、动作等态度实时调整自身的传播策略，以推动整个信息交流的持续、有效进行。[2]因此，在实现展会交流全景化的过程中，必须牢牢把握住交流主体之间面对面互动这一核心。

三、全内容表达是关键

除了上述所提到的"全主体"和"全场景"外，交流全景化也包含"全内容"表达。"全内容"表达是展会交流活动的关键，会展活动的内容包罗万象，通过展会这一平台可以将各种各样的信息传递给观众。比如，通过展品传递实物信息，通过现场解说传递文字信息，通过宣传视频传递图文信息等。每一个场景的构建，每一个媒介的选择，所承载的都是企业想要表达给观众的不同的内容。传统展会中的内容表达大多聚焦于产品的静态内容，比如，展品的外观、

---

① 王怡红. 论"人际传播"的定名与定义问题［J］. 新闻与传播研究，2015，22（7）：112-125.

② 王怡红. 人与人的相遇——人际传播论［M］. 北京：人民出版社，2003.

性能、技术参数等。但在互联网技术发达的今天，如果仅仅是在展会上展示产品的静态内容，那展会交流完全是可以被互联网交流替代的。因此必须要抓住展示内容的"全"，正如内容模块化这一章节中所提到的，在策划展示内容时，应该采用系统化的思维，兼顾展台内容、技术内容、市场内容和宣传内容的表达，采用动静结合的方式，利用展会这一综合性平台，与观众进行"全内容"交流。

四、全触点体验是抓手

触点是指能够被用户通过感官接收到的、直接或间接的传递出目标信息并连接用户的实体、服务或环境。也就是说，展会现场企业的产品、服务、品牌等在各个方面各个环节与观众的接触点，包括视觉、触觉、听觉、嗅觉、味觉以及心理上所接触的每一个点，都可以叫作触点。触点是基于满足目标观众的需求与行为而设置的，分为信息触点和动作触点，信息触点主要是通过展示产品特性的信息，给产品附以说明，使目标观众了解产品的基本信息，主要包括图片、文字、音频、视频等交流方式；动作触点主要是通过与观众进行互动来满足其需求，通过观众的主动操作使其能够快速理解企业的复杂产品，主要包括产品体验、技术交流、商务洽谈等互动型交流方式。在展会现场，触点以实体、服务和环境的形态呈现。其中实体是指客观存在、能够被直接感知的物体，例如，展台设计、产品等硬件；服务是指搭建于一定场景下的互动关系，例如，交流洽谈；环境是指多重实体或服务共同塑造的文化、生态，例如，企业文化理念、品牌形象等。全触点体验就是以实体、服务、环境为载体，在信息触点及动作触点上满足目标观众的差异化需求，为观众带来极致的感官体验及心理体验。

五、全效果评估是提升

交流全景化模式的最后一环就是全效果评估，效果评估不仅是对每次参展工作的总结回顾，更为后续展会工作的开展提供有力的数据及案例支撑，可以说全效果评估是展会价值提升的重要一环。上文中提到，展会交流是在场景布

PART 7

局的基础上，通过全主体互动，以全触点体验为抓手实现全内容表达。因此，全效果评估的对象也必须包含展会交流的所有内容，从展览展示成效、技术活动成效、商务活动成效和宣传成效等方面进行量化评估，来总结展会的整体效果，看看展会是否达到预期的目的。通过全效果评估的结果，发现展会中存在的不足之处和未来需要改进之处，为下一次展会工作的提升奠定良好的基础。

总而言之，交流全景化下的交流模式打破了传统展会活动单一、固化的单向传播模式，在有限的时间和空间内，进行静态场景与动态场景相结合的"全场景"布局，将中国中车的产品、技术研发能力、商务合作能力等各方面内容与展会现场全类型的观众进行全面、精准、双向的信息交流，并且通过展后的全效果评估总结宝贵经验，从而实现展会价值最大化。

》 第二节　交流全景化带来全新的展会体验

随着大众传媒技术的兴起以及互联网技术的快速发展，人与人之间的交流方式变得更加快捷方便，交流形式也越来越多样化。大众传媒看似是拉近了人与人之间的交流距离，但从另一方面而言也弱化了人与人之间的互动关系，减少了我们的社会参与以及面对面的交流。面对大众传媒环境下的交流乏力问题以及 B2B 企业在展会交流中的困境，"交流全景化"为展会交流赋予了新的思维，也为观众带来了全新的参展体验。

一、精彩纷呈，展会全程亮点不断

一般来说，一场展会的正式开展时间通常持续 3~5 天，一般首日主办方会举办展会的开幕式，并组织 VIP 或媒体团进行一场展馆巡游活动，此外便是企业自行组织活动以及自由参观的时间。参展商们为了能让展会有一个良好的开端，抢夺观众的注意力，往往会在开展首日精心策划各种展台活动，将所有展示亮点集中在第一天。这种"亮点集中式爆发"的参展策略虽然会为企业带来短暂的高人气，但也常常会导致展会后期出现后劲不足的情况，最终使得整个展会变得虎头蛇尾、乏善可陈。心理学研究表示，当人们回忆某个经历时，并不能回忆起整个过程和每个细节，他们仅能记住其中的一些闪光点，而结尾往往是其印象最深刻的部分。因此一场开局华美而结尾平淡的展会，其对于观众的影响力要远远逊色于一场结尾壮丽的展会。① 交流全景化不仅要做到"华丽开场"，更要注重"完美谢幕"，让观众对此回味无穷。

　　同时，展会现场不同类型的观众，也会根据目标的不同而选择不同的时段来观展。比如，媒体记者们为了第一时间挖掘新闻热点，一般都会选择在展会首日来观展；展会现场的参展商们由于在开展首日忙于自己展台的工作，往往会选择在展会第二天或第三天来观展；学校所组织的学生观展团为了避开大量人流往往也会选择在展会后两天来观展……所以说，为了让观众能在不同时间、不同场景下都能体验到精彩纷呈的展示内容。在进行交流全景化的场景构建时可以引入"分甘共苦"的概念。国外心理学者研究发现，当人们专注于一项工作时，他们觉得时间过得很快；当人们受外界刺激要不断注意时间时，他们会感觉时间过得比较慢，当同一项活动被分割成若干部分时，参与者感觉好像时间被延长了。比如，迪士尼就是一个典型例证，在迪士尼，乘坐过山车是大部分游客的最爱，为了让更多的乘客有机会乘坐过山车，迪士尼策划将过山车的时间定为 3 分钟。后来，为了进一步延长顾客的体验感，它又将 3 分钟的时间划分为 2 次来完成，即每次乘坐时间为 90 秒，因为乘客们在心理上会普遍认为两个 90 秒长于一个 3 分钟。②

　　因此，基于交流全景化的原则之下，可以将集中于展会的展示内容分割成多个场景，通过对展会空间结构进行精心设计与构思，打造"一步一景"的参观路线，定时、定点设计精彩活动，有效延长观众驻足展台的时间以及观展的体验感，让展会的亮点内容能够贯穿整个展期，同时也能有效分散人流。例如，

---

① 何会文. 巧用顾客心理　大有学问［J］. 中外管理，2002（2）：50-51.

② 何会文. 巧用顾客心理　大有学问［J］. 中外管理，2002（2）：50-51.

在展会第一天可以利用开幕式为展会造势发声，举办新品下线仪式营造火热氛围；在展会第二天举办技术交流、技能展示、专业论坛等活动持续吸引观众们驻足现场进行互动交流；在展会第三天开放"企业参观预约"通道、举办交流晚宴……润物细无声般将观众对于展会的记忆进一步加深（见图7.2）。

图 7.2 观展现场"一步一景"

二、瞄准偏好，提供个性化观展体验

观众是展会活动中一个庞大的群体，在一些大型的综合性展会中，可以说是观者如云，而不同类型的观众其观展的偏好和目的也大相径庭。在本书第一章中曾提到，在展会的全部观众当中，抱着明确交易目的而来的观众通常只占总人数的10%甚至更少，在其他的90%的观众群体中，其中约19%是或无购买意向，或无购买能力的冒牌买家；8%是来询价、比价的人；21%是仅对技术问题感兴趣的技术专家；26%是怀有其他目的的狡猾的人，如想向参展商推销商品；26%是来展会进行一日游的人，如学生或退休的老人。[①]

针对这一情况，在进行交流全景化的构建时，必须要瞄准不同观众的不同

---

① 何会文，成红波. 参展商的个体网络及其对参展绩效的影响［J］. 旅游学刊，2015，30（5）：97-106.

偏好，为他们提供个性化的观展体验。例如，针对具有明确交易目的或合作目的的观众，就要为其"量身定制"更专业、更细节的产品交流环节，精准传播自身的优势，同时也要打造适用于商务洽谈的私密性场所；针对技术专家，则更应该侧重于满足其技术交流的需求，例如，可以通过开展技术发布会、技术交流会等来吸引他们的注意力；针对来展会一日游的普通观众，他们大多都是"走马观花"式的观展，更加注重观展过程中的趣味性，那么就可以设置一些趣味互动环节来获取其关注，譬如打造产品沉浸式体验场景、邀请企业技能专家展示绝技绝活、开展类似"扫码关注送礼品"活动等。通过构建不同的交流场景，让每一位观众都能从观展的过程中获取不同的情绪价值。例如，合作伙伴能够从深度的商务洽谈中增加对企业的信任感，媒体记者们能从整体展示中感受到企业作为国之重器的使命感，学生们不仅能体验到一场生动的科普之旅，而且能从中萌发出对国家先进技术发展的自豪感和骄傲感……在 2022 年的德国柏林国际轨道交通展上，中国中车时速为 600 公里的高速磁浮交通系统首次亮相，某国外观众对此惊叹道："这将会成为飞机的强劲对手呀！"这也是向全球观众展示了中车制造甚至是中国制造的强大实力的绝佳机会。

当然，展会现场鱼龙混杂，其中不乏一些竞争对手或商业间谍借此机会来窃取情报，所以在进行"全景化"交流的同时也必须遵循保密原则，"全景化"的交流并不意味着"毫无保留"地交流，特别是针对企业的核心技术及产品的关键信息等机密，一定不能轻易透露出去。

三、提供素材，建立观众长期记忆

每个展会的展期都较短，但展商众多且展示内容密集，并且参展观众往往要在一天的时间内浏览多个展台，特别是在专业展会中，展品的类型都相差无几，因此，对于观众而言，大多数展示内容都只存在于短期记忆甚至是瞬时记忆中。那么，该如何将观众的短期刺激转化为长期记忆，从而影响他们的展后决策，甚至是主动进行有益于参展商的宣传与传播呢？

交流全景化巧妙融合了信息加工理论，该理论认为，人的认知过程就是信息加工过程，从短时记忆进入长时记忆时，信息通常需要发生两个关键性转变：

一是对信息进行编码，即用各种方式把信息重新组织起来；二是对存储信息进行提取和使用。因此，交流全景化在进行场景构建时，应该鼓励观众对所接受信息进行编码和使用。简单来说，就是要通过一些巧妙的场景设计，让观众主动地去接收、去思考甚至是去传播参展商所展示的内容，让每一位驻足展台的观众都能成为企业的传播者。

譬如，在展台中设计不同的、适合拍照的"打卡"场景，鼓励他们将在展会上获得的信息、知识、体会展示在微信朋友圈上，或是让他们愿意把在展会上所得、所思、所感与同事、朋友们分享。在2022年天津工博会上，中国中车在展示场景中引入了"无人驾驶小V"实车，流畅的车身线条配以全景式的"太空乘客座舱"，简洁的内饰和人体工学座椅设计，科技感、设计感十足，引来了众多观众主动上车体验、拍照打卡。在第五届中国品牌日活动中，中国中车"网红"技能达人盛金龙现场表演升级版"蒙眼配钥匙"，盛金龙曾经在央视《挑战不可能》节目中凭借超强的记忆力和无与伦比的绝技连闯三关，仅用105秒就成功打开三把锁，当他把"挑战不可能"从荧幕搬到线下时，更是引发了现场观众们的热烈反响，大家纷纷驻足观看、拍视频、发朋友圈。"盛大师，您太厉害了！之前看《挑战不可能》时我就是您的粉丝，这次能看到现场升级版实在是太激动了！"甚至有不少观众还热情地要求与盛金龙合影留念。

总之，交流全景化通过打造不同的场景，展示包罗万象的内容，不仅能让观众在短时间观展过程中欣赏到不同的"美景"，同时也能满足不同观众的差异化需求，为他们带来全新的观展体验，留下深刻的观展印象。在现代展会中，随着智能技术的发展，会展活动组织方越来越重视场景和体验环节的设计，这已成为一种发展趋势。交流全景化概念的提出，跳出了传统展览思维的局限，创新了传统展会交流模式，在展会中融入"场景"因素，通过全场景布局、全主体互动、全内容表达、全触点体验、全效果评估的"五全"来推动交流全景化的实施与落地。丰富了展会交流形式及内容、增强了观众观展过程中的趣味性、互动性与交流性，更有效地将观众带入展会交流中，进一步提升展会交流的效果、发挥展会承载的价值。

❱❱ 第三节 中国中车对交流全景化的探索与实施

在探索与实施交流全景化的过程中，中国中车以"场景"为线索，根据展会场景空间因素的不同，分别构建了展台交流场景、主办方活动交流场景及展后交流场景三大部分（见图7.3）。在不同场景布局中，基于不同类型观众的差异化需求，以目标观众的信息触点和动作触点为抓手，进行展示内容、技术内容、市场内容和宣传内容的表达与交流，真正发挥展会全面、直观、高效、互动的作用。

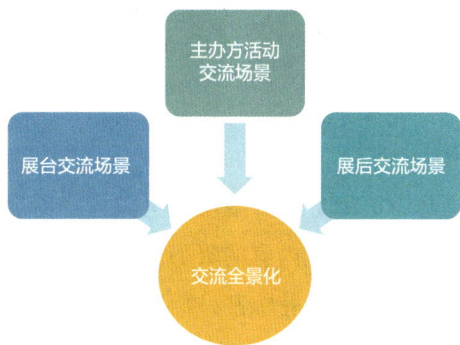

图7.3 交流全景化的场景构成

一、展台交流场景中交流全景化的探索与实施

展台交流场景是交流全景化中的主场景，是企业与观众互动交流的主要阵地，也是所有观众感知企业的入口。中国中车在构建展台交流场景的过程中精心设计，既注重物理空间的氛围营造、又注重人际传播的文化理念融入，同时引入VR等数字化技术，紧抓观众的每一个"触点"，引领观众深入探索，通过参与、体验、交流，深化对中国中车的了解以及对中国中车品牌的认知。其中，

PART 7

展台交流场景下基于不同类型观众的差异化需求，又可细分为展示场景、产品体验场景、商务洽谈场景、技术交流场景、新品下线仪式场景、签约仪式场景以及云直播场景，不同场景中交流内容的侧重点也有所区分（见图7.4）。

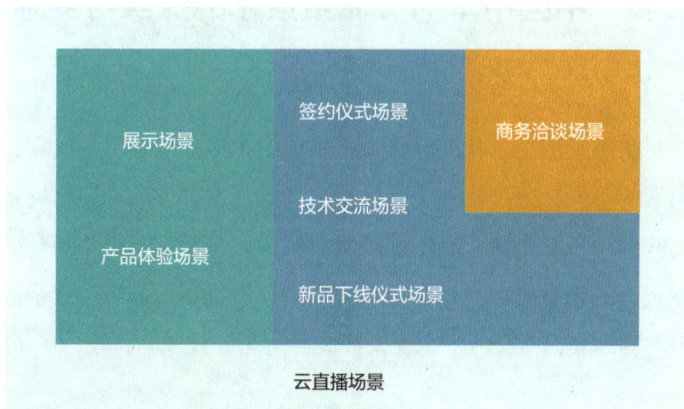

图7.4 展台交流场景分布示意

（一）展示场景

　　展示场景的构建是为了满足全类型观众（包括普通观众和专业观众）的基础信息需求，主要侧重于交流内容的吸引力与全面性。由于展会现场参展商众多、各式各样的展台令人眼花缭乱，而观众的注意力有限，因此为了能够在第一时间获取观众的关注，抓住观众的视听"触点"，在短时间内让观众了解到企业的全面信息，中国中车构建了集展台设计、产品陈列、专业讲解、展板广告、宣传视频、技能展示于一体的全方位立体展示场景。通过展台展示场景，向所有观众展示中国中车的战略定位、拳头产品、文化理念、企业品牌、大国工匠等内容，使中国中车的整体形象深入人心。同时，根据观众的驻足时长及观看偏好及时获取观众对于展示场景交流的反馈信息，从而分析、判断、设定更为精准的观众群体画像，为后续展会的精准交流提供有力支撑。

案例 7-1

2018 年 6 月 13 日，在以"拥抱城轨时代"为主题的北京国际城市轨道交通展览会上，中国中车为充分推介企业多样化产品、全面塑造企业整体品牌形象，在前期策展时充分考虑"交流全景化"的展示特点，在展位分区上分设了展品区、发布区、表演区等全方位立体展示场景。

其中，展品区陈列展品来自 11 家中车子公司，达 7 大类 28 个品种，涵盖了高速动车组、有轨电车、磁浮列车、智轨列车、地铁车辆等系列新产品，以及牵引、制动、网络等新技术。

中国中车参加此次北京城轨展的主题是"大国重器领航城轨交通新时代"。为充分展示大国重器的傲人风采，让更多人了解城轨车辆技术知识和发展前景，在发布区推出了"城轨科普讲堂"，由唐山公司、长客股份、大连公司、大连电牵 4 家企业的技术专家以通俗易懂的语言，生动地为观展人员现场讲解城轨车辆科普知识，收到了较好的宣传效果。

PART 7

此次北京城轨展上最具人气的是创新设置的表演区。由唐山公司和永济电机公司"金蓝领"组队表演了"挑战大国工匠"互动项目,"金蓝领"们现场演示了蒙眼剥线、粘接如画、蛋壳雕刻、手电钻钻鸡蛋等高超技艺,现场与观众互动,并让观众亲自体验。通过展演和互动,使现场观众充分感受大国工匠的精湛技艺,体现了中国中车展台的知识性、趣味性和参与性。表演区展演活动的举办不仅成为此次展会的一大亮点,使中车成为此次展会最吸引人气的展位,也进一步突出展示了中国高铁工人的高超技能。

案例来源:中国中车

(二)产品体验场景

产品体验场景结合了全类型观众(包括普通观众和专业观众)对于产品功能体验的需求,从视觉、听觉、触觉三方面为观众带来沉浸式的产品体验,主要侧重于全类型观众与产品的直接互动交流。在产品体验场景中,中国中车引入了裸眼3D、虚拟现实等数字技术,将展览从传统的"静态"展示向"动态"展示转变,通过打造互动式体验情景,实现观众与产品之间有"温度"的互动,使其对产品的了解不是仅仅停留在冰冷的外观及数据上，而是能够在沉浸式体验的过程中亲身感受中国中车产品的优质性能。不论是从信息触点上还是动作触点上，都为观众带来极致的感官体验。

案例 7-2

　　2018 年 5 月 10 日，在"中国品牌日"到来之际，首届中国自主品牌博览会在上海展览中心开幕。本届展会主题是"中国品牌 世界共享"，各行业具有代表性、先进性的企业齐聚一堂，向世界展示着中国自主品牌的魅力。中国中车携其自主研发的中国标准动车组列车网络控制系统受邀参展。

　　2017 年，我国具有完全自主知识产权、达到世界先进水平的中国标准动车组"复兴号"正式通车，标志着我国已全面系统掌握高铁核心技术。这个有着"纯中国血统"的产品就装载着本次参展的中国中车自主研发的列车网络控制系统。列车网络控制系统是高速列车的控制中枢，列车的每一个动作都由它发出指令调动，被形象地称为"高铁之脑"和"神经系统"。虽然功能强大，但是列车网络控制系统却是看不见摸不着的，如何进行展示给参展带来了一定的挑战。经过专项研究讨论，本着沉浸式产品体验的参展原则，中车最终采用了"司机操作台＋核心控制器"的展出形式。

　　现场，"基于中国标准动车组 TCMS 系统的司机操作台"带着炫酷的科技感登场，吸引了众多目光，它是一套半实物仿真平台，可以模拟各种驾驶条件下的列车行驶状态；三维虚拟场景，可以完美仿真展示动车的操控

现场；强大的后台数据库系统和精确的逻辑控制系统可以将当前司机动作实时准确地传递给网络控制系统。整个司机操作台如同将动车及轨道一同搬入展厅，参观者可以体验一把动车驾驶的乐趣，通过身临其境的人机交互，零距离感受中国中车自主核心技术的魅力。

案例来源：中国中车

（三）商务洽谈场景

商务洽谈场景是基于客户与利益相关方（包括供应商、上下游关系、政府、股东群体等）专业观众的消费需求或合作需求而构建的，在信息触点上满足观众的需求，主要侧重于企业与客户和利益相关方之间"面对面"的、有针对性的交流。商务洽谈一般会选择较为私密的空间，交流内容也会根据主体需求的差异有所不同。例如，对于有合作需求的主体，应侧重于交流企业的产品产业优势、未来发展趋势以及市场培育模式等内容；而针对有消费需求的主体，就应侧重于交流其意向产品的性能优势、价格优势及售后服务优势等内容。这种具有针对性的交流，有利于客户或利益相关方快速了解自己想要的信息，且"面对面"交流相比于线上交流更能触发双方的情感与情绪，有利于合作的达成。

案例 7-3

　　在 2015 年巴西铁路展览会上，中国中车与潜在合作伙伴进行了一场面对面的商务会谈。此前双方通过邮件、电话进行了多次接触，在彼此初步了解的基础上，双方对于合作前景还存在诸多疑虑。在展会上的商务会谈中，中国中车就潜在合作伙伴客户关系，履约能力等多方面问题与对方进行了细致的交流。而对方也通过在此次展会上的深度商务会谈，打消了此前对于中国中车合作诚意方面的忧虑。最终双方达成一致，成为合作伙伴，共同开拓巴西轨道交通市场的。2017 年，双方组成的联合体成功中标巴西圣保罗地铁项目。

案例来源：中国中车

（四）技术交流场景

　　技术交流场景的构建主要以动作触点为抓手，基于专业观众中科研人员的技术信息需求，侧重于专业内容上的"面对面"交流。随着市场竞争的加剧、社会经济的发展，现代展会已经不是传统意义上展示产品和从事销售的场所了。从参展商的角度而言，相比于通过展会吸引观众从而达成交易目的，更不如说，展会是一场行业交流的盛会。在一场大型综合性展会或专业展会上，同行业中往往会有多个企业共同参展，他们既是参展商，同时也是展会中的专业观众，在参展的同时，或多或少带着前瞻技术调研及技术情报收集的目的而来。因此，在技术交流场景中，中国中车精心设计了多场技术交流会，根据不同的参展主

PART 7

题进行不同方面的技术交流，例如，在城轨展上进行轨道交通方面的技术交流，在风能展上进行风力发电方面的技术交流，向行业全面展示中国中车雄厚的研发实力与前沿技术，同时通过现场技术交流，也能进一步了解对方企业的技术研发实力。

案例 7-4

在 2022 年的中国天津工业博览会上，中国中车以"中车源动力、提速碳中和"为主题，携"一核三级"业务的 20 余种创新产品和技术集中参展，并且围绕最新技术成果和核心产品策划了一系列技术发布、技术演讲、科普论坛等交流活动，与众多业界同行展开热烈交流。借助本次展会，中国中车以科技创新为引领，以产业突破为引擎，相继发布了基于 SIC 打造低碳新能源汽车核心动力系统、"一机一储"创新概念与关键技术、风机故障智能诊断及运维指导系统、风电动力装备关键技术、机群协同控制系统助推风电场数字化安全生产、特色智慧城轨系统、导轨式胶轮智慧捷运系统关键技术等一系列代表交通和能源领域未来发展方向的新技术，进一步展示了中国中车雄厚的技术实力，吸引了众多观展嘉宾和媒体的关注。

案例来源：中国中车

（五）新品下线仪式场景

新品下线仪式场景的构建基于全类型观众（包括普通观众和专业观众）对于企业新产品的期待，主要以信息触点为抓手，侧重于交流内容与交流时机。关于交流内容，中国中车是典型的 B2B 企业，其产品不直接面向大众消费者市场，但是大多数产品的终端用户就是大众消费者，尤其是中国中车轨道交通方面的产品。例如，城轨、高铁、地铁、动车等产品，都是与大众生活息息相关的。因此观众对于自己所熟悉领域的新产品会有一种期待，新品下线仪式场景不仅能让观众全面了解企业发布的新产品，也能通过该场景在产品与观众之间建立起一种情感联系。关于交流时机，展会是一个综合性营销手段，为了达到最优营销效果，展会主办方往往会邀请众多媒体对展会进行实时报道。因此，在展会期间举行新品下线仪式，也能通过"借势"进一步扩大新产品的交流领域。

案例 7-5

　　"穿越山海，为丽而来。"在 2021 年中国国际轨道交通和装备制造产业博览上，全球首列全景观光山地旅游有轨电车在湖南株洲举行的轨博会上正式亮相。列车将丽江美景"编织成赏"，头罩造型灵感来源于"天空之境"，车身色彩取自蓝月湖水，内部装饰了"披星戴月"的图腾，侧墙镌刻着东巴文的名言警句，体现着丽江人民勤劳勇敢的精神内核。车在景中行，人在画中游。列车首创了带动力的铰接转向架，配备电动调光的大型观景侧窗，能够根据日照强弱实现明暗变换。透过车窗沿途可全方位观景，欣赏巍峨壮美的雪山、湛蓝如玉的湖水与旖旎奇绝的峡谷风光。

　　为了能够让这列旅游观光列车精彩亮相，除了在实车展区进行情景化

布置，中国中车创新性地将新产品发布仪式与博览会开幕式结合，在开幕式的压轴环节举行全球首列全景观光山地旅游列车暨丽江旅游观光有轨电车发布仪式，并邀请丽江客户现场出席，共同分享新产品下线的喜悦。

在实车展区，身着纳西族传统服饰的乐手，吟唱着丽江动人的故事，清脆律动的手鼓、悠扬婉转的歌声，让观众们无不放缓脚步。展区大屏幕滚动播放丽江地区文旅视频、车辆介绍视频，让观众能够近距离感受丽江这座城市的人文风情，展示为丽江这座城市量身打造的丽江旅游观光列车的与众不同。车载广播播报人文广播录音，同时，由调试人员模拟变色玻璃工作情况，让观众能够近距离感受模拟车辆的运行情况。情景化布置的展示区，不仅吸引观众们纷纷打卡拍照留念，也让这列列车成为2021年中国国际轨道交通和装备制造产业博览会上最绚丽的色彩。

案例来源：中国中车

（六）签约仪式场景

签约仪式场景一般是基于专业观众中合作伙伴有订单签约或商务合作签约的需求而构建的，主要侧重于与合作伙伴的精准交流。企业在搭建签约仪式场景之前，已经与合作伙伴达成了明确的合作意向，完成了商务洽谈的环节。因此，在签约仪式场景下，交流的内容不再侧重于企业的产品优势及发展优势，更多的是通过这种仪式，与合作伙伴形成联动交流模式，加强合作伙伴之间的互信，同时也向展会现场其他观众展示中国中车的市场推广及商务合作能力。

案例 7-6

在 2021 年 10 月举办的北京国际风能大会暨展览会上，中国中车旗下子公司中车山东公司与中电建华东院公司签署框架合作协议。会上，双方代表在深化资源利用、业务协同、全流程服务等方面进行了深入交流，在海上风电项目开发、建设等方面达成了明确的合作意向，这标志着双方集团公司的合作在风电领域得到进一步延续。

早在 2021 年 6 月，中国中车和中电建华东院的上级公司中电建集团就签署了框架合作协议。双方利用自身的资源及技术优势，积极向各级政府及能源主管部门、开发商争取海上风电资源及订单项目，发挥各自优势，信息共享，优势互补，形成技术、利益共同体，共同制定新能源建设整体解决方案；双方协同推进海上风电项目的平价建设，共同致力于海上风电工程建设领域的业务合作，在海上风电场规划、开发与建设，风电智慧运维，海上风电＋等领域共同开发安全可靠、经济性强、施工效率高的产品；对拟建设的海上风电项目，双方共同努力、相互支持，力争为自身及对方获取订单；针对已获取的国内外及各自经营开发权的风电项目，双方互为优质供应商，建造精品风电工程，以助力实现碳达峰、碳中和的目标。

此次签约仪式在北京风能大会暨展览会上举行，让广大风电同行共同见证，对于提升中国中车整体形象、拓展潜在市场有着深远的意义。

案例来源：中国中车

PART 7

（七）云直播场景

云直播场景的构建是基于全类型观众（包括普通观众和专业观众）在线观展的需求，以信息触点为主，侧重于"线上"交流。由于互联网技术的快速发展，云直播作为展会活动中一种全新的交流方式备受关注。在云直播场景中，观众可以从之前的"在场"观展变成现在的"在线"观展，虽然线上观展相对于线下展会而言缺少了实地的体验感，却可以打破时间和空间的双重限制，做到时时观展、处处观展。对于参展商而言，展会现场由于场地有限、人员有限，展台的接待力有一定的局限性，无法一次性容纳过多的观众，而云直播场景完全放开了观众人数的限制，可以说进一步扩大了展会交流的范围，有利于向更广领域、更大范围的观众传递中国中车的企业形象，提升品牌影响力。并且，在云直播场景中，主播对于产品展示、技术活动等内容的介绍会有一个清晰的脉络，更能引导观众进行有条理的观展，有利于清晰地了解企业所展示的整体内容。

案例 7-7

在 2018 年的德国柏林国际轨道交通展览会上，中国中车通过脸书（Facebook）、微信、抖音等国内外社交平台开展了多次直播，开创了央企通过社交平台全球直播的先河。

一是直播中车参展情况、讲解展台亮点。组织推荐、选拔一名形象气质符合中车品牌定位，熟悉展出内容，精通英文、德文的讲解人员，经过专门培训后作为直播活动的主播在中车展台现场进行讲解介绍。讲解内容首先介绍中车参展的主题及理念，带来的技术和产品；其次通过主播与各展项具体讲解人员的衔接和配合，面向全球推介中车"黑科技"；最后预告展台重要活动的时间信息。

二是通过网络达人直播出圈。邀请中车内部具有一定粉丝基础的网络达人，借助其互联网热度以及娴熟的技术手段，用相对轻松、幽默的直播方式介绍中车参展亮点，带领观众登车体验。

　　三是介绍展会整体情况以及其他行业巨头企业有代表性的展示内容。2018的第12届展会吸引了来自61个国家和地区的3062余家企业参展，其中室外展区展出了149辆轨道装备实车，同期还举办了数十场不同形式的专业会议和研讨交流活动，整体规模是行业其他展会无法比拟的。

　　四是直播过程中同时将录制的画面内容留存，剪辑制作后第一时间借助各类宣传平台发布，进一步扩大传播效应。

　　此次云直播活动，让许多无法到达现场观展的观众身临其境感受展会盛况，了解行业风向。通过"线上"交流模式，打破了展会时间与空间的限制，进一步提升了中国中车的品牌知名度。

案例来源：中国中车

PART 7

243

二、主办方活动交流场景中交流全景化的探索与实施

一般而言，展会现场交流的平台除了参展商自身的展台之外，还有主办方牵头举办的各个论坛及会议活动。为了在有效的时间内提升展会的价值与内涵，同时进一步促进各参展商与观众充分交流，主办方往往会在展会期间举办一系列同期论坛活动，这类主办方活动交流场景同样也是我们实施"交流全景化"的平台之一，主要包括开幕式场景、专业论坛场景、圆桌会议场景。在主办方活动交流的场景中，我们的交流对象不再是展台上的普通观众，更多的是业界同行、专业观众，甚至是高层决策者，交流内容也随着主体及场景的改变有所不同。

（一）开幕式场景

开幕式作为打响展会活动的第一枪，对于展会能否成功举办具有至关重要的作用。在"交流全景化"的全场景中，"开幕式场景"是无法由企业自行构建的，主办方往往会邀请企业的主要领导参加开幕式。虽然开幕式场景是一个"面对面"的场景，但大多为单向的交流，双向的互动较少。单向的交流也存在两种情况：一是企业主要领导作为代表被邀请发言，这种情况下，企业相当于是信息交流的传播者，可以通过开幕式上的发言，以更加正式、权威的渠道传递企业形象；二是企业主要领导仅仅作为参会人员，这种情况下，企业就是信息交流的接收者，可以通过所接收到的信息，进一步了解展会主体及重点、行业发展未来趋势等内容。

案例 7-8

2021 年 10 月 17 日，在碳中和的背景下，中国中车高调亮相 2021 年北京国际风能大会暨展览会，中国中车党委书记、董事长孙永才首次出席风能大会开幕式，并就"风电装备是中车未来业务版图的重要一极"发表主题演讲。孙永才表示，在以轨道交通装备为核心的基础上，风电装备是中车未来业务版图的重要一极，要把风电装备业务打造为行业地位突出、经济效益良好、支撑作用明显的支柱业务。

　　孙永才的发言，进一步明确了中国中车的发展方向，同时也以更加正式、权威的渠道向业界展示了中国中车在风电领域的实力。"十四五"时期，中国中车将立足新发展阶段、贯彻新发展理念、融入新发展格局，围绕"一核两商一流"战略定位和"一核三极多点"业务结构，致力成为绿色制造的领跑者、绿色生活的创造者和绿色发展的先行者。

案例来源：中国中车

（二）专业论坛场景

　　专业论坛是展会同期活动中"含金量"较高的交流活动，主要侧重于既定主题下的面对面交流。在专业论坛场景中，所有与会人员围绕一个共同的主题探讨相关专业技术问题，因此参加论坛的观众基本都是行业内的专家及技术骨干。在过去，企业往往会忽视展会的同期论坛活动。如果将展会比作一场行业交流盛会，那么专业论坛就是一场行业精英交流会。通过专业论坛场景，不仅可以获悉行业内最先进的技术，还能借助专业论坛这一平台发声，有效引导市场需求。

PART 7

案例 7-9

在 2021 中国国际轨道交通和装备制造产业博览会上，中国中车旗下子公司中车株洲电机公司承办了"一磁伊始 永动我心"永磁动力技术与市场应用论坛，并邀请中国工程院院士刘友梅、王耀南、丁荣军、黄小卫以及来自业内政产学研用的 200 余名重要嘉宾，共同聚焦永磁动力技术与试产应用，纵论永磁技术之道，探讨应用发展之策，共商永磁动力技术的未来。

此次论坛以服务于国家制造强国战略、国家节能降耗战略、国家及区域经济发展重大战略为导向，旨在共同探寻永磁动力行业新的技术方向与市场机遇，促进永磁动力全产业链协同发展，不断提升我国永磁驱动技术产业核心竞争力。

论坛上，丁荣军院士在题为《磁动力产业的发展思考与建议》的主旨演讲中提出，永磁同步电机牵引系统能更好地满足城市轨道交通列车节能、降噪、高效、轻量化、运行可靠等要求，被业界公认为是轨道交通车辆牵引系统的发展方向。下一步，业内亟须加快构建产业链、技术链、创新链和价值链融合协同的创新生态系统。刘友梅院士在题为《永磁动力装备在轨道交通领域应用与研究》的演讲中称，推动永磁电机技术发展，有利于我国交通强国的建设。王耀南院士在题为《高性能电机智能控制技术及应用发展趋势》的演讲中表示，将人工智能、5G 和工业互联网、云计算、边缘计算融入电机的设计、研制、开发及市场应用等领域，有望推进新一代信息技术和传统制造业技术的有机融合。黄小卫院士在题为《稀土永磁材料对关键稀土原材料的需求分析》的演讲中提出，稀土材料端的降本增效，不仅能助力永磁动力技术市场应用，还有助于我国绿色制造强国的建设。

　　由中国中车所承办的永磁动力技术与市场应用专业论坛，为业内专家及精英提供了良好的交流平台，同时，通过院士发声，使行业内外进一步了解永磁技术的发展现状及未来方向，有效扩大了永磁技术的市场影响力。

案例来源：中国中车

（三）圆桌会议场景

　　圆桌会议的概念源自英国传说中的亚瑟王与其圆桌骑士在卡默洛特时代的习俗，主要是指围绕圆桌举行的会议，圆桌并没有主席位置，也没有随从位置，人人平等。圆桌会议强调的是一种平等、对话的协商会议形式。其规则和传统会议规则在有关会议要素的协调和会议程序的安排上大体一致。但前者又存在着特殊的规则，比如，角色对等规则、议事不议人规则、非人数优势规则及非决定规则。现在，圆桌会议已经成为平等交流、意见开放的代名词。在圆桌会议的场景下，一般是与专业观众、行业同仁等进行技术交流、企业经营策略交流，共同探讨企业经营过程中出现的技术、经营、发展等问题，寻求解决问题的有效途径。

2021 年 9 月 15 日至 17 日，在 2021 年第三届世界新能源汽车大会（WNEVC 2021）上，作为国内新能源汽车行业电驱系统 TOP10 品牌之一的中国中车旗下子公司中车时代电气首次携带新技术、新产品、"芯"方案在本次大会中惊艳亮相。同时，中国中车受邀参加大会首日的专题论坛"中英交通领域碳中和协同发展论坛"，并与中英双方代表在新能源汽车如何更好地达到碳排放的政策举措、协同发展等话题中进行了圆桌讨论。

2021 年 12 月 8 日，在 2021 中国国际轨道交通和装备制造产业博览会上，中国中车受邀参加中美轨道交通国际合作圆桌论坛，与美国合作伙伴就公司的核心技术、生产能力、市场布局等内容进一步开展深入交流，联通中美两国的轨道交通智慧力量，实现合作共赢。

案例来源：中国中车

三、展后交流场景中交流全景化的探索与实施

广义的"交流全景化"还可以延伸至展会时间空间以外的交流活动，也就

是展后交流场景，主要包括冷餐晚宴场景及企业开放日场景。这两个场景都是对展会现场交流的一种补充和深化。

（一）冷餐晚宴场景

冷餐晚宴场景主要基于专业观众中客户与利益相关方的情感需求而构建，主要是以味觉触点为抓手，侧重于双方的情感交流。脱离了展会现场的工作状态，在冷餐晚宴这种非正式交流的场景下，更有利于触发交流主体的感性情绪，从而加深企业与客户或利益相关方的情感联系，有利于培养双方之间的信任，维护客户关系。

案例 7-11

在 2021 年中国国际轨道交通博览会丽江有轨电车实车展示区，为了营造更加浓厚的云南当地风情，除了沉浸式布景之外，中国中车还将云南特色小吃鲜花饼以及雪山冰泉带到了展会现场，同时配备茶歇冷餐，为观展带来全新的体验。

在昆明长水有轨电车见面会上，中国中车创新性地将冷餐甜点设置在车厢内，带来不一样的乘车体验，不仅拉近了与客户的距离，让商务交流更加轻松惬意，而且从侧面展示出车辆平稳舒适的良好性能，提升客户对产品的认可度。

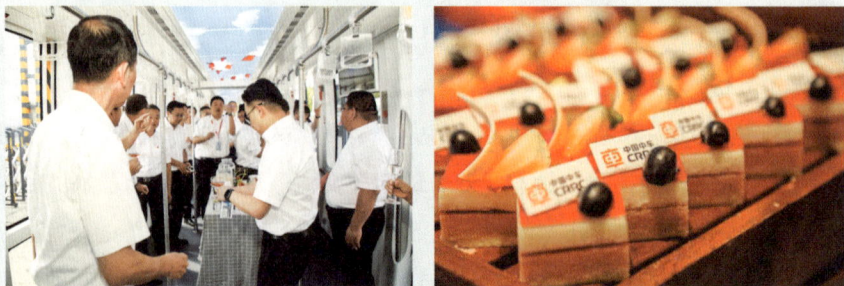

晚宴是展会的重要组成部分，能够拓展企业与政府单位、客户、主办方之间的联络渠道。参展企业要积极争取组委会统一安排的招待晚宴机会，这是参展贵宾之间相互交流的重要平台，也是拓展市场的良好契机。

案例来源：中国中车

（二）企业开放日场景

企业开放日场景基于全类型观众（包括普通观众和专业观众）对于企业有深入了解的需求而构建。展会现场由于时间与空间的限制，无法与观众就企业全方位信息进行深入交流，只能将企业最基本的信息传递给观众。以展会平台为桥梁，通过构建企业开放日场景，与观众进行全方位交流，使其全面了解公司先进产品、前沿技术、研发实力、企业环境、文化氛围、品牌形象等综合性信息，全面、深入地传播中国中车的品牌形象，提升品牌价值。

案例 7-12

　　"车迷有约"是中国中车展会的衍生活动，是向全国车迷朋友们展示企业发展、推介企业成果的重要窗口。自 2015 年以来，中国中车已连续举办十一届"车迷有约"活动。2022 年 6 月 24 日，第十一届"车迷有约·走进中车"活动在湖南株洲举行，本届车迷有约活动以"风驰电掣·与你同行"为主题，邀请了来自全国各地、各行各业的 35 名车迷，走进湖南株洲，走进中国中车，近距离感受风车和火车的魅力。

　　活动中，车迷们走进风电整机制造基地，探寻风机转动发电的原理以及每转动一圈所产生的电量；在风电叶片制造基地，探寻叶片的生产过程；在风电电机制造基地，探寻高铁"动力心脏"，近距离了解牵引电机及牵引变压器的工作原理；在电力机车制造基地，探寻电力机车的前世今生。同时中国中车还带领车迷们到株洲最美风场——龙凤风场，实地感受风车的魅力。

　　此次"车迷有约·走进中车"活动，是一场中国中车和广大车迷朋友的约定，是一场深入交流的盛会。通过带领车迷朋友们走近风电整机、风电叶片、风电电机，走进电力机车制造基地及龙凤风场，让大家有机会"一镜到底"近距离感受火车和风车的魅力，零距离了解中国中车的企业发展、企业文化和高科技产

品，领略中车科技创新的深沉力量，感受大国工匠的精湛技艺，也透过产品之美，感受中车创新文化的无穷魅力。如今，"车迷有约·走进中车"活动已成为中国中车向社会深度开放、与车迷深度连接的一个品牌活动。

案例来源：中国中车

四、交流全景化中的全效果评估

作为交流全景化的最后一环，全效果评估既是对本次展会成效的一个全面总结，也是为未来展会的开展提供一个有效的参考，评估内容覆盖了上文中所提到的4大模块及12类场景，归类为四个方面，分别是展览展示成效评估、技术活动成效评估、商务活动成效评估和宣传活动成效评估。最常用的评估方法有问卷调查法、访谈法、观察法及数据统计法。

案例 7-13

　　2022 年 8 月，中国工业博览会在天津召开，作为该年度第一个 A 类展会，中国中车在备展及参展过程中严格贯彻落实"五化"展会原则，并且在展会结束后，从上述所提到的四个评估方面进行了严格、精准且全面的全效果评估。一是采用问卷调查法，向现场参展人员发放了共计 16 份"五化"展会评估表，其中包括展台实际效果评估表、展会技术活动开展情况评估表、展会商务活动开展情况评估表及展会宣传活动开展情况评估表，通过对现场展示内容、技术活动、商务活动及宣传活动进行打分形成量化评估结果，为未来展会的开展提供有力的数据支撑。二是新增了访谈环节，对现场观众及工作人员进行随机访问，通过访谈进一步获取观众对企业参展的意见和建议。三是组织中国工业博览会的专题分享总结会，承担展台组和宣传组工作的子公司也分别就各自负责的工作进行总结及经验分享，同时所有参展单位也能借此机会对展会进行一个回顾及效果的总体评估，为下一次展会的开展提供有价值、可借鉴的参考标准。

案例来源：中国中车

第八章

传播国际化是形象

习近平总书记在中共中央政治局第三十次集体学习时强调，要采用贴近不同区域、不同国家、不同群体受众的传播精准化方式，推进中国故事和中国声音的全球化表达、区域化表达、分众化表达，增强国际传播的亲和力和实效性。与标准化阶段的国际传播不同，传播精准化不仅解决的是如何"走出去"的问题，更是解决品牌形象如何在海外"入脑""入心"的问题。

展会作为国际传播的重要渠道，中国中车提出企业参展的"传播国际化"。与一般的传播国际化不同，中国中车突出传播国际化的"精准化"，并以此更好地实现市场培育及推广、品牌形象提升、企业文化宣传的目的。在长期的参展实践中，中国中车总结出"一个立足点、三大理念、五大内容"的传播国际化理论，为其他企业更好利用展会进行国际传播提供了可参考经验。

>> 第一节 传播与传播国际化

一、传播的内涵

传播意为广泛流传、传扬。我国早在 1400 年前便开始使用"传播"一词，最初的记载见于《北史·突厥卷》中的"传播中外，咸使知闻"。但更多时候，我国古代汉语言中的"传"与"播"是分开使用的。在英语中，传播来源于拉丁语"commūnicāre"，释义为人们通过符号和讯号，传递、接收与反馈讯号的活动。在商业经营领域，人际沟通活动和大众传播活动是最为重要的两种信息传递方式。与人际沟通不同，大众传播是单向性很强的传播活动，侧重使用各类媒介（报纸杂志、广播电视、新闻媒体、社交媒体等）向社会大多数成员进行更广泛的信息传递。随着网络传播技术的不断发展，大众媒介也越来越具备反馈性和互动性。

展会不仅仅是利益相关者进行直接交流互动的平台，更是参展企业进行产品宣传和品牌推广的绝佳场所。从大众传播的视角来看，展会本身是一种带有媒体属性的传播活动，参展企业往往会通过整合各种展会营销和传播手段，将大量的产品和技术信息进行高密度传播，以达到宣传的目的。

二、传播国际化的要义

正如麦克卢汉在《理解媒介：人的延伸》中提到的"地球村"那样，如今的世界已经日益成为一个联系密切、牵一发而动全身的村落，这促使经济全球化的进程不断加快。在市场泛全球化的背景下，跨国公司的竞争不仅仅是产品、渠道或技术的竞争，更是品牌形象之间的比拼。国际传播作为信息传递和品牌输出的重要手段，对企业的经营发展起着不可替代的作用。尤其是 20 世纪 90 年代以来，信息技术对全球经济生活的各个领域产生了深刻的影响。信息技术、信息传播全球化的蓬勃发展，不仅使信息、知识越来越成为经济发展的决定性因素，也进一步打破了时间和空间对企业经营活动的限制，为企业经营的国际化提供了强大的动力，把企业经营国际化提高到新阶段和新水平。

在国际传播中，传播国际化是其必然要求。在国际传播中极易形成跨文化困境，即本国特定的文化为其成员提供了交流和行为的特有模式，这种惯习式的文化模式对生活在其中的成员会产生一种看不见的支配力，导致国际传播并不太"国际化"现象的产生。①国际传播的国际化，要求跨国企业在信息传递时，必须具备更广阔的全球视野，使用国际传播的话语表达和叙事方式，让国外受众听得到、听得清、听得进。

三、中国中车传播国际化的内在动机

中国中车凭借高铁的技术优势和成熟的运营经验，已进入"走出去"与国际轨道交通企业同台竞技的发展阶段。中国中车将国际化作为重要经营战略，并积极在海外实施本地化制造、本地化用工、本地化采购、本地化维护、本地化管理的"五本"工作模式，以提升国际竞争力。特别值得注意的是，中国中车在国际化经营中，不仅注重技术创新的"硬实力"投入，更重视自主品牌等"软实力"的海外建设，全方位擦亮中国中车这张"国家名片"。

当今时代已进入媒介化社会，以扩散和认同作为基础的品牌建设是须臾离不开国际传播的。中国中车为打造全球知名品牌，在集团内部提出传播国际化的先进做法。传播国际化有助于讲好品牌故事，增强文化技术自信，国际化传播更关注个体叙事，更常见"由点及面"。

对于中国中车而言，在展会举办前后开展的国际传播最主要的目的在于强化品牌形象、开拓国际市场、扩大文化影响力等，服务于中国中车的品牌战略、市场战略和文化战略（见图 8.1）。

---

① 李金铨. 国际传播的国际化——反思以后的新起点 ［J］. 开放时代，2015（1）：13.

257

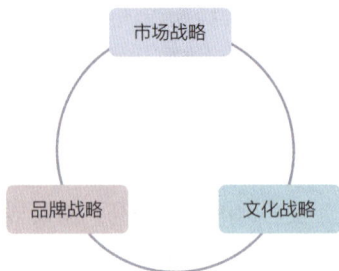

图 8.1 中国中车传播国际化的内在动机

（一）服务品牌战略

品牌战略是企业发展战略的重要组成部分，是提高国际化经营水平的现实需要，也是增强企业国际竞争力的必要基石。中国中车坚持战略引领，把国际传播由"点缀"变为"刚需"，变产品竞争为品牌角力，推动公司培育具有全球竞争力的世界一流企业。为落实品牌建设，中国中车出台《中国中车品牌建设指导意见》，并确立了"一战略四体系"，即品牌战略、品牌价值体系、品牌形象体系、品牌传播体系、品牌管理体系。其中品牌传播体系核心内容包括品牌传播策略、传播方式和传播内容，其内在要求是传播国际化。

传播国际化讲究用国际化语言，讲本土化故事，树负责任形象。在一些情况下，国际化传播的方法有助于吸引注意力，激发受众"共情"能力。[①]由于社会企业的受众除了购买其产品或服务的客户，还包括创造或接受社会价值的相关方，在很多时候国际化传播的方法更能凸显社会企业的使命、价值观，并打动尽可能多的相关方。传播国际化有助于提升中国中车品牌的国际知名度和影响力，实现中国中车"以高端装备为核心的全价值创造者"的品牌定位。

（二）服务市场战略

中国中车的市场发展已实现了从专注国内市场和少量产品出口，发展到投身国际市场和国际化经营能力不断提升的阶段。近些年来，中国中车积极拓展

---

① 王嘉. 超越巴别塔：共情传播视角下中国故事的国际化叙事研究［J］. 新闻春秋，2022（3）：63–70.

海外市场，实现以轨道交通装备为核心、以战略性新兴产业为主体的多元业务架构共同发展，满足多元化的市场需求。截至目前，中国中车不断创新研发、新产品贡献率多年保持在 60% 以上，"中国中车制造"产品已出口至全球 109 个国家和地区，覆盖多数"一带一路"沿线国家，现有 100 余家境外子公司或机构、18 个海外研发中心。中国中车将海外市场拓展提升到空前的战略高度，明确推进策略、实施方案和保障措施，已形成思想共识。

企业到一个陌生国度发展，和当地社会相互都有一个认知的过程，企业只有主动发声，不断强化正面的声音和形象，不断提升与媒体及公关机构的交往能力，提高产品信息披露，才能让别人了解企业的产品和技术。而传播国际化的关键在于用本土化的表达和多渠道传播，使新产品和新技术信息能够传递给受众，帮助潜在客户知晓、认识和了解产品。通过对产品具有的最独特、最吸引人的内容进行传播，传递新产品的优势和可满足的需求，让潜在客户对产品产生兴趣，为培育市场认知度和提升知名度添砖加瓦。

（三）服务文化战略

中央企业是国家综合国力和国际竞争力的集中体现，是中华民族文化品格的承载者、传承者、创新者、传播者。特别是在百年变局与世纪疫情叠加影响下，国际舆论斗争日益复杂，国际传播格局加速重塑，中央企业更需要扛起国际传播的政治担当。中国中车积极响应国家号召，在参展期间以打造"国家名片""民族品牌"为己任，积极推广中国高铁品牌、传播高铁文化、展示中国动力，为构建人类命运共同体贡献中国中车力量。

在企业文化层面，中国中车践行"连接世界、造福人类"的使命，秉持"成为以轨道交通装备为核心，全球领先、跨国经营的一流企业集团"的愿景，确立"客户导向的（Customer-oriented）、负责任的（Responsible）、可靠的（Reliable）、创造的（Creative）"的品牌核心价值。中国中车不仅重视企业文化的建设，更重视企业文化的海内外传播。尤其是把参加展会作为传递企业文化、理念和价值观的重要渠道。在实践中，中国中车善于利用这一渠道向客户、社会大众和全世界讲述中国中车好故事，传达中国中车好声音，增强人们对中国中车的认同感。

PART 8

259

▶▶ 第二节　中国中车传播国际化探索

传播国际化，是中国中车于 2019 年提出的"五化"展会理念中的重要"一化"，指在参加国际展前后，通过对目标人群或受众进行精准识别，利用本土化精准表达，采用多渠道精准发声，以此展开针对性的国际传播活动，使展会成为传播的爆发点。与一般的传播国际化不同，中国中车强调传播国际化的"精准化"，并以此更好地达到市场培育及推广、品牌形象提升、企业文化宣传目的。

在拉斯韦尔的 5W 传播理论基础上，中国中车结合自身实践回答了中国中车如何进行传播国际化这一核心问题。中国中车的传播国际化可以总结为"一个立足点、三大理念、五大内容"，即以传播精准化为立足点，以"全球思维、本土执行""区分对象、精准施策""文化自信、推陈出新"为理念，以总部精准统筹、受众精准细分、多渠道精准发声、本土化精准表达、效果精准测评为内容（见图 8.2）。

一、一个立足点

近些年来，伴随着技术的发展与进步，门户网站、视频网站、自媒体、社交媒体、直播等新媒体如雨后春笋般涌现，这不仅仅是简单的媒介技术的演进，更是对传统传播模式的颠覆与重构。尤其大数据和移动互联网的出现，新媒体传播更需要精细化、个性化、定制化的传播内容。由此，一种新的传播模式应运而生，即传播精准化，其理念已被广泛应用于社会各个领域。

"传播精准化"（Precise Communication）发展于大众传播理论实践，指通过对目标人群或受众进行精准识别，并在此基础上展开针对性的传播行动，以达到预期的宣传目标。这里"精准"的内涵，包括时间观念的精准、空间位置的准确，还包括内容正确、方式适合，通过适当的渠道和路径将知识、信息、数

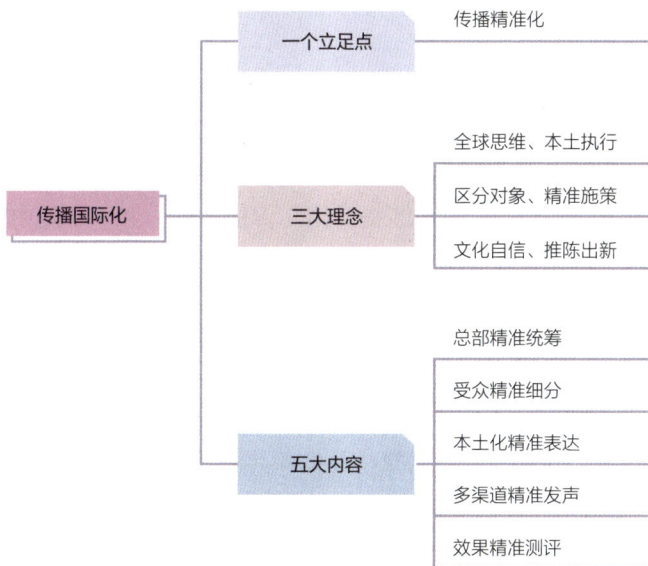

图 8.2　中国中车参展的传播国际化模型

据和成果传递给目标人群，并使其充分接收和获取。在传播中，做到定位、内容、渠道这三个环节的精准，可以保证高质量的传播效果。

从传播史上看，大众传播模式经历了从"标准化"到"精准化"的升级过程。纵览当今一流的企业，大部分在走向市场之初，都是采用"标准化"的策略：统一内容、统一流程、统一格式，甚至统一版面。但是，随着新媒体和大数据技术的涌现，为了满足不同受众的个性化需求，大众传播模式一步一步走向"精准化"：内容贴近受众口味、渠道符合用户习惯、表达融合地方文化元素。

展会作为典型的跨地域集聚的活动，在短时间内集聚了来自不同领域、不同岗位、不同地区，甚至不同国家的参展商和观众，在这里进行竞争性展示、多样化选择和认知性活动。对于在展会上做产品宣传和品牌传播的参展企业而言，需要尽可能地了解观众的诉求，针对不同观众的特点，精准投放相关内容，以获得事半功倍的效果。由于参加展会是一系列的工作，展前、展中、展后的传播工作都需发力，按照传播精准化模式有序展开，做到"主动参展"，提升参展效果。

261

PART 8

二、三大理念

为更好地提升国际传播效果，中国中车提出了参展的传播国际化思路，在参展过程中，针对不同国家的不同受众采取不同的传播方法，实施精准传播，做到"一把钥匙开一把锁"，不断提升国际传播的能力和水平。中国中车认为精准化阶段的传播国际化需要实施"全球思维、本土执行""区分对象、精准施策""文化自信、推陈出新"理念。

（一）全球思维、本土执行

中国中车明确规定了国际传播理念，即"全球思维、本土执行"，由总部统筹规划，区域公司和海外机构执行并发挥其海外品牌传播主体的作用。所谓"全球思维"是指用开阔的眼界和全球的视野审视品牌传播的整个过程，并充分结合公司的国际化战略，打造一个广受认可的国际品牌。"本土执行"意味着入乡随俗，是指跨国公司将品牌传播全方位全要素融入东道国环境中，与当地文化社会相融合，加速与国际接轨。如果说全球化更注重一体化与规范性，强调全球采用统一的价值原则、技术标准与管理规则，那么本土化则重视个性化与灵活度，提倡因地制宜的本地认知与解决方案。

（二）区分对象，精准施策

由于传播对象存在明显的个人差异性，他们不仅有来自先天和后天的个体特征，如年龄、性别、兴趣、智力、经历、价值观等，不可能完全一致，而且由此形成的心理（认知，动机）结构和行动结构也不尽相同，面对同一信息，他们的反应各异，甚至大相径庭。传播对象对信息、知识、数据的接收、理解、认同或反对以及采取的行动决定着精准传播的效果。当前传播的生产流程、传播路径、产业形态也正在发生革命性变化，差异化、分众化、个性化、定制化已经成为不可逆转的总体趋势。区分对象是精准施策的重要前提，只有目标受众清楚，才能因人施策，提高传播的效果。

（三）文化自信、推陈出新

文化是一个国家、一个民族的灵魂。文化自信是一个国家、一个民族发展中更基本、更深沉、更持久的力量，在国际传播中要坚守中华文化立场，提炼展示中华文明的精准标识和文化精髓，展示可亲、可爱的中国形象。坚定文化自信，不仅需要薪火相传、代代守护，也需要与时俱进，推陈出新，只有这样才能为民族复兴立根铸魂。所谓推陈出新，就是要不断挖掘中国文化中最具外在影响力的积极成分，并对其进行创新，打造更多的既承载中国文化精神内核，又能为国际社会所接受的文化内容。在传播国际化中，要注重文化自信、推陈出新，引导外国公众对中国优秀文化形成认知与认同。

三、五大内容

传播精准化突破了传统传播的模糊性和权威性，以一种新的传播理念彰显了现代传播的准确性、实效性和精细化特点，使传播由"标准"走向"定制"。中国中车在传播精准化基础上将传播国际化总结为五大内容，即总部精准统筹、受众精准细分、本土化精准表达、多渠道精准发声、效果精准测评（见图 8.3）。

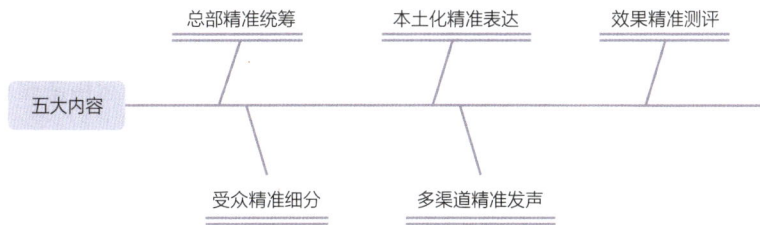

图 8.3　中国中车传播国际化五大内容

（一）总部精准统筹

传播者在传播过程中的作用十分重要，它不仅是信息源的承载者和表达者，而且还担负着与媒体、公众进行有效沟通的责任。对于拥有多家子公司的集团企业而言，集团总部和子公司都可以作为传播者，在其中建立统一的品牌管理体系是至关重要的。统一的品牌标识可以塑造统一的形象，统一的品牌核心价值有利于传播统一的声音。

（二）受众精准细分

根据麦奎尔的研究，受众是媒介和社会共同作用下的产物，随着技术发展，

PART 8

受众分化是必然趋势。尤其对 B2B 品牌企业而言，目标受众包括政府、客户、供应商、行业协会等利益相关方以及社会公众，品牌触点分布广泛。

传播精准化的必要前提就在于对受众人群的预先画像和特征圈定，明晰细分受众的信息需求，进而对症下药。在国际传播环境下，受众细分还要在充分市场调研的基础上展开，区分不同文化背景、价值习惯和行为方式的传播对象，继而进行贴近性与针对性的传播，即领悟国际传播的"本土化"理念。

（三）多渠道精准发声

在对目标受众进行精准分析的前提下，选择最适合自身的国际化传播渠道并进行适当组合，则是传播精准化最为关键的环节。"走出去"的企业大多数是各自领域硬实力处于世界前列的中国企业，选准国际化的传播渠道，能保证传播的有效性，帮助企业品牌争夺国际市场的话语权。要注重整合传播，将媒体软传播、行业展会传播、公关活动传播、专业会议传播、硬广告传播、事件营销、企业家品牌塑造等各种渠道和方式，进行轻重缓急搭配。其中有两点不可忽视：一是善于借助行业第三方证言支持品牌建设；二是善于运用新媒体平台主动发声。这在信息碎片化的当下尤为重要。

（四）本土化精准表达

人类天生爱听故事，人们的世界观、价值观都通过儿时听到的一个个故事逐步树立起来。树立品牌也是如此。没有好的传播内容，再有效的渠道也无法完成有效的传播。企业面对国际受众切忌以内宣思维讲外宣故事，而要从受众出发，讲对方感兴趣的故事、讲对大家有益的故事。故事的价值观应当契合企业的品牌核心理念，故事的内容应当符合世界共通的情感取向，故事的讲述时机应当巧妙融入企业各项活动和社会重大事件中，故事的讲述方式应当拥抱互联网思维。中国中车在实践中形成了这样几条讲故事的思路：找感动人心的故事，而非劳模自虐的故事；找融入世界的故事，而不是干掉对手的故事；见人见事见责任，而非只见产品和订单；让老外代言当主角，而非事事以我为主。

（五）传播效果精准测评

传播效果是指传播信息受到的关注程度，以及目标受众对传播内容的反应。传播效果精准测评要求形成以用户为中心的效果评测导向，从"量"和"质"两个维度进行精准测评。"量"的指标，主要是指受众的浏览量、点赞数、转发数、收藏数等，这在社交媒体传播中一目了然。"质"的指标，则要收集分析受众的意见评论、话语表达，分析文字背后的意见倾向和情绪态度。传播效果的测评，主要用于指导和构建理论传播效果的反馈回路，将评测效果用于对传播方式、传播内容、传播定位的策略调整，用于传播路径的调度优化。

传播精准化的五个方面是环环相扣、密不可分的，它们中任何一个基本要素的变化，都会引起整个传播生态环境的变化。如果传播主体能够精准识别不同受众群体，并精准选取合适的传播渠道，将本土化的内容传递给受众，那么传播的效果就容易实现。当然，在传播的过程中，受众并不只是信息的接受者，他们往往还会对传播者传播的内容进行反馈。特别是在互联网时代，反馈来得更及时和简便，通过反馈，传播者可以更好地丰富传播内容、改进传播方式，提升传播效果。

▶▶ 第三节　中国中车传播国际化实战经验

中国中车基于多年的参展经验，将传播国际化高度概括为五大内容，即总部精准统筹、受众精准细分、本土化精准表达、多渠道精准发声和效果精准测评，并在实践中认真实施，持续改进。

一、总部精准统筹

中国中车有众多全资、控股子公司和参股公司，其中一级子公司近 40 家，主要的子公司有四方股份、长客股份、株机、株洲所、唐山机车、大连机车、大连所、南京浦镇、四方所、戚墅堰所、齐车集团、长江集团等。中国中车按照展会的重要程度进行分类管理，核心展览项目由集团总部统一管理和部署，重要展览项目则由集团公司指导、委托一个子公司牵头管理，一般展览项目子公司自行负责。

一般而言，中国中车实现传播国际化时，其传播主体主要是集团总部或子公司，且集团总部在顶层精准统筹规划阶段就会确立统一的品牌传播形象。为了中国中车长远和整体的发展，中国中车用"系统建设"的思路，构建"价值、形象、管理、传播"四大体系，形成了较为完善的品牌管理模式，统一全员品牌意识，统一视觉识别应用。在进行国际化传播时，中国中车所有的传播主体都必须采用统一的品牌标识和视觉识别应用系统，传递中国中车的品牌内涵和核心价值观，塑造统一的中国中车形象。

案例 8-1 **中国中车总部统筹品牌传播体系**

　　品牌架构：结合业务多元、成员众多的特点，中国中车构建"主体统一、局部混合、层次分明、协同灵活"的品牌架构。"主体统一"是指集团公司主体采用单一品牌模式，各子企业及产品在原则上应统一使用"中国中车"品牌。"中国中车"为集团的主品牌，各子企业需通过准入评估后，经授权方可使用（见图 8.4）。

图 8.4　中国中车统一品牌标识

　　品牌定位：根据公司总体发展战略，"中国中车"品牌定位为"以高端装备为核心的全价值创造者"。这一定位表明公司将从单一的轨道交通装备供应商向综合价值创造者转变，同时也昭示了"中国中车"品牌"高端"的市场定位。

品牌核心价值: 客户导向的（Customer-oriented）、负责任的（Responsible）、可靠的（Reliable）、创造的（Creative）。"客户导向的"强调以客户需求为导向，与客户一起解决问题、创造价值；"负责任的"强调中国中车勇于担当，以真诚和专业的态度践行对国家、社会、客户、员工的各项承诺；"可靠的"强调产品可靠、技术可靠、解决方案可靠、服务可靠、承诺可靠；"创造的"强调中国中车致力于为客户创造最具价值的产品与服务，创造是中国中车发展的动力之源，是中国中车人从无到有、克服一切困难的开创性力量。

资料来源：中国中车

二、受众精准细分

（一）本土化信息收集

中国中车为确保成功实施本土化传播策略，首要的工作就是对东道国进行深入调研。认真搜集有关目标市场的信息，详细了解客户的需求，有针对性地传播能够满足客户需求的产品。详细了解东道国的文化背景，关注客户的文化习俗、消费习惯、禁忌与宗教信仰，关心每一个细节，避免因小失大。充分把握东道国的舆论环境、媒体个性，表达习惯等，利用好东道国的各类媒体，做到有的放矢。

中国中车主要从两个方面进行本土化信息收集。一是企业内部部门收集信息，主要是通过海外常驻员工反馈、网络信息检索、各国经济统计网站等渠道进行信息的获取。二是通过海外第三方媒体情报调查机构获取客户消费习惯、潮流趋势等方面的信息。如在澳大利亚国际轨道交通技术展览会办展期间，中国中车本着"融入与服务"的宗旨，通过与第三方调研机构合作把握澳大利亚用户的需求，并在此基础上更好地为澳洲用户和民众提供多样的产品，服务于澳大利亚的轨道交通升级。

案例 8-2 中国中车展前的信息收集

澳大利亚国际轨道交通技术展（AusRAIL）是澳大利亚铁路行业最权威、最具影响力的专业展会，集中展示了整个铁路及运输行业链条最先进的技术设备，是世界各国铁路厂商展示新技术装备、提升企业形象、寻找合作伙伴、了解铁路发展需求、开拓国际市场的黄金通道。

为更好地把握澳大利亚轨道交通市场用户需求，中国中车在展会前期通过中国中车澳大利亚公司、当地大学、网络收集等方式，寻找当地优秀的澳大利亚轨道交通市场咨询机构，如澳大利亚中央昆士兰大学、澳大利亚昆士兰大学、Aurecon 公司，通过交流沟通，最终确定了澳大利亚昆士兰大学为合作方，共同拟定澳大利亚轨道交通产业发展报告相关内容。报告主要对澳大利亚轨道交通行业进行概述，并对客运市场需求和供应进行分析，结合澳大利亚新南威尔士、维多利亚州、昆士兰州、澳大利亚西部、澳大利亚南部、堪培拉、达尔文区域的铁路发展计划，预测了未来十年澳大利亚客运轨道交通车辆和设备的市场需求。结合客运市场，分析了客车、地铁、轻轨车辆、货车的未来市场需求。此外，基于澳大利亚轨道装备招标情况，从国外投标公司、融资审批流程、非邀约投标书、私营部门招标程序等维度，介绍了澳大利亚铁路装备市场招标和投标的重点，为更多投入澳大利亚铁路市场的客商提供指导。基于此报告，中国中车明确了澳大利亚对城市轨道的需求（墨尔本地铁），有针对性地进行了城轨地铁展示策略变更。如中国中车长客在澳大利亚积极探索传播策略转变，推进跨文化融合。依托墨尔本地铁项目，策划聘请当地公关团队拍摄产品宣传片，展示中国中车品牌形象的同时融合了本地化经营的理念。

为更好地提升展会的传播效果，中国中车委托澳大利亚国际彼岸集团就如何进行本土化传播为题，编制并发布了课题研究报告《国际企业在澳大利亚形象传播策略白皮书》（以下简称白皮书）。白皮书主体内容分为五个部分。第一部分"澳大利亚媒体环境及主要传播渠道"系统梳理了澳大利亚媒体环境及主要传播渠道，澳大利亚具有丰富多元的传播渠道。电视、广播、报纸、杂志、网站、社交媒体和各类活动是澳大利亚公众获取资讯的主要渠道。第二部分"澳大利亚社会对中国企业的认知分析"展现中国企业澳大利亚形象认知问卷调研结果。澳大利亚媒体和公众在涉华舆论上使用的词语常常是"中国影响"，反映当前对中国影响力上升的普遍忧虑。在第三部分"国际知名企业在澳大利亚传播案例"中，通过对四个国际知名企业"ALDI""TCL""星巴克""Masters 家装建材"在澳大利亚传播案例的解析，为企业传播策略制定提供借鉴和启发。第四部分"国际企业在澳大利亚传播策略建议"针对澳大利亚传播受众特点，为企业提供话语构建、渠道选择、方法策略、危机应对、禁忌提醒和其他提示等内容，便于企业快速、高效制定本地化传播策略。如在商务习惯方面，澳大利亚客户乐于接受招待，多数交易洽谈活动在酒店进行。企业招待客户可以沟通感情，建立信任，但澳大利亚客户普遍公私分明，宴请并不能起决定性作用。再如，原住民问题在澳洲属于敏感话题，进行国际传播时应避免在原住民问题上产生歧义，要充分了解澳洲历史和原住民政策、习俗。第五部分附录，详细列出了澳大利亚知名媒体、智库、高校、公关公司名单及联系方式，便于企业快速建立传播合作关系。此白皮书为中国中车在澳大利亚开展行之有效的本地化传播、有效防范潜在经营风险、促进投资经营健康平稳发展等提供了切实可行的策略建议。

案例来源：中国中车

（二）受众精准细分

受众精准细分的关键在于改变"以我为主"、增强"受众意识"，使整个传播策略对路。中国中车在充分调研的基础上，按照两个标准细分受众。即对不同地理区域的受众进行区分，以及以不同受众群体进行细分。

一方面，按照地理区域精准细分。近些年来，中国中车在国际贸易业务方向积极开拓、稳步发展，大力推行进入高端市场的拓展理念，重点完成了对欧盟市场、非洲市场、亚洲市场和美洲市场的培育和战略布局，并已经取得了一定的成绩。因此，中国中车在进行国际传播时，将受众按照业务所在的地理区域进行受众细分，针对不同国家的发展程度、语言文化背景等，适时调整对外传播方式，争取做到用受众群体听得进、看得懂、感兴趣的形式传播中国中车声音。

另一方面，按照同一国家内部的不同群体精准细分。根据对中国中车产品的需求程度，将传播受众细分为关键受众、重点受众和一般受众。其中关键受众是中国中车产品和服务的潜在专业买家，有可能是当地政府、当地轨道采购商等主体；重点受众是中国中车产品和服务的供应商、行业协会、同行竞争企业等；一般受众是普通公众，是中国中车产品和服务的最终体验者和使用者。

三、本土化精准表达

（一）讲本土化语言

中国中车海外市场遍及109个国家和地区，有大量的海外生产基地、研究机构、子公司。中国中车活跃在各大洲各大专业展会上，向用户散发着印刷着各种语言的宣传品。但是，我们离真正的国际化还有多远呢？在一次展会上，中国中车曾经做过一次市场推广活动，与会嘉宾如潮，在会后，我们曾问过一位比较熟悉的嘉宾参会感受，得到的回复如下：活动做得不错，但语言有点 Chinglish（中式英语）。

海外宣传与国内宣传大为不同，语境的不同使得国内宣传模式生搬硬套到海外会导致"鸡同鸭讲"的效果。为避免这种情况再次发生，中国中车针对不同国家和地区的语言，进一步挖掘语言背后的民俗习惯、宗教信仰、历史文化、社会需求，了解当地的语言特征和语言习惯，对于其固有的标准和习惯以及特有的禁忌等保持高度的包容态度，调整自己的语言传播策略，使之更适合当地消费者需求，增强自身的本土化特征。实现从语言到文化、从文字到思想、从概念到情感的路径演进，实现深层次的民心相通。

为做到精准传播，需了解所在国家有哪些语言禁忌和不同语言习惯，然后按要求润色传播文稿，精准表述传播重点和相关内容。为此，中国中车集团引进专业公司、专业服务，用外脑来提升内脑，用外力来增强内力。比如，2018年柏林轨道交通展（InnoTrans 2018），中国中车吸引了全球关注的目光，在这背后，所有的外发稿件全部经过美通社润色，充分发挥了外媒写作的专业性及全球渠道的畅通性价值。

案例 8-3 美通社润色并翻译的新闻稿

CRRC Positioned 'The Creator of Value' with New Innovations and Solutions at InnoTrans 2018

- CRRC unveils three new locomotives, metro car and a high-speed train at InnoTrans 2018.

- Aims to reduce client costs with the introduction of new train "health care" monitoring solutions and flexible solutions.

- Launches an integrated rail, freight, air, and ground travel solutions system for modern cities.

BERLIN, Sept. 20, 2018 /PRNewswire/ -- InnoTrans 2018, the world's leading international trade fair for transport and technology and industrial weather vane for future city development, played witness to the unveiling of CRRC's latest and most advanced product offerings and transportation solutions yesterday. Under the theme of being the company of choice to "create value with high-tech solutions" within the integrated transportation service industry, the company dazzled spectators with the unveiling of several advanced new product technologies and a series of innovative solutions. It was also the first time that the company took two real working locomotives over 7, 300KM to join the world's leading transportation technology fair.

· An 'internal combustion + battery' hybrid AC shunting locomotive

· CETROVO, a new generation of 'intelligent' carbon fiber metro train

"Over the past several years, CRRC has aimed to position itself as an 'integrated rail transit solutions provider' and 'creator of value' to its global customers, transforming from product providers to system solution creators," said

Sun Yongcai, President of CRRC. "Our exhibition at the world—renowned InnoTrans trade fair, our innovative new products, and cost—effective solutions all reflect these two concepts." CRRC is ranked the largest railway equipment suppliers by turnover in 2017 by SCI verkehr.

Under these concepts the company presented their innovations with three key areas in mind gaining time, reducing costs, intelligence and integrating for the future.

Gaining Time

Alongside the two new locomotives and metro car presented at the outdoor exhibition center the company also launched a series of new solutions for modern growing cities, including a highly versatile high—speed intercity train and cargo car that can reach speeds of 250km/h. The new intercity train offers the option of ease of flexibility during passenger low/high seasons, while the time—saving new freight car can cut down on supply chain costs with a high—volume transportation solution for fresh—food or first—aid materials for disaster relief.

Reducing Costs

With optimization in mind, the company also unveiled, PHM, a sensory "healthcare system" for trains. The forward—thinking new system provides operators with real—time diagnostics and predictions regarding the health of their fleet of trains; improving decision—making and reducing costs through precision diagnosis.

Integrating for the Future

The latest freight solution from CRRC unveiled to spectators at InnoTrans, imagines a world that is interconnected with a transport system to match. By linking up various modes of transport, such as road, air, rail, and sea to one integrated system the company aims to enhance the logistics industry, reduce costs and raise efficiency.

"CRRC aims to build a respected international company, with solutions and value at its core. To date, we have worked with partners across the globe to improve the rail transportation industry, opening over thirteen R&D centers around the world, including here in Germany with the jointly built Sino-German Rail Transit Technology Centre with Dresden university," said Cao Gangcai, the spokesman of CRRC. Adding, "At InnoTrans 2018, we hope to show our achievements but also to highlight the opportunities of working together to create value for the industry and rail passengers."

案例来源：中国中车

（二）讲差异化的传播内容

如何以优质的内容吸引用户读者是包括新媒体在内所有媒体最重要的生存之道，由于传媒行业是信息服务行业，内容既是其安身立命之本，也是传媒业的核心竞争力。同时，媒体经济也是影响力经济，属于注意力经济，内容正是汇聚注意力资源的关键。中国中车在进行国际化传播时，特别注重传播内容的本土化、针对性和鲜活性，强调要深入把握不同地域不同类型受众的宗教文化、风俗习惯和心理特点，并据此进行传播内容的艺术加工和处理，使传播的内容更加贴近受众的日常生活，更易于被受众理解和接受。

在不同地域传播内容设置上，中国中车坚持全球思维和本土执行的理念。2016年8月，在印度中国中车投产仪式上，中国中车在邀请《人民日报》、新华社、央视等中国驻印媒体时，也一同邀请了印度当地媒体以及西方媒体，避免了在媒体报道上出现"一言堂"，让公众能全面客观地认知中国中车品牌；从稿件撰写来看，中国中车新闻稿、讲话稿等的撰写设计，积极赞赏当地电影产业和轨道交通的优异成绩，而不涉及其铁路频繁的故障问题，并且中国中车不强调技术实力与市场开发能力，而是将中国中车制造与"印度制造""印度创造"联系起来，突出中国中车融入印度实现双赢的信心与决心。

在不同的细分受众传播上，中国中车找准传播对象的话语共同点、情感共鸣点和利益交汇点，以小切口展现大图景，运用能够被国际社会广泛接受的表达形式，构建中国中车叙事逻辑。中国中车对重点客户、协会、同行竞争者和一般公众采取不同的内容宣传策略，对重点客户传递中国中车的新产品质量和经营实力，对一般公众则强调中国中车的社会责任和为当地所做出的贡献，对同行竞争者和协会突出中国中车的合作和开放态度。由此可见，中国中车在灵活掌握国际化商业规则的基础上，充分利用海外机构资源能力助力以轨道交通装备主机企业带动配套企业和全产业链"走出去"。

案例 8-4 "InnoTrans 2018"展会上中国中车推介内容提示

中国中车是全球规模最大的轨道交通装备企业之一，总部位于中国北京。2017 年销售收入达 315.38 亿美元，位居世界五百强之列，在全球 26 个国家和地区建立了 83 个分支机构，在中国本土以外的全球各地建立了 13 个海外研发中心，在美国、印度、马来西亚、南非等国建立了本土化的制造基地，产品遍及全球六大洲 104 个国家和地区。中国中车主要生产高速动车组、铁路机车、客车、货车、城轨等轨道交通装备产品，以及新能源客车、风力发电机组等产品。

中国中车产品在全球各地赢得了广泛的赞誉。在美国波士顿，中国中车制造的橙线地铁已经投入试验，马萨诸塞州州长曾经三次发布推文点赞，称这些新地铁投入运营后，将大力改善波士顿的交通状况。在巴西，中国中车地铁和电动车组已经光荣服务于 2014 年世界杯和 2016 年奥运会，被评为 2016 年的"奥运十大新闻"之一。在埃塞俄比亚亚的斯亚贝巴，中国中车轻轨已成为当地亮丽的风景线；亚吉铁路、蒙内铁路开通以来，一直得到当地政府和民众的赞赏。

中国中车正大力推动以"本土化制造""本土化采购""本土化用工""本土化维保""本土化管理"为特色的"五本模式"，积极融入所在国，为当地创造税收和就业岗位。

中国中车秉承"连接世界，与你同行"以及"共享共赢"的理念，与全球各地合作伙伴亲密合作，志在"打造受人尊敬的国际化公司"。在欧洲，中国中车不仅与西门子、阿尔斯通、庞巴迪、克诺尔、福伊特等企业保持十几年甚至是几十年的友好合作关系，还与德国（德累斯顿大学）、英国、捷克、瑞士等国家的大学或科研机构共同发起成立了联合研发中心。在德国、英国等国家建立起业绩卓越的企业，为当地创造就业和税收。如在德国下萨克森州，中国中车旗下企业、全球汽车减振领先供应商博戈（BOGE），2016 年已经跻身萨克森州企业前 50 强。2017 年，中国中车首次隆重表彰了 58 名"高铁工匠"，来自博戈公司西蒙尔工厂（SIMMERN）的 Daniel Nickel 获得此荣誉。

2018 年 11 月，中国举办了中国国际进口博览会（China International Import Expo，简称 CIIE）。中国中车以此为契机，进一步加强了与国际同行的合作。

案例来源：中国中车

（三）讲有温度的中国中车故事

中国企业是国家经济、文化和公共外交"走出去"的重要载体，走出去要坚持文化自信和推陈出新理念，主动讲好中国故事，传播好中国事业，展示好中国形象。为提升中华文化的影响力，中央企业要紧贴海外受众的思维方式、阅读习惯，注重挖掘有温度、接地气的中国故事，注意用事实、数据和案例说话。"李子柒视频""云南大象迁徙视频"等的国际传播力如此之高，主要原因是这些故事表达了热爱生活、人与自然和谐相处等人类共通的情感，引发了海外受众的情感共鸣，与此同时，通过对中国风俗习惯、地理风光等的展示，使人们在潜移默化中领略到中华文化的多姿多彩。在进行国际传播时，可以以中外共通的情感和共同的利益关切作为传播的切入点，在吸引海外受众注意的同时，展示坚强勇敢、勤劳善良的中国民众形象，展示真实、可敬、可爱的中国，推介更多具有中国特色、体现中国精神、蕴藏中国智慧的中华文化。

从追赶到引领，中国中车不断讲述有温度的时代故事。少秀肌肉、多讲责任，少谈利益、多谈文化，少谈博弈、多讲融合，以"小而美"的故事切入，是中国中车身体力行的宗旨。在中国中车五周年全球开放日上，中国中车讲述了"中国工匠精神"的故事，以中国中车承担研发的时速 600 公里高速磁浮交通系统为切入点，由中国中车四方牵头的团队，历时 5 年攻关，经历无数次试验，攻克一项又一项关键核心技术，解决了速度提升、复杂环境适应性、核心系统自主化等一道又一道技术难题，才赢得时速 600 公里高速磁浮交通系统的横空出世，再次刷新"中国速度"。无论是动车、高铁、城际列车还是磁悬浮，在它们美丽坚固的铁甲外衣下，展示着高精尖技术和智能化应用，令人赞叹的是他们通过"智慧大脑"和"工匠精神"串联起无数的可能性。

此外，在澳大利亚中华文化节举办"中国中车人眼中的丹顶鹤"主题摄影展，传播中车人爱自然、爱生命、爱生活的情怀，传递中国中车"连接世界、造福人类"的使命追求。在展会期间，中国中车充分利用各种媒体，策划宣传主题，传递中国中车有温度的正能量，深刻阐述中国中车"精准尊重是前提、方式方法要创新、开放互动显信任"的跨文化融合理念。

案例 8-5 讲有温度的中国中车故事——"中国中车人眼中的丹顶鹤"

　　澳大利亚是一个高度关注环保的国家，通过展示"鹤"，揭示中国中车作为一个装备制造企业非常注重人与自然和谐共生的关系，从而更能引起受众的共鸣。从中国中车走出的知名环保人士、国际鹤类专家王克举历

图 8.5 大自然中的丹顶鹤

时 7 年用镜头追踪拍摄一对丹顶鹤夫妻，用镜头真实地记录了这对鹤夫妻从相知相恋到共同生活后的相依相伴，再从共同哺育儿女到患难与共的不离不弃，直至雄鹤在爱妻失踪后，遍寻整个扎龙湿地无果后而痛别家园追爱天涯的全部过程，用摄影的独特形式讲述它们忠贞不渝的爱情故事（见图 8.5）。

2019 年 11 月 21 至 24 日，中国中车借此策划"中国中车人眼中的丹顶鹤"澳洲摄影展和《梦鹤与云鹤》新书首发海外文化传播活动，摄影展完美契合了当地的价值观，受到了澳大利亚民众的欢迎，参观者众多。摄影展表达了中国中车人热爱自然、敬畏生命、用心生活的态度，传递了温和、友善的企业形象。让当地民众感受到中国中车不仅是轨道交通装备领域的著名企业，而且是一个受人尊敬的具有优秀文化的企业（见图 8.6）。

图 8.6 观展现场

在澳大利亚悉尼国际会展中心，中国驻澳大利亚大使馆公使衔文化参赞杨治先生、中国驻悉尼总领事馆商务参赞王洪波女士、文化和旅游部中外文化交流中心副主任李蕊女士、中华文化促进会副主席姚赛先生、澳大利亚驻华使馆首任文化参赞梅卓琳教授、澳大利亚著名摄影家马库斯先生、澳中文化艺术促进会会长冯敦平博士出席了"中国中车人眼中的丹顶鹤"主题摄影展开幕式。

在众多的参观者中，有的为梦鹤云鹤的爱情故事而流泪，有的被作者爱护动物、保护环境的意识所感动，有的钦佩中国中车老员工精湛的技术

PART 8

和坚韧不拔精神。一位澳籍华侨说："在澳洲举办这个展览太有必要了，彰显了中国注重环保、关爱动物的国家形象。"还有一位女士擦着眼泪，通过翻译对王克举说："梦鹤与云鹤的故事太感人了，感谢您为世人留下这么美丽的故事……"许多观众参观完摄影展后自发排队请王克举先生在《梦鹤与云鹤》画册上签名。

案例来源：中国中车

四、多渠道精准发声

渠道精准科学的选择和使用，为有效的国际传播保驾护航，主要包括媒介手段的选择与传播噪音的降减。此外，传播渠道的选择更重要的是要和整体的传播调性、文化品性、受众群体属性相匹配。中国中车作为参展企业，根据受众的细分选择不同的传播渠道。针对展会到场的观众，中国中车采取展会现场广告宣传企业品牌，吸引了更多观众到中国中车展台参观和考察。针对未到场的行业用户和同行竞争者，中国中车使用行业媒体加大报道力度，宣传展会现场展示的新产品和新技术。针对更广泛的普通受众，中国中车通过大众媒体和社交媒体宣传展会实况，传递新产品设计理念，深度推进产品、服务、责任、文化融合（见图8.7）。

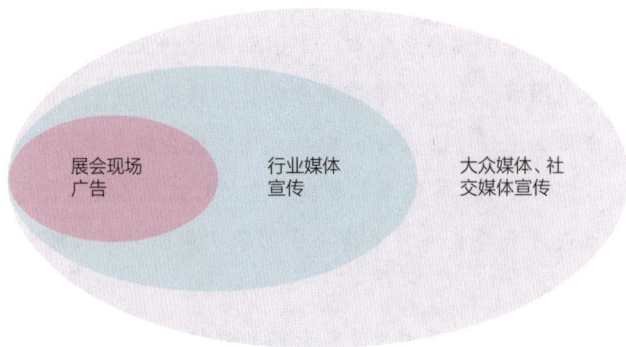

图8.7 多渠道精准发声

278

（一）展会现场广告

1. 户外巨幅广告

展馆户外巨幅广告是在展馆的墙体或广场等室外公共场所设立的广告牌、海报等，可以在固定的地点短期内展示企业的形象及品牌，因而对于提高企业和品牌的知名度是很有效的。展馆户外巨幅广告面向所有的现场公众，所以难以选择具体目标对象。中国中车的参展企业，都会选择在展馆的墙体上做巨幅广告，让专业观众和普通观众一进入展馆便能直观感受中国中车的品牌。如2018年9月18日至21日，中国中车高调亮相柏林国际轨道交通技术展。在此期间，中国中车在人流密集的柏林会展中心南侧入口大厅外立面做了巨幅广告宣传，广告尺寸为10.86米×7.95米（见图8.8）。此外，中国中车还在柏林会展中心的1.2厅和2.2厅中门厅的入口张贴了横幅，尺寸为24米×3米（见图8.9）。

图8.8　柏林会展中心展馆外立面——中国中车广告

图8.9　柏林会展中心展厅入口——中国中车广告

2. 实车司旗

司旗，旗帜的一种，指公司悬挂在室内、室外、路边、广场、商场、店面门口、大楼等场所，旨在烘托气氛、渲染环境、为企业品牌展示形象、提升其影响力的广告形式。在展会上，司旗主要由展会主办方提供，需购买主办方提供的广告位，并租赁移动旗杆，旗杆带有延伸臂。一般地，主办方提供的司旗的尺寸大小不一，50厘米×150厘米、60厘米×190厘米、80厘米×240厘米、120厘米×350厘米等常用规格，也可以根据要求的尺寸制作路边道旗。在2022年柏林国际轨道交通技术展的实车展区，中国中车在车头前两侧布置了4面移动司旗，4面旗帜都有一个共同的设计，即印制中国中车LOGO，如图8.10所示。

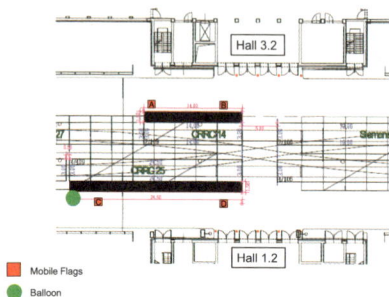

图 8.10　中国中车实车司旗

3. 会刊广告

会刊是展会期间主办方现场发放的展会刊物。集参展企业名录、展位号、展馆布局等内容于一体，是展会的精华集成，也是采购商的导购地图。电子会刊有更强的检索功能并包含各企业产品介绍。因此，会刊不仅能满足参展企业的宣传需求，也满足了现场群众的观展需求。一般情况下，中国中车会在主办方的会刊上刊登一期彩色广告，全力推介中国中车的最新产品和技术，让更多的受众了解和认识中国中车（见图 8.11）。

图 8.11　《INNOTRANS　2022》会刊刊登中国中车展位信息

4.宣传片和手册

宣传片和宣传手册是宣传企业形象的最好手段之一。它能非常有效地把企业形象提升到一个新的层次，更好地把企业的产品和服务展示给大众，能非常详细地说明产品的功能、用途及其优点（与其他产品不同之处），诠释企业的文化理念。中国中车在参展前会精心制作宣传片，根据传播的侧重点不同，中国中车一般会设计两类宣传片，即总部宣传片和产品宣传片。其中，总部宣传片主要是面对所有受众，让更多的海外观众了解中国中车精神和品牌内涵；而产品宣传片更侧重于对关键观众和重点观众的讲述，展示企业产品和技术含量。除了宣传片，中国中车还注重宣传手册的设计和制作。与宣传片不同，宣传手册是一种为扩大影响力而做的一种纸质宣传品。

案例 8-6 **针对海外展，设计有中国特色的展会礼品**

2019 年 10 月 22 日，第十三届 IREE 印度国际铁路设备展览会在印度新德里正式开幕。此次展会共有超过 20 个国家，750 家企业及代表参加，展会阵容十分强大，"复兴蓝图"系列文创作为展台伴手礼亮相本次展会（见图 8.12）。

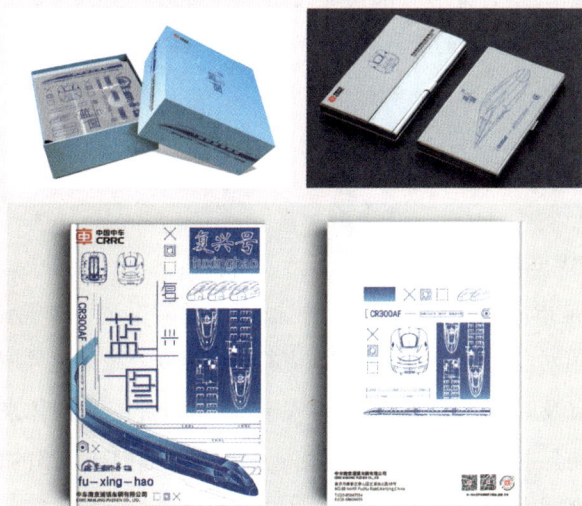

图 8.12 中国中车"复兴蓝图"系列文创

PART 8

由中国中车浦镇公司设计的带有中国中车品牌的"复兴蓝图""江畔红星"系列礼品，在国际展会期间免费发放，在参展过程中快速吸引人们的眼球，给观众留下深刻的印象。

中国中车浦镇公司以制造企业中传承至今的"蓝图"纸张为灵感和色彩启发，设计元素参考车辆设计平面图，进行艺术化的处理和创作，赋予其工业美感，形成了系列文创产品。习近平总书记在中共十八届二中全会第二次全体会议上强调，"发扬钉钉子精神，一张好的蓝图一干到底"；在2018年新年贺词中提道："'复兴号'奔驰在祖国广袤的大地上。"该系列文创产品命名取自关键字"复兴""蓝图"，赋予了产品深层次的含义。该系列产品以日常办公用品和生活用品为载体，包括带有车辆设计三维图稿为元素的钢笔套装、笔记本、鼠标垫、文件夹等。通过融入生活细节的小物件体现中国中车的文化软实力，将传统与时尚、历史与现代相结合，通过新潮的设计方式让轨道交通元素"活"起来。

其间印度铁路协会主席 Yadav 径直走向中国中车浦镇的展台，详细聆听了公司副总经理曾要争和国际市场部副部长徐海大对浦镇公司轨道交通产品的介绍。随后，公司代表向其赠送了公司的"复兴蓝图"系列文创，Yadav 表示对公司生产的孟买和诺伊达地铁产品表示了赞扬，对系列文创礼品的设计巧妙、制造精美表示了喜爱。

案例来源：中国中车

（二）行业媒体宣传

行业媒体是指从事某个领域或行业报道的新闻报刊、电视台和广播电台，行业媒体的报道对象集中在某个领域或者行业，受众对象是此领域或者行业的管理者、参与者以及对此关注的社会各界人士。展会上的行业媒体来源主要分为两个部分：一是展会主办方提供的媒体服务；二是参展商内部联络的媒体宣传。

1. 展会方新闻中心——媒体巡游

展会主办方一般会邀请具有国际影响力的媒体进行深度报道。这些媒体不仅对展会进行报道，而且也会重点选择行业内的有代表性的参展企业进行访谈和宣传。2018 年柏林国际轨道交通技术展上，主办方特邀请来自 44 个国家的约 1000 名媒体代表通过展馆媒体巡游进行现场实况报道，向全世界展示铁路技术、铁路基础设施、公共交通、室内设计和隧道建设五个领域的创新成果。Innotrans 2018 的特邀媒体主要是行业内最具影响力的媒体，比如，全球媒体《International Railway Journal》、德国媒体《DER NAHVERKEHR》、英国媒体《Intelligent Transport》、韩国媒体《The Railroad News Korea》、印度媒体《Indian Transport & Logistics News》、土耳其媒体《Railway Turkey Suppliers Magazine》等，具体如表 8.1 所示。

表 8.1 部分行业媒体代表

Bahn Fachverlag www.bahn-fachverlag.de	bahn manager www.bahn-manager.de	Baltic Transport Journal www.baltictransportjour...
Baublatt www.baublatt.ch	BtoB Rail www.b2brail.com	busplaner www.busplaner.de
Global Railway Review www.globalrailwayreview...	Global Mass Transit www.globalmasstransit.n..	futureRail www.railway-technology....
Indian Transport & Logistics News www.itln.in	Infrastruktura transportu www.infrastruktura.elam...	Intelligent Transport www.intelligenttranspor...
Le Rail www.lerail.com	MAFEX MAGAZINE magazine.mafex.es/en	Mass Transit www.metro-report.com
Metro Rail News www.metrorailnews.in	Metro Report www.metro-report.com	Railway Gazette www.railwaygazette.com
Shelesnodorozny Transport www.zdt-magazine.ru	Railway Pro www.railwaypro.com	railway-news.com www.railway-news.com
Railway Technology www.railway-technology....	Railway Turkey Suppliers Magazine www.railwayturkey.com	The Railroad News Korea www.railnews.co.kr
World Railway rail.ally.net.cn/html/e..	Tunnels & Tunnelling www.tunnelsonline.info	Railway Supply rws.in.ua/

数据来源：Innotrans 官网：https://www.innotrans.de/en/

在展会举办期间，中国中车加入主办方的媒体巡游计划，接受各大媒体的现场采访，向全世界展示最新展品和技术，并宣传企业的社会责任。Innotrans 2018 的媒体巡游主要分为两个板块，即《Innovation tour》（创新之旅）和《Innovation tour Railway Technology》（铁路科技创新之旅），如表 8.2 所示。

表 8.2　现场媒体专访日程安排

日期	时间	媒体巡游类型	中国中车介绍内容
9.18	13:35~13:45	Innovation tour Outdoor / Bus Display	室外展品介绍，针对 trade visitors
	13:00~13:10	Innovation tour Railway Technology	室内时速 350 公里高速列车，针对 trade visitors
9.19	10:35~10:45	Innovation Tour	室外，针对 trade visitors
	10:00~10:10	Innovation tour Railway Technology	室内时速 350 公里高速列车，针对 trade visitors
9.20	10:35~10:45	Innovation Tour	室外，针对 trade visitors
	10:00~10:10	Innovation tour Railway Technology	室内时速 350 公里高速列车，针对 trade visitors
9.21	10:35~10:45	Innovation Tour	室外，针对 trade visitors
	10:00~10:10	Innovation tour Railway Technology	室内时速 350 公里高速列车，针对 trade visitors

数据来源：中国中车

2. 中国中车内部联络海外媒体

中国中车内部联络的海外媒体主要用于展前宣传。在展前，针对不同国家的客户，中国中车有针对性地选择本土化的媒体进行报道和发布新闻。比如，在 2018 年柏林国际轨道交通技术展开展前一个月，中国中车在《International Railway Journal》（《国际铁路杂志》）投放相应的新闻稿件，连续做了 6 期广告，进行展会前的宣传预热，以吸引潜在用户的注意使其来现场参观。《International Railway Journal》是世界上最具影响力的面向铁路行业的全球发行的杂志之一。该杂志涵盖一系列与铁路相关的内容，涵盖客运、货运、高速、地铁和轻轨等领域，常规主题包括财经新闻、船队订单、基础设施、新技术和政府政策。此外，中国中车还在《Railwway Pro》《Made in railways》等专业媒体上发布展会预告（见图8.13）。

图8.13　《International Railway Journal》展前预热

（三）大众媒体宣传

大众媒体，又称大众传媒，是指向大量受众广播的传播媒体。目前最常见的大众媒体主要是数字媒体，即基于数字技术及移动通信技术，通过互联网等渠道，以数字化终端作为输出端，提供商品、生活、娱乐、学习等各种信息的全部新型传播形式与手段的总称。在2018年柏林国际轨道交通技术展期间，中国中车联系美通社、德新社等大众媒体进行了信息传播和企业形象宣传。

其中，美通社是一个专门为企业提供新闻与公共关系服务的大型通讯社，在全世界10国以上设有办公室，使用语言达40种，影响范围涉及170个国家和地区。美通社帮助客户把他们的最新文字，图片和视频资讯发布给世界各地的目标受众，帮助他们和媒体、业界、投资者、有影响力人群以及普通公众沟通，为他们提高知名度，打造品牌、推动销售市场拓展。

PART 8

285

在 2018 年柏林国际轨道交通技术展期间，美通社连续推送两篇文章即《CRRC Unveils their lightest and New Advanced Energy-efficient Metro Train at InnoTrans 2018》《CRRC Positioned 'The Creator of value' with New Innovations and Solutions at InnoTrans 2018》，突出了中国中车的创新者形象（见图 8.14）。

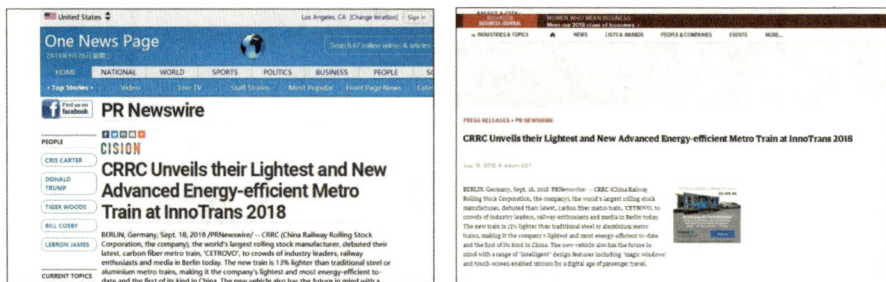

图 8.14　美通社发布的新闻稿

据统计，新闻稿件"CRRC Unveils their Lightest and New Advanced Energy-efficient Metro Train at InnoTrans 2018"，语言覆盖简体中文、繁体中文、英语、捷克语、法语、德语、波兰语、西班牙语、葡萄牙语、俄语、韩语、日语、马来语、泰语，共获得了 914 家海外媒体的转载。从欧美地区来看，共有 605 家网站对这篇新闻进行了转载，从报告数据来看，以美通社网站为主，该新闻目前已被查看 3700 次以上，其中 596 次来自媒体人，140 次来源于公司组织。全文刊载该内容的外媒包括网络排名第一的全球知名网站 Yahoo 雅虎、德新社下属通讯社 News Aktuell、美国重要财经类网站 Business Insider、纽约商业周刊、欧洲通讯社 Europa Press，英国领先的新闻门户网站 One News Page，巴西门户 EXAME，美国著名电台类媒体 ABC、CBS、NBC 等覆盖各大洲的周刊、周报以及具有地方影响力的电台媒体网页版的关注。从亚太地区来看，落地媒体 309 家，其中包括凤凰网、新浪网、搜狐网、香港财华网，亚洲门户 AsiaOne 等，此外包括韩国韩联社 Yonhap，日本共同社 kyodo、俄罗斯国家级通讯社 TASS、澳大利亚隶属于 AAP Directories 的 ConnectWeb 等著名媒体也对该新闻进行了全文报道。

（四）社交媒体

近年来，随着网络技术的发展以及技术门槛的降低，社交媒体平台如雨后春笋一般出现在用户面前，并且快速地由电脑互联网向移动终端扩展延伸。全球范围内脸书（Facebook）、推特（Twitter）占据绝对的市场份额。根据相关调查结果显示，截至 2022 年第四季度，脸书的用户数 29.6 亿人，QQ 用户数量 9.9 亿人，微信用户数量 13.1 亿人，推特用户数量 1.45 亿人。社交媒体传播通过网络向受众传递信息，但是其传播方式及特点则与传统媒体有很大不同。社交媒体传播的一大属性是赋予网络传播"人格化"，个人社交媒体账户成为一个个"网络实体"，通过人际交往式的互联，能使整个社交媒体平台成为一个虚拟的公众社会。

1. 中国中车官方账号宣传

中国中车不断拓展微博、微信（公众号、视频号）、抖音、快手、脸书（Facebook）、推特（Twitter）、照片墙（Instagram）、领英（LinkedIn）、油管（YouTube）等国内外新媒体渠道，针对不同国家的未到现场的客户需求，发布对应的内容。尤其，在 2022 年柏林轨道交通展览会前后，中国中车通过脸书、推特、抖音、油管等国外社交平台发布多条信息，以及中国中车参展新产品的视频，介绍产品的特点、技术等。

以脸书（Facebook）为例，在 2022 年柏林轨道交通展览会举办前一个月，中国中车在脸书官方账号进行了 23 条信息的推送，涉及展前、展中、展后两个环节。在展前一个月，中国中车对展会的时间、参展主题和中国中车展位提前进行了预告，即展会时间为 9 月 20 至 23 日，中国中车参展主题为"A Better Future，A Smarter Way"，展位号为 4.2/210。在正式开展的前 14 天，中国中车分别制作了不同类型的倒计时海报，再次向公众告知参展的主题和展位号，以吸引更多展商到现场进行参观和体验。在展会举办期间，为了让更多场外关注中国中车的粉丝感受到最新展品的魅力，中国中车集团以视频和媒体采访的形式公布现场实况，如中国中车集团公布了 19 分钟的现场新品发布会。据统计，在展会举办的 4 天内，中国中车一共发布了 13 篇推文。

案例 8-7 中国中车在脸书（Facebook）上的发文时间线

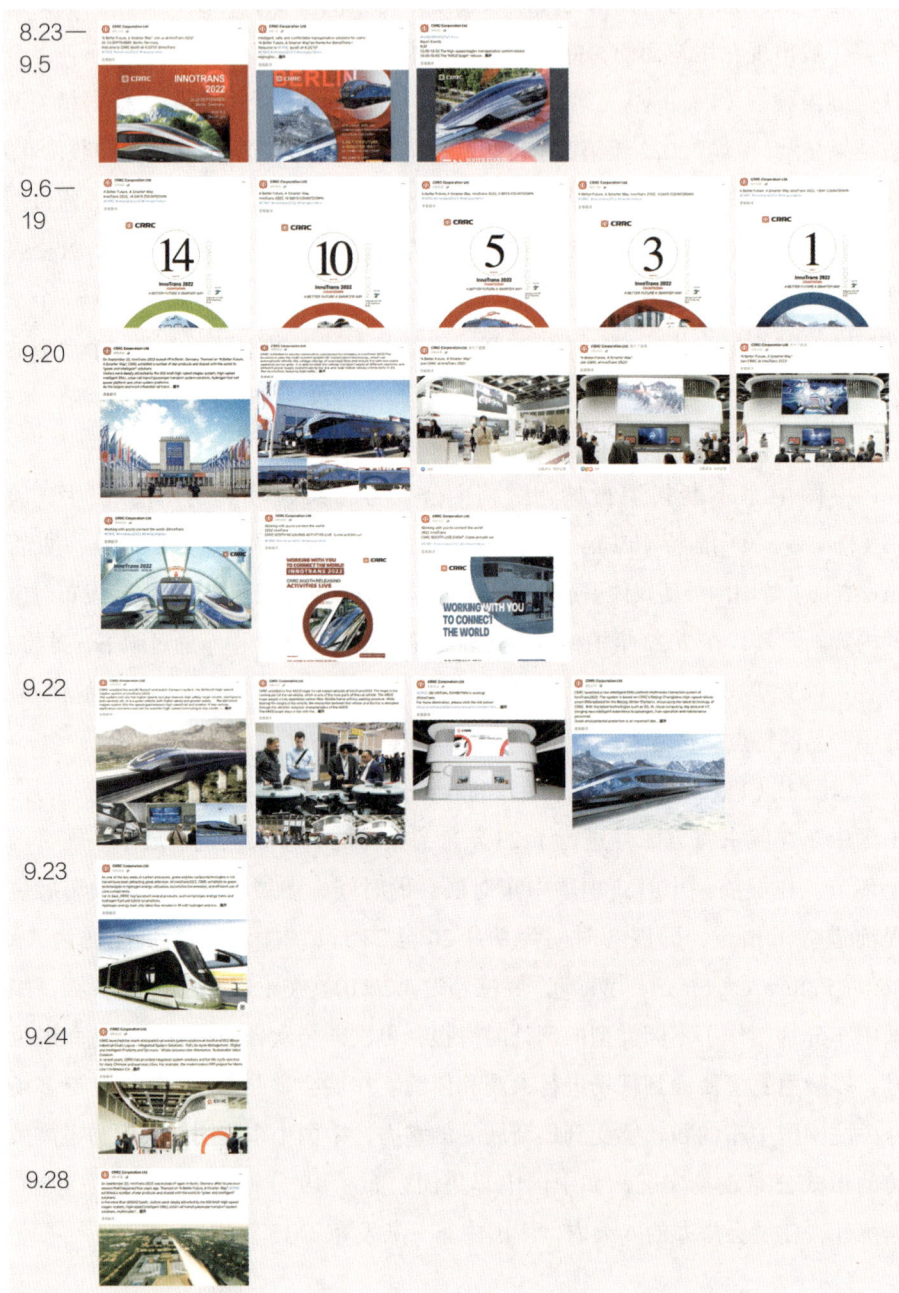

8.23—
9.5

9.6—
19

9.20

9.22

9.23

9.24

9.28

2. KOL 互动分享

KOL 是 Key Opinion Leader 的简称，一般指关键意见领袖意思是在某一领域有号召力，影响力和公信力的人物。KOL 精准投放被视为一种比较新的营销手段，发挥了社交媒体在覆盖面和影响力方面的优势。KOL 的粉丝黏性很强，在价值观等方面都很认同他们，可以给品牌推广计划带来可信度，增强品牌属性，获得潜在客户。在 2018 年中国柏林轨道交通展期间，中国中车与诸多 KOL，如 Stephen、Jorge、Salih、Garcia 等在铁路行业有影响力的人物的展开合作，共同宣传中国中车展会的实况，向社会各界传递中国中车声音。

3. 现场直播互动

数字经济的高速发展为企业直播行业的快速发展创造了机会。企业直播是指面向企业商务需求提供的部署在自己或技术提供商服务器上的网络直播服务。近些年来，企业在对内沟通协作，对外营销推广方面都对企业级直播有着巨大的需求，企业级直播服务的应用场景也在不断丰富。在 2018 年柏林轨道交通展览会上，中国中车通过脸书（facebook）、抖音（tiktok）等国内外社交平台开展了多次直播，使更多的场外观众感受到中国中车的魅力，这也开创了中央企业通过社交平台全球直播的先河。

案例 8-8 **2018 柏林轨道交通展览会现场直播策略**

一是通过网络达人直播出圈。请中国中车内部具有一定粉丝基础的网络达人，借助其互联网热度以及娴熟的技术手段，用相对轻松、幽默的直播方式介绍中国中车参展亮点，带领观众登车体验。

二是直播中国中车参展情况、讲解展台亮点。组织推荐、选拔一名形象气质符合中国中车品牌定位，熟悉展出内容，精通英文、德文的讲解人员，经过专门培训后作为直播活动的主播在中国中车展台现场进行讲解介绍。讲解内容为首先介绍中国中车参展的主题及理念，带来的技术和产品；其次通过主播与各展项具体讲解人员的衔接和配合，面向全球推介中国中车"黑科技";最后预告展台重要活动的时间信息。

三是介绍展会整体情况以及其他行业巨头企业有代表性的展示内容。2018举办的第12届柏林轨道交通展览会吸引了来自61个国家和地区的3062余家企业参展,其中室外展区展出了149辆轨道装备实车,同期还举办了数十场不同形式的专业会议和研讨交流活动,整体规模是行业其他展会无法比拟的。为了让无法到达现场观展的群体身临其境感受展会盛况,了解行业风向,展会主插以带领观众逛展的视角从室外到室内对展会情况进行整体介绍,为中国中车直播平台引流。

四是直播过程中同时将录制的画面内容留存,剪辑制作后第一时间借助各类宣传平台发布,进一步扩大传播效应(见图8.15)。

图 8.15　现场直播

案例来源:中国中车

五、效果精准测评

效果精准测评是中国中车传播国际化的重要内容,其要求不仅要对内容投放的传播效果进行评估,更要根据测评出的结论调整优化传播策略,对后期的传播获得的优化起到一定的帮助作用。在实践上，中国中车的效果精准评估体现在量的方面，一是对新闻稿件的传播效果进行精准评估，二是对脸书（Facebook）传播效果的精准评估。

（一）新闻稿件传播效果

以 2018 年柏林轨道交通展览会中国中车通过美联社发布的新闻稿件《CRRC Unveils their Lightest and New Advanced Energyefficient Metro Train at InnoTrans 2018》为例。这篇稿件的发布渠道有两个：一是发布范围在 Premier Global，落地媒体数量为 914 + 媒体，美通社官网可追溯阅读量及爬虫量 20600 + 次。二是通过美联社的新闻稿件发布渠道使该新闻到达 868 家媒体，新闻稿件的潜在受众达到 101517783 + 人次。

该篇稿件在全球得到了广泛的关注，获得了非常不错的传播效果。其中，9月 19 日该篇稿件的潜在受众已达到 101517783 + 人次，实现了新闻传播范围的广泛化，新闻受众的多样化。下面以柱形图展现新闻稿件通过美通社合作网站以及其他媒体、美通社官网被查看的次数及峰值，最高为 2018 年 9 月 19 日，达到 1916 次（见图 8.16）。

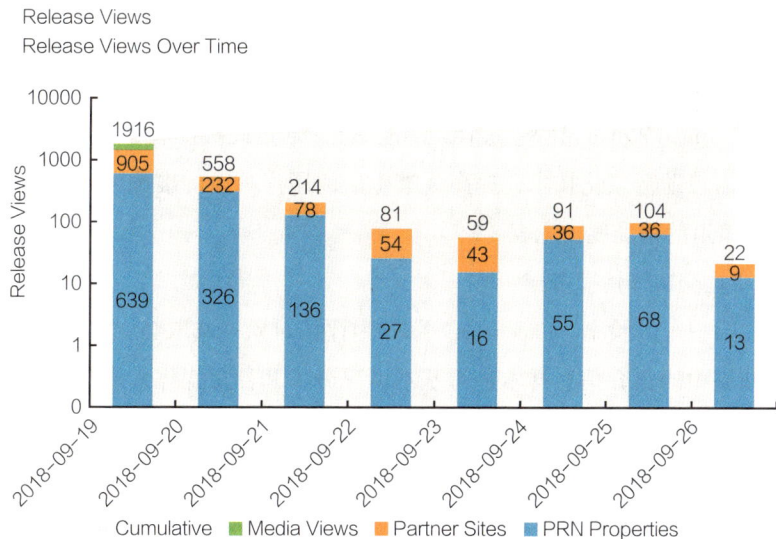

图 8.16 新闻稿件被查看次数的时间分布

以地图形式展现不同来源的点击查阅分布，由图可知，该篇新闻稿件在北美、拉美、欧洲、亚太区域受到的关注较高，同时，一些其他区域受众也较关注中国中车的稿件（见图 8.17）。

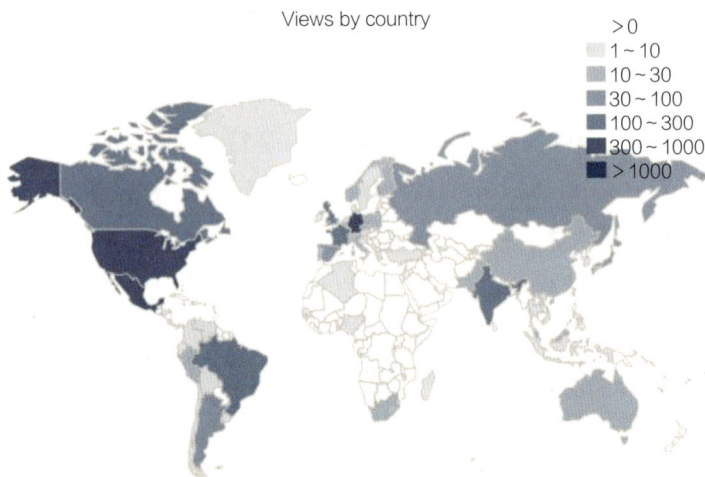

Views by country

	>0
	1 ~ 10
	10 ~ 30
	30 ~ 100
	100 ~ 300
	300 ~ 1000
	>1000

图 8.17 各大洲点击阅读新闻稿件分布示意

通过 IP 地址进行追踪，新闻稿件的内容还受到了组织机构如加拿大佳通运输制造业公司 Prelco Inc、著名学府约克大学 York University、德国 Rendite 2000 AG 公司、GrunewaldGmbH & Co. KG 等的关注。通过此次传播效果测评，中国中车未来还需借助智慧化技术，提高终端生成的用户画像的准确度，提高传播国际化媒体渠道的精准度（见表 8.3）。

（二）社交媒体传播效果

以中国中车的脸书（Facebook）账号为评估对象，选取 2022 柏林轨道交通展展前和展中的媒介信息样本进行基本情况分析和社交媒体效果评估。中国中车在内容传播上采取普世价值和共通理念，从"更美好的未来，更智慧的方式"这一主题入手，在脸书（Facebook）上发送多篇推文，传播展会上的多款明显产品，与世界分享"绿色智能"的解决方案。

从效果指标及策略导向的层面进行推文进行内容分析，以点赞、评论、分

表8.3　IP 地址追踪情况

Organization Views
See which organizations have viewed your releases ⓘ Learn more about this data.

Organization	Headquarters	Country	Location	Parent Organization	Indus
Rendite 2000 AG		DE	GERMANY		
Grunewald GmbH & Co. KG		DE	GERMANY		
Software Technology Parks of India		IN	INDIA		
Volo.com SRL		IT	ITALY		
Prelco Inc.	94 Boul. Cartier	CA	CANADA	Prelco Inc.	
Messe Berlin GmbH	Berlin, Germany	DE	GERMANY		
For Karachi IGW		PK	PAKISTAN		
GE Drive Systems	Internet Registrations 11-35 Easton Turnpike	US	UNITED STATES	General Ele Company	

				DE
Technische Universitaet Dresden				
York University	4700 Keele Street		CA	
Nildram Ltd	1 Triangle Business Park	UK	UNITED KINGDOM	Pipex
ST Extruded Products Germany GmbH		DE	GERMANY	
Hitachi Europe Ltd	ITG Department Hitachi Europe Ltd Whitebrook Park Maidenhead SL6 8YA UNITED KINGDOM	UK	UNITED KINGDOM	Hitachi Europe Ltd
Knorr-Bremse AG	Moosacher Str. 80 D-80809 Muenchen	DE	GERMANY	
WABTEC	21200 DORSEY MILL RD	US	UNITED STATES	Wabtec Corporation
WERNER CO	93 WERNER RD	US	UNITED STATES	Werner Co

享三大传播效果机制作为考量因素。在 Innotrans 2022 的展前、展中和展后发布的 23 条推文中，中国中车脸书（Facebook）账号共获得点赞量 21393 个，评论 222 个，分享 588 次。其中，展前推送的 8 篇信息中，点赞量为 5694，占全部点赞数量的 26.6%；评论总量为 28，占全部评论总量的 12.6%；分享量为 99，占全部总量的 16.8%。展中推送的 13 篇信息中，点赞量为 15506，占全部点赞数量的 72.5%；评论总量为 189，占全部评论总量的 85.1%；分享量为 468，占全部总量的 79.6%，具体见表 8.4。由此可以看出，展中的宣传效果要远远超过展前和展后的宣传效果。这主要是因为，展中的推文形式较多，包括图文、短视频和直播等手段，所传达的内容都是未到场受众感兴趣的展会现场的实况、最新的展品设计理念等优质内容，因此能够获得更多的点赞量、评论量和分享量。

表8.4　脸书（Facebook）发文效果指标评估

阶段	推文	点赞总量 / 占比（%）	评论总量 / 占比（%）	分享总量 / 占比（%）
展前（8.31~9.19）	8	5694/26.6	28/12.6	99/16.8
展中（9.20~9.23）	13	15506/72.5	189/85.1	468/79.6
展后（9.24~9.28）	2	193/0.9	5/2.3	21/3.6

从单篇推文来看，获取点赞量超过 1000 的五篇推文主要集中在展会期间。开展第一天的两篇推文主要是展现中国中车户外展区和室内展区的情况，包括展台设计、展示新产品以及场内的媒体宣传等内容，这都得到了粉丝的称赞，如在评论区，粉丝 Arslan Khan 认为中国中车户外展区的新产品 "Very Great"；粉丝 amuel O Osayande 认为中国中车展区的设计是 "Beautiful design"。开展第三天，中国中车的三篇推文也受到了追捧，推文重点突出了中国中车最新产品设计的细节部分，场内观众对新产品的关注等，粉丝评论到 "Very interesting.exploring the new rail system" "Fantastic unbelievable a miracle made possible" "Really nice" 等，这些评论表达了对中国中车新产品的喜爱和赞美之情（见图 8.18）。

CRRC Corporation Ltd.
9月22日

CRRC unveiled its first ARCO bogie for rail transit vehicles at InnoTrans2022. The bogie is the running part of the rail vehicle, which is one of the core parts of the rail vehicle. The ARCO bogie adopts a fully assembled carbon fiber flexible frame without welding structure. While bearing the weight of the vehicle, the interaction between the vehicle and the line is alleviated through the vibration reduction characteristics of the ARCO.
The ARCO bogie stays in line with the... 展开

查看翻译

1,122   22条评论 53次分享

CRRC Corporation Ltd.
9月22日

CRRC unveiled the world's fastest land public transport system, the 600km/h high-speed maglev system at InnoTrans 2022.
The system not only has higher speed, but also features high safety, large volume, intelligence, and comfort, etc. It is a green vehicle with higher speed and greater safety.   The 600 km/h maglev system fills the speed gap between high-speed rail and aviation. It has various application scenarios and can be used for high-speed commuting in city cluster, i... 展开

查看翻译

4,119   66条评论 150次分享

CRRC Corporation Ltd.
9月22日

CRRC launched a new intelligent EMU platform multimedia interaction system at InnoTrans2022. The system is based on CRRC's Beijing-Zhangjiakou high-speed railway smart EMU tailored for the Beijing Winter Olympics, showcasing the latest technology of CRRC. With the latest technologies such as 5G, AI, cloud computing, big data and IoT, bringing new intelligent experience to passengers, train operation and maintenance personnel.
Green environmental protection is an important des... 展开

查看翻译

图 8.18　中国中车在展会期间的推文页面

PART 8

第九章

中国中车参加 2022 年柏林展

德国柏林国际铁路交通技术展（InnoTrans，以下简称"柏林展"）创办于 1996 年，举办周期为两年一届，是全球轨道交通领域规模最大的专业盛会。中国中车于 2010 年首次在柏林展上亮相，此后在每届展会上的表现都十分耀眼。柏林展成为中车集团展示技术实力、传播中车品牌、加强对外交流、提高国际影响力、寻找新发展机遇的重要平台。

2022 年，中国中车遵循"展览制度化、流程规范化、内容模块化、交流全景化、传播国际化"的"五化"展会逻辑，努力将柏林展打造为战略实施的有力抓手、品牌经营的有效工具、市场培育的必要渠道、品牌展示的高端平台和文化传播的重要载体。本章对整个参展过程进行回顾，与广大读者一起感受一下"五化"展会在实践中的具体运用与显著成效。

▶▶ 第一节 锚定展会"奥林匹克"

一、了解"为何要去"

德国柏林展是轨道交通领域的全球盛会，有着轨道交通行业"奥林匹克"之称。2020年，该展会因新冠肺炎疫情取消；2022年，时隔4年后，柏林展再次启幕。以"The future of mobility in times of climate change（气候变化时代移动出行的未来）"为主题，本届柏林展共设42个展厅，总面积达20万平方米；在户外3.5公里的轨道上展出了128辆实车。在为期四天的时间里，展会共迎来了131个国家、约14万名参观者，其中57.3%的参观者来自德国以外。

欧洲是轨道交通路网最密集，装备可靠性要求最高的市场，也是国际上该领域技术竞争的高地。以地处欧洲地理"十字路口"的德国为例，为应对气候变化和低碳发展，德国将大力发展新能源运输装备作为减少碳排放的重要措施和主要抓手，折射出世界轨道交通装备发展的风向标。同时，近年来全球轨道行业社会价值不断释放，加速智能化升级，推动全生命周期可持续的运维管理，一系列新理念、新技术、新装备都能在柏林展上找到答案。

2015年以来，习近平总书记先后三次视察中国中车。2015年7月17日，习近平总书记在中国中车长春轨道客车股份有限公司考察时指出"高铁是我国装备制造的一张亮丽的名片"。以"连接世界、造福人类"为使命，中国中车成长为全球规模领先、品种齐全、技术一流的轨道交通装备供应商，为世界超八成拥有铁路的国家提供了便利的服务。特别是近年来，中国中车在助力国家"双碳"目标中勇担社会责任，依托科研实力为全球用户提供绿色、环保的低碳出行方案。

在行业巨头纷纷亮相的柏林展上，必然也必须有中国中车的身影。致力于建成受人尊敬的世界一流企业的奋斗目标，中国中车按照"展会服务品牌、品牌服务战略"的参展理念，在轨道交通"奥林匹克"盛会上创新领跑，助力擦亮中车这张中国高端制造的"国家名片"，与世界共享"绿色、智能"一体化解决方案，为全球经济发展提供"中国智慧"。因此，中国中车将德国柏林轨道交通展览会（Innotrans）确定为年度重大展览项目，并列入集团 A 类展会和参展当年的年度参展计划（见图 9.1）。

图 9.1　2022 年德国柏林展现场

二、明确"去做什么"

在轨道交通"奥林匹克"盛会上，展品和展项如同参赛选手，不仅能够体现企业技术产品实力，展现企业品牌形象，而且可以传播企业文化与经营哲学。这就需要做到"知己知彼"，一方面基于企业战略明确参展目的，另一方面广泛掌握行业的发展动向，做到有的放矢。

中国中车自成立以来，业务领域涵盖铁路机车车辆、动车组、城市轨道交通车辆、各类机电设备、电子设备及零部件、电子电器的研发、设计、制造、修理、销售、租赁与技术服务等多个领域。根据轨道交通产业知名咨询机构 SCI 报告，中国中车已连续多年成为世界轨道交通行业规模最大的企业。对于这样一个拥有庞大业务体量的企业，在展会中各业务板块必须系统化呈现企业战略。

要达成这一目标，就要目的明确，精准地向客户传递信息。针对柏林展，中车技术研发部门首先分析了全球科技发展趋势，特别是总结了行业产品技术发展的关键词：绿色、智能、互联互通、数字化、高效、低成本和安全等。

其次是了解竞争对手在柏林展的参展概况。竞争对手在机车领域以多源动力及新能源为主，并展现出机车系列化、平台化、模块化的发展理念。在客运装备领域，多聚焦于绿色低碳、经济性、轻量化、智能运维等亮点。在货运装备领域，通过系列化、模块化的方式向多功能、多用途、多式联运方向扩展和延伸。在牵引系统、动力包、转向架、制动系统、网络控制技术等关键核心部件领域，展出装备呈现出绿色、高效的发展特点。

再次是调研各子企业产品情况及展示需求。面向中车各子企业进行了一轮参展产品征集，共收集展品 80 余项，并按照产品类型进行了归类（见表 9.1）。

表 9.1 参展征集情况汇总

序号	公司名称	申报展品数量	展品类型
1	子公司 A	12	货车、轨道工程装备、关键零部件、智能运维系统
2	子公司 B	4	动车组、智能运维系统
3	子公司 C	10	机车、动车组、磁浮、关键零部件、智能运维系统
4	子公司 D	2	动车组、关键零部件
5	子公司 E	3	机车、关键零部件
	……	……	……

最后是分析中国中车在历届柏林展上的形象与转变，以及存在的问题和不足。随着国际化战略的实施，中国中车的全球受关注度持续升温，国际形象持续升级。然而，往届部分展会因展区布局、产品统筹等方面的欠缺，未能展现与技术实力和国际地位相匹配的展会形象。

综合上述调研，中国中车明确了参展目的。一是要展示中车解决方案和系统平台；二是探查用户需求，探索价值创造路径；三是助力企业全球化发展，积极开展商务和技术交流；四是了解行业趋势，搜集行业信息。

三、把握"高效协同"

通过前期的信息收集、参展决策与调研，初步明确了为什么参加展会和需要做什么。但要取得成功，缺不了多企业多部门协同合作。为此，展会首先要从制度层面管理人员组织及运作，使各方在展会中各司其职，推动柏林展参展工作高质量开展。

知其位而行其正，必须要确定负责指导展会开展的领导组、具体推进实施的展会项目组，并最终形成展会整体方案。特别是项目组，其下设了 7 个专业工作组来保证展会筹备的整体进度，分别是展台组、技术组、商务组、宣传组、保障组、政策分析组和翻译组（见图 9.2）。

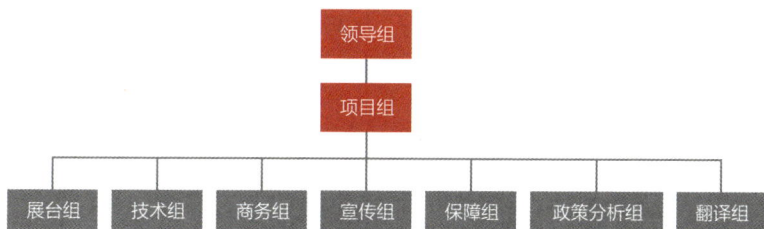

图 9.2　2022 年柏林展项目组组织架构

展台组由企业文化部牵头，具体负责确定展位；组织和推进展台特装设计和搭建工作；组织并完成各展示方式的设计与实施；组织并完成配套宣传品（含宣传册、宣传片、多媒体、广告等）的设计和制作；组织并完成配套硬件和展会用品的设计与制作配备；组织并完成展品统筹和运输工作；负责展台现场组织统筹与控制。

技术组由科信中心牵头，负责参展主题和参展项目与展品策划，并与展台组共同组织展示方式的设计工作；组织提供展品和宣传品的技术资料素材；组织并完成对展示方案中的知识产权风险审查和技术审查工作；策划并组织配套技术交流、技术论坛、技术发布活动。

商务组由国际事业部牵头，负责针对客户、合作伙伴、关联企业、政府、协会、媒体等策划配套商务活动方案，并组织完成；负责邀请商务活动对象并

PART 9

追踪落实信息；策划并制订实施商务活动接待方案；负责展会主办方所提供的电子商务平台信息维护；负责客户信息收集与跟踪。

宣传组由企业文化部牵头，负责展会前期、当期、后期宣传；策划并制订旨在传播和扩大商务、技术活动影响的宣传方案；负责与展会主办方新闻中心对接工作；参展期间摄影、摄像等资料的采集与留存。

保障组由办公室牵头，负责展会服务人员队伍的挑选与培训；展会期间领导行程安排；展会期间综合性商务活动接待安排；负责中国中车参展和观展组团安排及签证工作；组织并完成商务礼品的设计与制作工作。

政策分析组由办公室牵头，与历届柏林展相比，此专业组为新设立，具体负责分析内外部疫情变化，实时进行出入境政策和疫情防控政策的动态分享；研究复杂国际环境下的出国注意事项，保障人身安全、技术安全、信息安全；做好全方位后勤保障、安全保障。

翻译组由国际事业部牵头，负责组织并完成展会各相关资料的翻译及校对工作；组织并完成展会期间随行翻译工作。

》第二节　力求万事俱备

一、推进实施计划

重大展会参展工作是个系统工程，并非某一部门的事情。虽然中国中车提前10个月便启动了柏林展的各项筹备工作，但由于参展工作横向涉及相关部门，纵向涉及各级子公司，外部涉及各供应商，工作牵涉面广，协同难度大。为此，中国中车从流程角度进一步优化工作机制，从产品、商务、技术、人才、服务、宣传、财务等多个方面明确职能目标，制订了工作分工及进度表，明确各组成员的工作职责与时间节点，对项目执行的全过程实施监督管理（见表9.2）。

表 9.2　2022 年柏林展工作项目分解进度

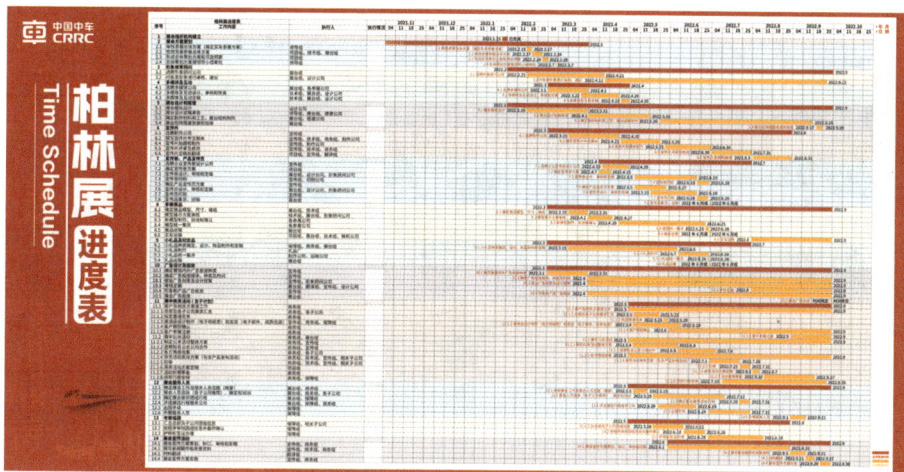

在此基础上，项目组还建立了例会制度和周报制度，召开例会进行工作布置、检查落实和沟通协调，利用周报，对各个组的工作进展进行通报，使项目运作更快捷，更有效。据统计，在筹备过程中，项目组向领导组进行了 5 次汇报，各专业工作组召开的会议有 20 余场，累计发送周报 18 次。

二、申请展位预订

由于展会展位有限，如果没有及时预订，可能导致无法占据理想区位，进而影响到企业的被关注度和展示效果。因此，早在 2018 年上一届柏林展结束时，中国中车就完成了本届展会的意向性预订。由本届项目组牵头进行展位确定，确定展位面积，并提前与主办方落实户外广告、会刊广告、技术论坛、物流服务等事宜。

在 2022 年柏林展上，中车主展位于 4.2 号馆 210 展位，面积 610 平方米，双层展台；户外展位编号为 T02/16。此外，中国中车的德国子公司——福斯罗机车公司（Vossloh）和澳大利亚子公司——代尔克公司（Delkor），分别以独立展位亮相此届柏林展。福斯罗机车为户外展示，展位号为：O/330；代尔克公司展位位于 25 号馆的 380 号展位（见图 9.3）。

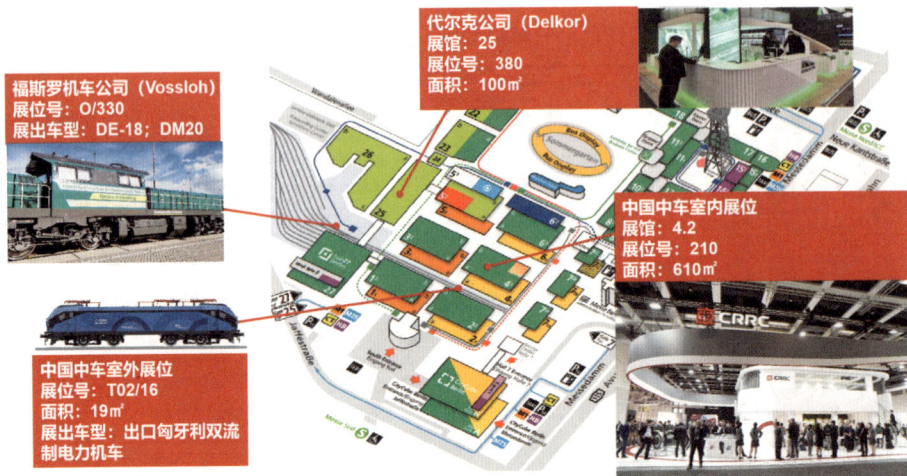

图 9.3 2022 年柏林展中车展位

三、做细展览策划

在广泛进行信息收集和调研的基础上，由技术组牵头对参展主题、参展项目、技术论坛、产品平台以及一体化解决方案进行前期策划，形成初步参展技术方案；由商务组提出参展总体商务方案。在此基础上，由项目组召开专题会议，研究相关事项，形成中车柏林展总体参展方案。在形成参展总体方案和项目预算后，报领导组审批。

（一）明确主题目标

基于不同展会的性质和参展目的，选择适当的展示主题。类似柏林展的行业重要展会除了要展示既有的先进产品和技术，更应该展示对于行业未来趋势的预判和应对举措。为此，中车确定了"智行达未来"（A Better Future, a Smarter Way）的参展主题，通过技术硬实力和人文软实力的结合，彰显中车企业形象（见图 9.4）。

在硬实力层面，以客户导向重点展现产品平台和解决方案，体现中国中车为全球客户提供一体化轨道交通解决方案的定位，体现更智能、更轻量、更绿色的技术发展趋势，表明中国中车具备"价值创造者"的基础实力。在软实力

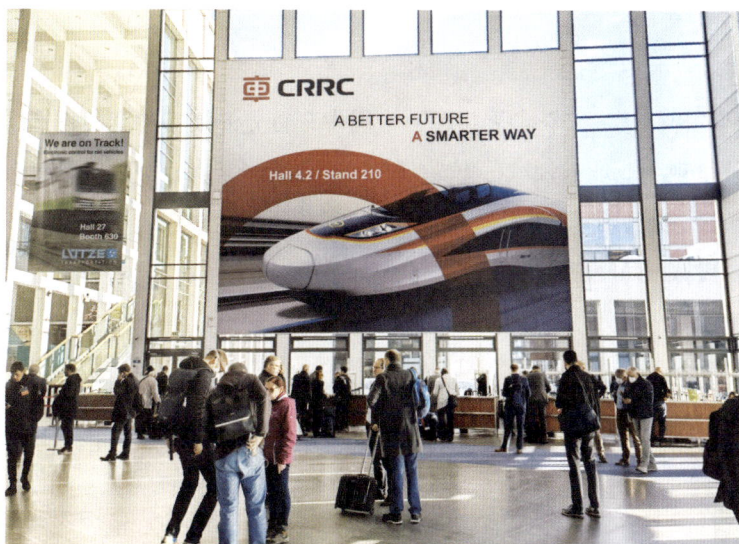

图 9.4　2022 年柏林展中车参展主题

层面，展现中车理念和模式的创新，展现中国中车对绿色人文智能一体化交通方案的思考和追求，展现在互联互通的世界交通网络背景下为客户创造增值服务、为旅客提供舒适体验的追求目标（见图 9.5）。

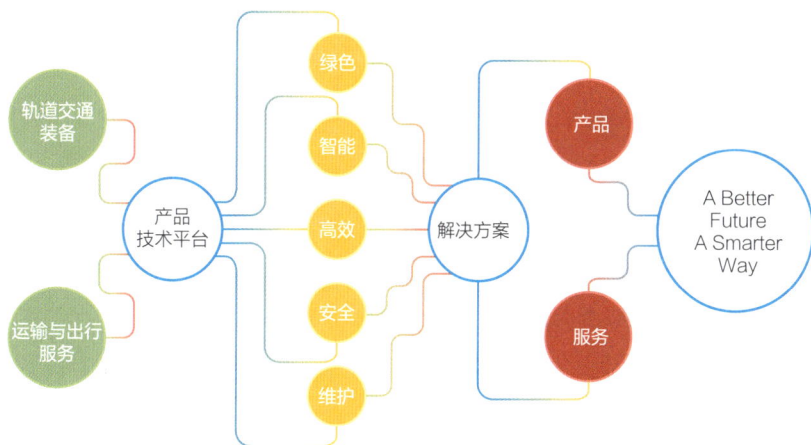

图 9.5　主题决策逻辑图

PART 9

（二）布局展示平台

1. 遴选与整合

立足"智行达未来"参展主题，中国中车首先开展参展产品遴选，不仅要求全方位呈现企业业务领域，更要突出价值创造。其次，中国中车对遴选的产品进行整合，进一步归纳出"绿色"和"智慧"两个版块。实现了由主题延伸到展品，再从展品呼应到主题的展会创意决策闭环（见表9.3）。

表9.3　产品遴选分析

聚焦"一核两商一流"和"双碳"，以产品平台为载体的绿色一体化和智慧一体化解决方案			
板块	产品平台	拟牵头单位	拟参与单位
绿色板块	机车平台低排放综合解决方案	子公司A	子公司B、子公司C
	氢能源燃料电池车辆平台	子公司D	子公司E、子公司F
	轨道交通核心部件高效能系统	子公司G	子公司H、子公司I
智慧板块	智能化轨道交通客运系列产品（智慧城市）	子公司J	子公司B、子公司D
	系列化磁浮交通系统	子公司M	子公司H、子公司N
	多式联运一体化综合解决方案	子公司K	子公司A、子公司D
	"产品+"——轨道交通智能运维一体化解决方案	子公司L	子公司R、子公司B
	"系统+"解决方案	子公司V	子公司L、子公司F

（1）绿色板块。面向"碳达峰、碳中和"和"联合国气候峰会"的目标，利用多个系统解决方案展现中国中车"绿色制造""绿色生活""绿色发展"的目标，从而全面展示中车轨道交通装备在绿色低碳、节能减排方面的技术与能力。

（2）智慧板块。为了满足旅客日益增长的高效率出行需求，优化、缓解交通运营压力，通过一系列系统解决方案的展示，展现中国中车更立体的感知技术、更先进的智能化服务与运营、更全面的互联互通协同能力。

2. 展区划分

由于2022年柏林展包含室内场地和室外场地，室外场地为轨道交通车辆展示场地。按照确定的"绿色"和"智慧"两大板块，中国中车在室内场地通过模型和多媒体组合的方式，进行了产品和解决方案的展示。室外场地展示了出口匈牙利的“野牛”多流制电力机车，福斯罗机车公司（Vossloh）展示了 DE18 和 DM20 两款调车机车。

3. 展品与资料

由展台组和技术组确定展品模型、尺寸、编组，其中技术组落实模型和实物细节要求、特殊要求，并联合展台组对模型和实物方案审核。随后，由各参展公司进行新模型和实物制作，并对模型实物进行验收和确认。最终，由展台组统筹展品运输。

针对展品的技术资料，技术组更加注重技术亮点的提炼和关注热点的突出，不仅展示技术和产品，还突出了试验验证过程和交付用户业绩。通过设置电子导引屏，便于观众更清晰直观地了解整体展示内容以及各展品之间的联系，进一步加深对中国中车提供的综合交通解决方案的理解。

（三）策划商务活动

对于展台活动，计划邀请中国中车的高端客户、合作伙伴等访问中车展台或出席新产品下线等重要活动。同时，展会期间还安排了海外研发或试验合作项目的签约，特别是展会前后有意向签订的海外订单或合作协议项目，都将为中国中车参展制造传播亮点，吸引主办方关注，有效地提升了企业的知名度和美誉度。

1. 客户及相关方邀请

商务组拟订邀请名单，协调宣传组、保障组进行邀请函设计。最终由商务组负责邀请函发放，并对客户跟踪确认。在此过程中，要注意对拟邀约客户意向的收集整理，为后续接待工作提供参考（见图 9.6）。

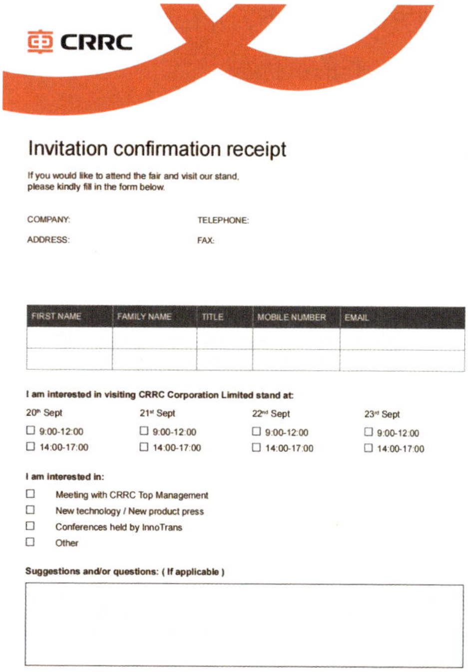

CRRC

Invitation confirmation receipt

If you would like to attend the fair and visit our stand,
please kindly fill in the form below.

COMPANY: TELEPHONE:

ADDRESS: FAX:

FIRST NAME	FAMILY NAME	TITLE	MOBILE NUMBER	EMAIL

I am interested in visiting CRRC Corporation Limited stand at:

20th Sept	21st Sept	22nd Sept	23rd Sept
□ 9:00-12:00	□ 9:00-12:00	□ 9:00-12:00	□ 9:00-12:00
□ 14:00-17:00	□ 14:00-17:00	□ 14:00-17:00	□ 14:00-17:00

I am interested in:

□ Meeting with CRRC Top Management
□ New technology / New product press
□ Conferences held by InnoTrans
□ Other

Suggestions and/or questions: (If applicable)

图 9.6　2022 年柏林展中车邀请函回执

2. 公关活动

宣传组、商务组制订公关活动整体方案，并选聘公关公司合作。在进行各方情报收集后，商务组草拟商务活动具体方案，并协调保障组进行初审，由项目组确定商务活动方案。最终，由商务组进行活动前期筹备，协调保障组安排领导行程。

3. 技术活动

展台组、技术组收集前期论坛情报，草拟技术活动具体方案。经技术组初审、方案完善，与项目组进行技术活动资料的审核定稿。随后，由技术组提交技术论文等资料，筹备论坛发言；商务组和翻译组负责主办方网站中电子商务平台的维护，并录入中车数据。

（四）把控项目合作

参展过程涉及展台搭建、模型制作、物流运输、艺术设计、多媒体制作等众多项目合作供应商，因此要根据自身实际做好供应商筛选，通过合作条款明确双方的权利义务，并在项目推进过程中及时发现问题，排除矛盾点，确保展会筹备工作的顺利进行。

（五）做好人员选派

人员选派方面，展会服务人员由展台组协调商务组选拔和确定。考察组团和商务组团由保障组、相关子公司汇总，按程序审核团组信息并最终确认。最后保障组和展台组统筹国内、国外参展人员，开展专项培训，指定专人做好展台讲解（A/B角）。

手续办理方面，由保障组负责展会服务人员出国手续办理。按流程办理出国签报、护照和签证。

案例 9-1 **"答非所问"的尴尬**

2022年柏林展，某国观展者三次来访中国中车展台，对某展品展现出浓厚的兴趣，但该展品归属的子企业现场并未派人员参展，只能由其他子企业代为讲解。当咨询相关信息时，现场服务人员有时无法解答，加之受时差所限，不能第一时间与国内负责相关业务的人员沟通，现场难免会陷入"答非所问"的尴尬，给观展者留下"讲解人员不专业"的印象。

案例来源：中国中车

（六）细化宣传方案

宣传组在策划形成展会宣传方案后，交由项目组进行审核，并修改完善，形成定稿。随后，宣传组协调技术组、商务组完成新闻稿件和背景资料的撰写，相关材料经翻译组翻译后，付诸实施。

2022 年柏林展，中国中车采用"传统媒体＋新媒体""行业媒体＋大众媒体""直播＋图文""线上＋线下"的传播策略与形式，在国际舞台上全方位展示了中车硬实力、软实力与暖实力，高质量传播中车品牌形象。

（七）统筹视觉设计

由展台组选择形象顾问，提出设计方案，交由项目组审核并确定。

在形象统筹设计过程中，中国中车强化了 EI 展台识别系统，将企业识别系统应用于展台，能够加深参展者对企业的印象，实现文化品牌的传播。中国中车在展会中以"同一个中车"统领，在展台搭建风格、讲解接待口径、展品制作标准、宣传物料和纪念品设计中得以践行（见图 9.7）。

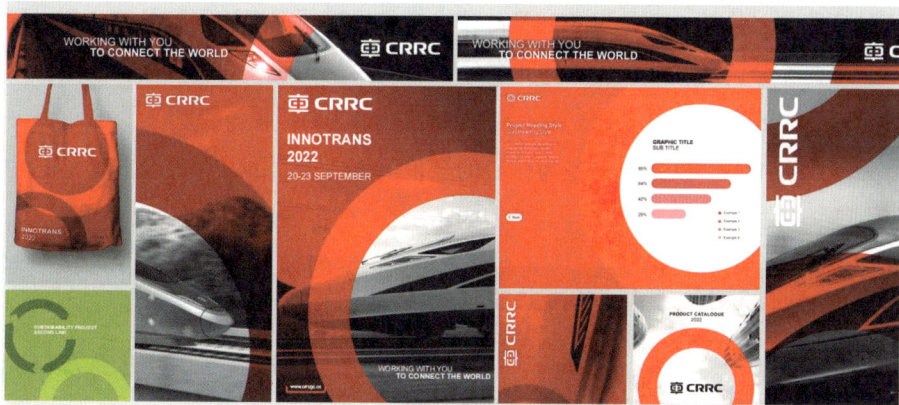

图 9.7 形象统筹设计方案

本届柏林展，中国中车主设计元素为圆环，体现了完整性、统一性、永恒性、可靠性和可持续发展等概念，展现了中国中车"连接世界，造福人类"的使命，以及共建共享、共同发展、合作共赢的责任担当。

1. 展台设计

展台组负责展台设计搭建商的比选报名和资格审查，并组织招投标。

由展台组、技术组协调设计公司对展台进行细化设计，最终经领导组对展台设计审查定稿。之后，由展台组、搭建公司对展台制作材料、工艺进行再确认，并进行展台结构制作。在展会前，由展台组负责展台现场搭建与验收（见图9.8）。

主展区：绿色、智慧展示中车的"高端"品牌形象　　　　辅助展区：主要展示国际合作

图9.8 2022年柏林展中车室内展区划分

展台是面向受众的最前沿，也是实现品牌营销的重要手段。无论是宏观角度的环境艺术设计，还是聚焦到具体技术产品展项，都应该紧扣品牌战略。同时，也要充分调动驻外机构和本土化第三方的力量，使展会的策划和实施更具针对性和实效性。

与中国中车"以高端装备为核心的全价值创造者"的品牌定位相对应，中车将展示项目以平台和解决方案的形式串联起来，采用"多媒体为主，少量模型为辅"的形式，增强了展示的深度，充分预留了参观、交流的空间（见表9.4）。

表9.4 展品分类

室内展品			
实物	模型	多媒体	沉浸式体验
1	4	16	1
室外展品			
1			

310

（1）展示区域优化。中国中车展台设计呈现开放大气、时尚感强的效果。功能划分打造"国际范"，增加商务洽谈区，加强商务服务等软性工作。运用多媒体演示、AR、MR 技术等丰富展示效果。海报、展品涂装、宣传折页、多媒体界面都经过统一的包装和设计。在功能划分上，留出吧区、洽谈区、会议室、设备区、储藏区。

案例 9-2 无法及时送达的咖啡

　　2022 年柏林展，来访的客户络绎不绝，大多数 VIP 客户被安排在二楼进行洽谈。在开展的第一天，两个客户团同时临时来访，由于对咖啡的需求量猛增以及咖啡运送的路程较长，大多数客户最终没有喝到咖啡。

　　本次柏林展中，中国中车展示区域中的吧台与主会议室距离较远（见图 9.9），工作人员需要上下楼梯提供服务，延长了响应客户需求的时间。同时，因为在前期设计中未对设备体积、数量进行精准把控，导致实际存放空间不足，造成设备区与

图 9.9　会议室

员工休息区共用，存放宣传物料的储藏区堆放了吧区所需的食品和饮品，人员进出频繁，无法保证安全性和隐私性。

案例来源：中国中车

（2）平台化与系统化展示。所有展品均以平台形式加以展现，避免展品孤立存在。如氢能源燃料电池动力平台，汇集了氢能源有轨电车和氢燃料电池混合动力机车等多款产品，集中展示了中车为客户配置的不同类型、不同功率氢能源燃料电池系统和动力包。

PART 9

图 9.10 展会现场多媒体演示

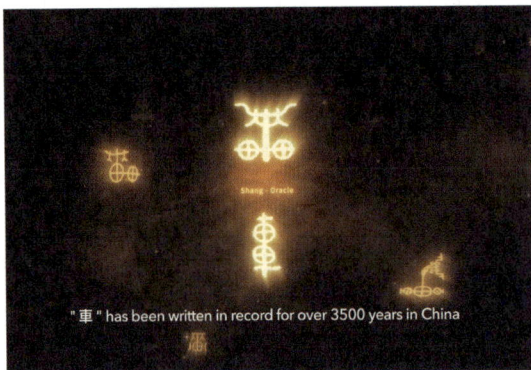

图 9.11 综合宣传片

2. 多媒体交互设计

项目组选聘传媒公司，确定多媒体互动的产品及方式。具体由技术组、展台组协调传媒公司，草拟多媒体互动方案（含素材收集），经审核后定稿（见图 9.10）。

3. 宣传片制作

宣传组选聘摄制公司，并协调技术组、商务组、由摄制公司撰写宣传片脚本，并由翻译组进行宣传片脚本翻译。在此基础上，由宣传组协调制作公司进行宣传片拍摄和制作，并会同技术组、商务组进行宣传片评审及修改，最终经由项目组定稿（见图 9.11）。

4. 宣传册/页设计

宣传册由宣传组选聘设计公司，确定宣传册方案。具体由展台组协调设计公司进行素材收集，协同技术组和相关公司对素材进行初审，并由翻译组对素材进行翻译。展台组协调设计公司进行宣传册设计，由项目组对宣传册进行修改、审核、定稿。宣传册定稿后由宣传组协调印刷公司印刷。

产品宣传页版式由宣传组确定，展台组、技术组、设计公司进行素材收集，并由技术组牵头展台组、相关公司进行素材初审，翻译组进行素材翻译。随后展台组协调设计公司开展宣传页设计，项目组完成宣传页审核定稿，最后由宣传组协调印刷公司进行宣传页印刷（见图 9.12）。

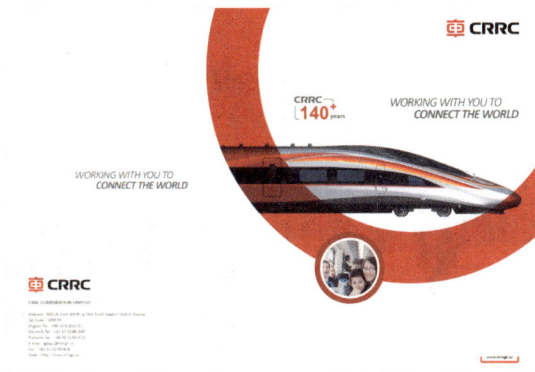

图 9.12　宣传页

在展会前，由展台组承担宣传品运输。

5. 纪念品制作

由保障组牵头商务组、展台组确定纪念品种类，并协调厂商负责纪念品设计和样品制作。经过保障组、商务组、展台组联合对纪念品定稿，厂商具体负责小礼品制作，最终由展台组进行礼品运输。

中国中车制作了商务礼品共计 5 个类别 1688 个（件），包括茶具、立体便签纸、车模、动车笔等礼品，还有高铁图案的帆布包等，保障商务活动的使用，展示了中车形象（见图 9.13）。

图 9.13　礼品种类

PART 9

313

图 9.14 2022 年柏林展中车广告

6. 广告投放

由宣传组确定广告种类和投放媒体、时间，预订广告位，并提出广告创意及设计提案，协调展台组、翻译组、设计公司进行审核定稿。最终由宣传组负责杂志等的投放，由展台组负责展会广告投放。

中国中车在展馆现场预订了 3 个户外广告位，均处于显著位置。第一个位于 2 号馆入口处，是展馆正门注册大厅进入场馆的必经之路（见图 9.14）。第二个位于南登录厅入口处。第三个是实车展区的司旗广告。

四、做实布展管理

由于展会涉及实车提前入场整备等工作，复杂度较高，展台组工作人员及搭建方需提前一周抵达展馆现场，保证展台和实车的顺利展示。

一是时间工期把控，协调搭建方按规定时间办理搭建手续，确保展前材料就位；为避免现场搭建出现结构纰漏等导致工期延误，可提前进行试施工、厂内底色处理和独立组件生产等。二是空间次序协调。在搭建过程中，与搭建方协调施工次序，克服物料堆放占据空间的困难，营造多方并行工作的空间，推进装修与布展有序进行，节省搭建时间。

案例 9-3 拥挤的参观梯

2022 年柏林展室外展区，中国中车"野牛"多流制电力机车吸引了大量观展者。由于未对机车内部参观路线进行合理规划，登车参观入口出口共用一架登车梯，导致车内人流拥挤、参观效率低下；加之登车梯摆放方向与观展主通道垂直，排队上车的观展者常常堵塞了主通道。

案例来源：中国中车

》 第三节　中国"車"闪耀亮相

一、交流全景呈现

近年来，展会越来越多转向全方位综合活动平台，要通过业务的展示及拓展，进行客户的巩固及发展，使展会成为市场培育、营销的必要渠道。

展会不仅仅是产品的静态展示，还包含着信息发布、品牌推广、信息获取、客户维护等诸多内容。2022 年柏

图 9.15　2022 年柏林展中车展台现场

林展期间，中国中车围绕展台交流场景和主办方活动交流场景，组织了现场展示、产品体验、商务洽谈、技术交流、新品下线及云直播等各类活动。在全景发力拓展市场的同时，中车还通过双向互动增进合作，吸引了来自全球 20 多个国家和地区的来访客户，提高了公众及行业对中国中车的认知和认可度，为今后的市场开拓奠定了良好的基础。

在这个过程中，中国中车很好地兼顾了客户价值和社会价值，并以价值创造为核心精准定位，为客户提供不同的展会服务场景（见图 9.15）。

PART 9

315

（一）展台交流

1. 现场展示与产品体验。中国中车结合展台、宣传品、多媒体等全触点体验形式，运用现代化、国际化、人本化的沉浸式体验手段，加强了与观展人员的互动交流。

值得一提的是，在2022年柏林展上，中车不仅展示了产品技术硬实力，还通过文化片、宣传片及主题片等以多媒体形式展示中车文化的软实力。在展台视频区，观众被英文朗诵的《中车赋》（见图9.16）、融入多媒体背景音乐的《中车之歌》所呈现的文化魅力深深吸引；在展台会客区，历史文化墙向来访者诠释了中车"连接世界，造福人类"的使命担当。此外，两个"复兴号"巨幅广告展示在展馆大厅与主通道上，耀眼夺目，形成一条通往室内展台的"中车之路"，成为展馆"打卡"拍照的最佳取景点。这些活动扩展了中国中车乃至中国企业的文化张力，在传播企业品牌的同时，促进了跨文化交流。

图9.16 2022年柏林展现场播放《中车赋》

2. 商务洽谈。柏林展期间，商务组共组织协调了60个商务会议，筹备实施了20多个商务和接待活动。多家子企业邀请各自海外客户，并派遣工作团组或观展团组赴柏林参展。展会为推动潜在项目落地、促进各方交流合作发挥了积极作用，各项商务活动均获得良好反响（见图9.17）。

针对重要的商务会谈，

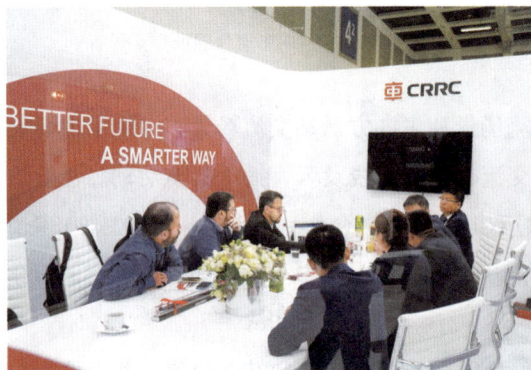

图9.17 商务人员与客户进行会谈

中国中车细化参展人员工作分工，在做好硬件设施保障的前提下，提前预备各项服务；加强展台服务人员的管理，保障会议服务每一个环节的顺畅。

3. 新品下线。本届柏林展上，中国中车面向全球发布了时速 600 公里高速磁浮交通系统和"弓"系轻量化转向架（见图 9.18）。首次在欧洲亮相的高速磁浮系统引起广泛关注，央视财经频道、新闻频道等多个栏目滚动报道，并援引国外展会观众的观展表述，称"该高速磁浮系统将会是飞机的强劲对手"。

图 9.18　技术发布活动

4. 技术交流。在展会期间，中车技术组根据不同的专业分工，选定了各自学习、交流的对象，并走访了柏林展参展的运营商、整机制造商、关键系统 / 部件制造商、重要合作伙伴等。通过组织技术巡游、技术分享等方式，对行业先进技术产品的优势及发展前景进行交流（见图 9.19）。

图 9.19　技术巡游（Railway Technology）

5. 云直播。本次柏林展结合展会现场实际情况，首次尝试通过脸书（Facebook）、优兔（YouTube）、微信视频号三个平台，面向国内外观众进行了 4 场直播，即两场展台现场直播（中英文各一场）和两场发布会活动直播（现场英文原声），全球观看直播人数超过 10 万人次。值得注意的是，国外平台下播后视频回看热度依旧不减，传播长尾效果明显。

PART 9

案例 9-4 ▶ **窃窃私语的工作人员**

在中国中车开展的多场直播中，作为画面背景的部分展台服务人员存在躲闪镜头、窃窃私语等现象，与主播和讲解人员的自信流畅形成鲜明反差，间接影响了企业形象的呈现（见图 9.20）。

案例来源：中国中车

图 9.20　云直播

（二）主办方活动交流

展会上，中国中车尽可能多地参加主办方组织的专业论坛等活动，并争取发言，提升中车的存在感，让世界听到"中车声音"。

中国中车首次受邀在柏林展国际设计论坛（International Design Forum）上演讲，以"高速智能动车组发展与未来"为题，以冬奥智能动车组为例，传递了中国中车以人为本的设计理念，该演讲内容于当天下午再一次在中车展台进行发布；在柏林展演讲角（Speakers' Corner）发布了面向未来的轨道车辆悬挂技术，内容包括小幅倾摆系统、液体复合节点及 EN45545 阻燃橡胶技术（见图 9.21），充分体现了中国中车"交流全景化"的理念。

图 9.21　技术论坛

二、传播掷地有声

展会的效果是持续的，不单单是其带来的技术与产品的影响，更重要的是树立行业和社会形象，使客户接纳该企业的文化和品牌。这离不开展会的国际化传播，无论是展前的广而告之，展中的精准聚焦，还是展后的总结报道，都应注意本土化通用化的语言、新颖活泼的形式和多平台多渠道的运用，使展会成为文化传播的重要载体。

在 2022 年柏林展中，宣传组坚持传播国际化，高质量策划传播活动，以国际社交平台为支撑，以新媒体为主要呈现方式，同时做好传统媒体、国际行业媒体的联系沟通，全面展现了中车产品、中车技术、中车服务以及中车文化与品牌。

（一）"融合传播"全球化发声

从传播阶段来看，可分为三个阶段。展前，制订传播方案，组织精干力量集中撰写传播材料，向展会全员宣贯展台推介信息规范话术，强化宣传纪律及防范舆情，并制作新闻手册（中英文）、视频库、图片库、海报库。展中，安排对外报道、新媒体策划和全球直播，利用各种有效形式及传播渠道持续集中发声，并走访中国驻德主要媒体，拓展中车在欧洲的媒体公关传播网络。展后，及时监测传播情况，撰写传播报告、制作总结视频。

从传播策略及形式来看，采用"线上直播 + 线下采访""传统媒体 + 新媒体""行业媒体 + 大众媒体""新闻传播 + 文化传播 + 品牌传播 + 商务传播""集团 + 子公司两级传播"的融合策略与形式。

本届柏林展共面向全球完成了 3 场产品发布会报道，5 场媒体巡游及技术观察团巡游接待，完成《人民日报》、新华社、央视、凤凰卫视、《IRJ》杂志、*Gazette*

表 9.5 新闻统计

话题	重点发布媒体	传播量 / 篇
中国中车时速 600 公里高速磁浮海外首秀	央视、新华社、央广网、光明网、法治网、中国日报网	2231
中国中车面向全球发布智能动车组平台	《工人日报》、中国新闻网、中国青年网、中国经济新闻网	507
中国中车全球首发"弓系转向架"	澎湃新闻客户端、中国江苏网、北京日报客户端、国家能源网	474
中国中车为全球贡献绿色低碳方案	《人民日报》、新华网、中国江苏网、《常州日报》、澎湃新闻	135
中国中车亮相国际设计论坛开幕式	澎湃新闻、财经网	49

杂志、东京电视台等近20家境内外媒体现场采访接待（见表9.5），中国中车在脸书（Facebook）、推特（Twitter）、微信、微博等社交媒体传播网络发布稿件超过50篇。

（二）"文化传播"精准化落地

中国中车通过精准化聚焦发布活动、磁悬浮等新技术、商务合作以及主办方论坛等，精准化表述传播重点，并提前对宣传口径和敏感问题进行了预判，以更贴切、更精准的语言开展国际化传播（见图9.22）。

图9.22 海外媒体报道

据人民网舆情中心及美通社统计，2022年9月15日至30日，共监测到境外媒体关于中车的发稿量超过3000篇（条）；柏林轨道交通展国内相关信息4236篇（条），其中涉及中车的报道达3219篇（条），占比近八成，取得了良好的传播效果。

▶▶ 第四节　展后余音缭绕

一、撤展管理

撤展中，中国中车首先严格按照主办方和当地环境保护要求，对展会废弃物和垃圾进行妥善处理。中国中车对可循环利用的展台搭建材料进行回收，对无法再利用的材料根据其属性，依据当地垃圾分类政策进行环保处置。

其次是做好展品回运。撤展前，明确操作程序和人员分工，并根据展品贵重程度列出装箱顺序表，贵重的展品先由指定工作人员取下或提前装箱，有序撤展。撤下的展架、展品、设备等分门别类码放整齐，根据不同情况装箱打包，并及时做好各种必要的标志。在打包装箱时，注意展品与包装的空隙，做好填充和防护，以防长距离运输导致的展品损伤。

二、评估与总结

对于展会的评价，要经过全效果的客观评估，从技术、商务等维度总结成功与不足，为后续展会积累丰富的数据和经验，实现展会工作的持续提升。在柏林展结束后，负责本届展会的领导组和项目组第一时间召开了总结分享会。

1. 技术方面。中车技术部门对技术组总结进行二次分析，提炼参展经验和行业动态，包括行业信息、新技术、产品革新、竞争对手信息、客户需求及建议等，形成专项研究报告。为中国中车研判技术应用态势，开展科研立项提供借鉴。

2. 商务方面。包括商务活动、参观流量、有效客户数量，以及对营销的促进效果、客户对展览的评价等。本届柏林展后，商务组汇总了商务会谈工作成果，形成《2022 柏林展商务组参展报告》《2022 柏林展商务工作报告》，推动会谈项目落实落地。

3. 参展综合总结。综合总结涵盖了展会基本情况、展会筹备情况、团组构成、参展情况（展台位置、展示产品、高层活动、主办方活动、展台管理、宣传物料、品牌传播、媒体宣传）、工作建议等，依此形成报告，指导后续展会工作的开展。

中国中车 2022 年柏林展是一次特殊之旅，充分展现了中车人的大局意识和团队精神，展示了中车开放、创新、与时俱进的国际化企业形象。此次中车参展实现了多个"首次"，首次在重大疫情环境下参展，首次实现以多媒体为主的展示形式，首次在主办方国际设计论坛发声。项目组精心的筹备和现场参展团队的不懈努力，让中国中车在 2022 年柏林展上熠熠生辉，成为全球轨道交通行业关注的焦点。

2022 年柏林展，中国中车走出了"五四三二一"的扎实步伐，实现了中车产品、中车技术、中车服务、中车文化、中车品牌的全面绽放。"五"是"五化展会"，此次柏林展按照"展览制度化、流程规范化、内容模块化、交流全景

PART 9

化、传播国际化"进行策划和实施，是"五化展会"的生动案例。"四"是此次柏林展体现了四套识别系统（MI、BI、VI 和 EI），展现了"同一个中车"的文化厚度和温度，持续打造受人尊敬、世界一流的中车。"三"是此次展会是中车硬实力、软实力和暖实力的有机结合，利用多媒体创意及平面艺术讲述中车故事，分享合作案例，让"大爱远播五洲"。"二"是此次展会充分体现了展会服务品牌，品牌服务战略的"两服务"，高起点、高站位谋划整体展会实施方案，坚定不移走出去，是中车实践"十四五"战略的扎实步伐。"一"是"同一个中车"，统一的着装，统一的行为规范，统一的视觉识别系统，统一的团队笑容……中国中车的展台和团队有效传递了中车文化、中车力量，让观展者感受到大国重器澎湃的发展力和创新力。

项目策划：王欣艳
责任编辑：赵　芳
责任印制：冯冬青
封面设计：中文天地

图书在版编目（CIP）数据

"五化"展会：来自一个高端装备制造企业的实践
与探索 / 中国中车编写组编著 . –– 北京：中国旅游出
版社，2023.6
　ISBN 978–7–5032–7112–0

　Ⅰ.①五…　Ⅱ.①中…　Ⅲ.①装备制造业 – 工业企业 –
研究 – 中国　Ⅳ.① F426.4

中国国家版本馆 CIP 数据核字（2023）第 082968 号

书　　名："五化"展会——来自一个高端装备制造企业的实践与探索

作　　者：中国中车编写组　编著
出版发行：中国旅游出版社
　　　　　（北京静安东里 6 号　邮编：100028）
　　　　　http://www.cttp.net.cn　E-mail: cttp@mct.gov.cn
　　　　　营销中心电话：010-57377103，010-57377106
　　　　　读者服务部电话：010-57377107
排　　版：北京中文天地文化艺术有限公司
印　　刷：北京工商事务印刷有限公司
版　　次：2023 年 6 月第 1 版　2023 年 6 月第 1 次印刷
开　　本：720 毫米 ×970 毫米　1/16
印　　张：20.25
字　　数：303 千
定　　价：46.00 元
ＩＳＢＮ　978-7-5032-7112-0